情緒勒索

全球暢銷20年經典

遇到利用恐懼、責任與罪惡感控制你的人，該怎麼辦？

EMOTIONAL BLACKMAIL

蘇珊・佛沃 & 唐娜・費瑟——著

杜玉蓉——譯

推薦序

撥開迷霧，找到「擺脫情緒勒索」的明燈

周慕姿

第一次聽到「情緒勒索」這個詞，是在我唸碩士班的時候。當時，實務工作經驗不多的我，因閱讀相關文獻而接觸到這個詞；然後，再接觸到蘇珊．佛沃博士的這本書，對「情緒勒索」這個詞著迷不已。

「對對對，我好像也是這樣……」「這個描述感覺跟誰誰誰好像……」彼時的我，閱讀著這本書，想試著在其中找尋自己與他人、在情感中受困的蛛絲馬跡，企圖能夠找到指引關係、甚至指引人生方向的明燈。

多年之後，當我開始從事實務工作，從而對個案的經驗中，我發現：許多人的情緒困擾，其實根源於一段或多段糾結而痛苦的情感關係。這些權力不對等的關係，可能來自於家庭、伴侶、人際、職場……許多人身在其中，感覺到自己被害怕、焦慮控制，沒辦法出於自己的意願做決定，只能受控於對方的情緒，做對方想要的決定、滿足對方的需求。但

是，很多時候，自己從來沒發現，這樣的關係是有問題的。

於是，我想起了多年前看到的那一個，描述這類關係中的重要名詞：「情緒勒索」。

從蘇珊．佛沃博士提出「情緒勒索」這個詞，到其所撰寫的這本《情緒勒索》，可說是非常清楚地描述了這種情感關係的困境：上對下的、權力位階不對等的，關係中某一人需要無止境滿足另一人的情境。

蘇珊．佛沃博士在這本書中，提出了「迷霧」（FOG）這個詞：「恐懼、責任與罪惡感」，清楚論述：情緒勒索者如何使用「迷霧」，而這片「迷霧」又怎麼影響了受制者的決定。此外，作者也勾勒出情緒勒索者所使用的手段、以及受制者常見的模樣。更重要的是，作者在書的後半段，描述了各種情緒勒索關係的樣貌與對話，並以此為例階段性地說明了「擺脫情緒勒索」的重要步驟與方式。作者豐富的實務經驗，使得此書有著清晰的邏輯與實做方法，成為一本不折不扣、相當實用的理論工具書。

這本書是我最早的啟蒙，
也將會是你找回純粹關係的工具之一

從我撰寫《情緒勒索：那些在伴侶、親子、職場間，最讓人窒息的相處》（寶瓶出版）一書以來，收到許多讀者的迴響，可知「情緒勒索」在臺灣，是一種常見、卻也不容易改善的情感關係困境之一。我一直認為，情緒勒索者與受制者，並非加害者與受害者的關係。根源於情緒勒索者與受制者的心中，都是因為「害怕」、因為「不安」；這些不安全感，讓情緒勒索者，必須透過「滿足需求」的方式獲得「安心感」。更甚者，許多情緒勒索者也可能曾是「受制者」，他們可能從不知道關係中其實有妥協、有諒解、有尊重；對方的「不順從」，只是因為他是獨立的個體、也有自己的需求與想法，而並非是因為對方不夠重視他們、不夠愛他們。而，在這本《情緒勒索》中，我最喜歡的部分，就是作者分享了一些關於「非防禦性溝通」的方法。那代表著：情緒勒索者與受制者，並非加害者與受害者的關係，而是在關係中的「合作夥伴」。

很感謝究竟出版社重新出版了《情緒勒索》。這本書，可說是我最早的啟蒙。因為蘇珊．佛沃博士提出「情緒勒索」這個名詞，讓我理解了這個情感關係現象的意義，也才讓我在從事實務工作時，發現：在臺灣，「情緒勒索」具有文化的意義；「文化」與「約定俗成」如何深刻地影響、形成了臺灣人的情感關係模式；而這個情感關係模式，又是如何「一代傳一代」，成為情緒勒索的「抓交替」，使得許多人受困其中、無法自由。

因此，不論你是否讀過我的著作《情緒勒索：那些在伴侶、親子、職場間，最讓人窒息的相處》，我都推薦你閱讀這本書，可以更清楚「情緒勒索」的樣貌，以及不同文化背景的心理實務工作者，在面對「情緒勒索」這個情感關係模式時，有什麼相同、或相異的看法與做法。

希望有一天，我們都能擺脫以「愛」為名、但卻充滿「害怕」與「應該」的情緒勒索。因為，當有一天，關係中不再以「害怕」與「應該」為基礎，才有機會找回原本「愛」的純粹關係。

祝福你我。

（本文作者為諮商心理師／心曦心理諮商所負責人）

推薦序

擺脫情緒勒索，你要斷捨離

周志建

我是一位心理師，每天都在省視人的內心傷痛。我敢說，人的心靈創傷，大多來自原生家庭，尤其是家庭暴力。不要小看家庭暴力，它的殺傷力很大。會讓人活在心靈的暗夜裡，一輩子痛苦不堪。

首先提醒您，不光是肢體暴力，在我們的家庭文化屢見不鮮的情緒暴力、語言暴力也都是一種家庭暴力，而且它的殺傷力不亞於肢體暴力。除了貶抑、否定的話語外，下面這些語言，你絕對熟悉：「要不是為了你，我老早跟你老爸離婚了。」「我這樣做還不都是為了你好。」「本來是不想生下你的……」「我對你付出這麼多，你怎麼可以離開我……」

這些語言，常叫孩子感到焦慮不安、心裡充滿愧疚與罪惡感。這就是本書所說的「情緒勒索」。（當然，情緒勒索不光只出現在家庭，任何人際關係裡都有。）

父母對孩子情緒勒索，目的不外乎是「控制」。要孩子聽我的話、變成「我想要的樣子」。情緒勒索與控制的背後，其實就是恐懼。如本書所言：「他們只不過是想藉此尋求安全感及掌控權。不論外表看起來多麼有自信，他們的內心其實還是非常焦慮的。」

家庭的親情牢籠，窒息的情緒勒索

曾經有位個案找我晤談，他是企業主管，剛好上海有個工作機會，他問我該不該去？我問他：「如果你選擇去上海工作？是為了什麼？」他想了想告訴我，去上海的最主要原因是：「我可以離開家、離開母親。」我一聽，充滿疑惑，問他：「離開家、離開母親對你的意義是什麼？」然後，他嘆了一口氣，對我說起了自己的故事。

原來，他跟我一樣，都有一位掌控的母親。從小，他父母成天吵架，父親因為受不了母親的控制與壞脾氣，不久就離婚了。他是家中獨子，從此與母親相依為命，至今四十多歲依然還沒結婚。不是他不想結，是他結不了。他交過好幾任女友，但母親對每一任都不滿意，總是百般挑剔，甚至威脅：「如果你敢跟那個女人結婚，我就死給你看。」（這是典型的情緒勒索）明白了嗎？他是屬於母親一人的，她不允許任何女人搶走自己的兒子（這是孩子成了母親「替代配偶」的典型例子）。

想當然爾，他也從來沒有離開過家。母親不准的。「在家裡，每天面對母親的嘮叨與壞脾氣，我幾乎快窒息。」他無奈又痛苦。他內心多麼渴望離開母親、離開這個像牢獄般的家，如同他父親一樣。但他沒辦法。念大學時，他曾試圖搬出去住，結果卻換來母親一頓咆哮：「放我一人在家，你良心過得去嗎？你這樣孝順嗎？」（再次勒索）母親甚至動員所有親友，對他進行「恐嚇」。現在，只要他一有離家的念頭，內心立刻充滿「罪惡感」。你看，母親的情緒勒索多成功啊！從此，他成了籠中鳥、飛不出去。

舉這個案例，目的在於想強調：在我們的家庭文化下，父母對孩子的控制與情緒勒索，無所不在。要如何解套呢？這本書中提供了最好的說明與解答，值得您細細品味。

放棄是一個重獲自由的可能選項

如果你問我，我會告訴你：要遠離家庭暴力、拋開情緒勒索，你就必須「斷捨離」。斷捨離？是什麼意思呢？普天下所有的孩子都害怕被拋棄、害怕不被父母喜歡，但正因這個「害怕」，才讓父母得以控制我們、對我們不斷地情緒勒索。誠如我在《跟家庭的傷說再見》（方智出版）一書中，明白告誡讀者的——你要「放棄」。除了放棄，別無他法。

放棄？放棄什麼？「放棄你應該有一對完美的父母」「放棄你的父母應該要愛你」「放棄你的

父母有一天會改變」。你說，放棄好難。我知道。但不放棄，你一輩子注定痛苦。我曾在自己的書中提到：「當我終於將心中那個完美的母親給賜死時，於是我才能如實去面對眼前這個不完美的母親。甚至，將她給擁抱回來。」放棄、賜死，這就是信念上的「斷捨離」。

如同這本書所說：情緒勒索，其實是「你情我願」「一個願打、一個願挨」。是我們自己缺乏「界線」、情願被勒索，別人才能勒索得了你，不是嗎？從小活在家庭暴力裡，長大做不到孝順，這不是你的錯。沒有情分的親子關係，這不是你的錯。爸媽不快樂，這也不是你的錯。為家人犧牲，請你適可而止。在家人與我之間，我們得「畫出一條界線」來，這是自我保護。我經常跟學生這麼說。

生命很寶貴，不要為了他人賠上自己的人生。拒絕當一名「受害者」，請你要有「界線」、要學會說「不」。擺脫別人給你的情緒勒索及家（枷）對你的束縛，我們要學會為自己的情緒負責，同時也讓別人為他自己的情緒負責，這才是成熟人格的表現。

（本文作者為資深心理師、故事療癒作家）

推薦序

別用你的恐懼，來活他的人生

海苔熊

「情緒勒索」這四個字，儼然成為今年熱門的關鍵詞，不少人對於勒索的過程：「要求－壓力－威脅－順從－舊事重演」如數家珍，甚至還可以舉出很多親身體驗的例子。不過，當我們可以把這些「如何」被勒索背得滾瓜爛熟的同時，不知道大家有沒有認真想過兩個「為什麼」的問題：

一、勒索者為何要勒索？

二、受制者為何不離開或者改變這段關係？

先前我和心理師慕姿在討論的時候，她認為，這兩題的答案其實都是「低自尊」與「缺乏安全感」。而在我後續蒐集的研究資料當中也發現，感情當中會用一些手段或壓力來操弄對方的人（或者是長期被操弄卻無法脫身的人），在自尊以及安全感上面的得分都顯著地比較低。

儘管有一些人比另外一些人更容易被勒索、或者是更容易勒索別人，但我同時也覺得其實每一個人都可能是「潛在的勒索者／受制者」，都有可能在脆弱或是心理能量比較低的時候，陷入一段勒索關係當中。為什麼會這樣呢？

三個人性的弱點

我的想法是，這可能和我們的人性弱點有關。蘇珊・佛沃在這本書的一開始提到三個非常精闢的見解，我認為也是人性的三大弱點：

- 「改變」是人生最困難的事，即使是做為治療師的她也同樣覺得困難。改變之所以這麼難，是因為維持現狀的痛苦是可預期的，但跨出一步所產生的快樂或放鬆是不可預期的。當我們在受苦，尤其是自尊越來越低落的時候，我們往往寧可待在可以預期的痛苦當中，也不願意跨出一步去嘗試不可預知的未來。
- 說的總比做的簡單。在被勒索的關係當中，重要的並不是想法或情緒，而是「付諸行動」。當你開始具體做一點什麼（或者停止做那些你以往一直在做的事情），兩個人的關係才有可能改變。
- 情緒勒索是會傳染的，如果一個人曾經被勒索過，那麼他有可能把「用血淚學來」

的技巧，不知不覺地拿去勒索別人。有些時候你在一段關係當中扮演的是勒索者，在另外一段關係當中扮演的是受制者；甚至在同一段關係當中，兩個人也可能會交替勒索。還有一個經典的狀況是，如果你在夫妻關係當中經常被勒索，那麼你有可能在親子關係或職場關係裡，反過來當一名勒索者，情緒勒索你的小孩或者是下屬。換言之，沒有誰是永遠的罪人，每個人在生命的不同時刻，都有可能變成壓迫別人的人。

抗拒改變、難以付諸行動，再加上可能會經由「學習」而傳染情緒勒索——雖然我們有以上這些弱點，但同時也請相信另外一句話：「產生傷口的地方，往往正是發生改變的地方！」

改變的起點：一小步

說的簡單，到底要怎麼樣才能改變呢？如果你已經不是第一次看這種類型的書，可是每次看完之後覺得很有道理，卻沒有改變多少，那麼你可能要想一想，過去你為自己的人際關係所定下的目標，會不會太過遙遠了？

這本書提到了許多不同的步驟來改善一段勒索的關係，但我覺得需要注意的是，這些步驟並不是「線性」的。也就是說，進三步退兩步可能是常態，而且有時候，這些步驟對你來講可能還是太大步了，那麼你可能要切割得更小一點。舉例來說，如果「向對方表明你的需求」是你目前做不到的事情，那麼你可能要退一步先採取「暫時不要回應」的方法。如果這個也無法達到，那麼可以在下次被勒索的時候「離開現場」。除了把步驟切小一點之外，你也可以把自己的頻率做一些紀錄和調整。例如，你的目的是每次對方勒索你的時候，你可以成功「跳針回應」（重複講一樣的話回應他）。但有可能沒辦法每次都做到，那麼你就可以記錄自己做到的頻率是否有越來越高的傾向。或者，你也可以設定小一點的頻率目標，例如對方做出「要求」十次，你先讓自己有一到兩次的「跳針回應」。

「行為改變」最重要的地方在於，當一種行為變成習慣並且穩固之後，再接著進行下一步，才比較可能成功。你不太可能一次就改變和對方的關係，也不可能真的有辦法每個步驟都按照書上說的來進行。不過你絕對有辦法，找出適合自己的步調，拿回你人生的主控權。

這是你的人生，不該被恐懼、責任、罪惡感所掌控，也不該為了其他人而活。

（本文作者為科普心理暨愛情心理學家）

推薦序

那些在情緒勒索背後的脆弱自我

陳鴻彬

二〇一七年，「情緒勒索」議題席捲了書市。一個議題能夠引起那麼大的共鳴，勢必是引動了某些重大的集體經驗、甚至是創傷。

我不斷地想：那究竟是什麼？

我在蘇珊．佛沃的這本書裡，更加確立了我自己的觀察結果，那就是「關係」。說得更精準些：因為，太多人在關係裡長久受苦。

慣用的雙重束縛訊息，確認愛與關係的控制策略

不久前，有位畢業多年的校友回來看我，聊起了他近期的親密關係狀態。

「我們在一起很多年，我真的很愛她，每次當我感受到我們之間有些許不對勁、或是

她情緒在鬧彆扭的時候，我都會關心她怎麼了，但她每次都說：『我沒事，你去忙吧！不用理我。』」

他苦笑著搖搖頭，「老師，你說我怎麼可能真的就此出門不理她？」

「你覺得她話語背後，真正想被聽見的是什麼？」我問。

他蹙著眉，靜默了好一會兒後回答：「不想要我離開？」

我點點頭，接著說：「她心裡真正想講的，應該是：『你敢離開不理我試試看！』」

「對，就是這樣！」他像發現新大陸般激動，但隨即情緒又沉了下來，再次輕嘆著說：「其實，她如果真這樣講，我反倒不會有這麼多罪惡感，一氣之下可能就真的離開。」

「所以她從跟你的互動中，發現『引發你的罪惡感』這一招比什麼都有效，而且你每次都會乖乖『買單』。」

聽我說完後，他愣了一下，反問我：「老師，我被情緒勒索了嗎？」

我們相視而笑。

「雙重訊息，是情緒勒索者常見的表達方式；控制，則是他們確認愛與關係的慣用策略。」我繼續說：「但比起探究這究竟是不是情緒勒索，有另一件事我覺得更重要。我記得你前幾段親密關係，好像也常遇到類似的狀況。你有沒有想過，為什麼『引發你的罪惡感』這一招，對你總是特別有用？」

他再度陷入漫長的靜默與沉思。

「小時候，我常看見媽媽無論如何哭求爸爸，爸爸依舊帶著一臉嫌惡，頭也不回地離開，拋下我們母子倆不管。那時候我除了很不滿爸爸的作為，心裡也暗自決定以後絕對不能這樣傷害我愛的人！」他回答。

我看著眼前的他，腦海裡浮現了一個鐘擺的圖像。那就像在鐘擺的兩端，反覆經驗著兩種極端的情緒，唯有隨著時間、覺察與行動力，才能挪移到一個折衷的位置，安放自己以及那些我們在乎的關係。

看見勒索者與受制者的樣貌，以及背後的心理需求，讓關係、互動更真實

在上面的對話裡，也回應了蘇珊．佛沃在本書所提到的兩個部分。

第一個部分是「理解勒索者的樣貌與內心世界」，包括他們所釋放出來各種訊息（或稱為「餌」）背後的心理需求及動力。

第二個部分則是「聚焦在自己的個人議題」，例如：為什麼我這麼容易「上鉤」？有

哪些情緒時常被引動？這些情緒經驗的根源是什麼？

透過這本書，你會發現：勒索者與受制者之間，看似有著極大的差異，但其實同樣根源於「脆弱的自我」。唯有先看見、洞察這些自我狀態，並且真誠面對、不逃避，才有可能超越兩種角色之間的糾結、跳脫陷溺的情緒，回到那些我們很在乎的真實關係裡，真誠地面對彼此。

這路程雖遙迢，但絕對值得我們盼望。

（本文作者為諮商心理師）

目錄 Contents

第二章　勒索的四種形態

目錄 Contents

第五章　情緒勒索者的內心世界

目錄 Contents

目錄 Contents

《第二部》化知識為行動

第九章　做決定的時候到了

第十章　策略

目錄 Contents

序言

情緒勒索讓我們能眞正透視關係中的問題

我跟老公說，我準備每星期抽出一晚去上課，結果他馬上就用那種看似平靜的方式回應：「妳想做什麼就去做吧，反正妳一直都這樣，」他告訴我，「但別期望我會在家裡等妳回來；每次都是我等妳，為什麼不是妳在家等我回來？」我知道他說的話沒什麼道理，但卻讓我覺得自己好自私，所以我取消了原先的進修計畫。——麗茲

我本來計畫聖誕節假期和老婆一起去旅行，我們已經期待好幾個月呢！我打電話告訴老媽我們總算排到機位的消息，她一聽竟然哭了起來。「那聖誕晚餐怎麼辦，」她說，「每個人這天都要全家團圓的，如果你去旅行不回家，等於毀了大家的節日嘛！你怎麼可以做這種事，我還剩下幾個聖誕節好過啊？」所以，最後我們根本沒去成，老婆簡直想殺了我。但是在強烈罪惡感籠罩下，我實在不曉得怎麼享受這趟旅行。——湯姆

我曾經試圖告訴老闆，現在進行的這個大案子非常需要人手幫忙，或是比較合理的工作期限，但只要我一提這件事，老闆就會說：「我知道妳想要回去陪伴家人。即使他們現在很想念妳，將來他們會很高興妳升官加薪的。我們需要一位完全奉獻給工作的團隊成員——我認為妳之前的表現正符合了這個要求，但如果妳想要多陪陪孩子，妳就去吧。不過妳得記住：假如妳這麼做的話，我們就要再考慮考慮妳的升遷計畫了。」我完全被搞糊塗了，現在我到底要怎麼辦啊！——金

這到底是怎麼回事？為什麼有些人總是讓我們覺得：「我又失敗了！」「我又半途而廢了！」「我又沒說出自己的想法！」「為什麼我總是沒辦法清楚表明自己的立場，也無法堅定自我立場？」其實，每個人都遇過這種狀況。我們會覺得挫折、會怨天尤人，我們放棄自己的夢想去取悅別人，卻對這種情況束手無策。為什麼有些人就是能在情感上輕易地宰制我們，讓我們覺得挫敗感油然而生？

在這類毫無勝算的情境中，我們所面對的這些人全都是非常有技巧的主控者。在一種讓我們覺得舒坦的親密關係中，他們得到了想要的東西，但是為了達到目標，也常讓我們覺得備受威脅。而且，即使最後未能逼我們就範，他們還是會讓我們被罪惡感和自責壓得喘不過氣來。聽起來好像這些人為了從我們身上取得想要的東西，已經挖好了洞等我們跳

進去，但其實，有很多人對自己這種行為毫無自覺，有些人甚至看起來就是一副甜美可人或是可憐兮兮的樣子，似乎一點威脅性也沒有。

通常，這類主控者的地位會很特別——像是合夥人、父母、兄弟或是朋友——對我們生活的有力宰制，已經讓我們失去了成人的能力。我們生活中的其他部分可能非常成功，但只要一面對這些人，就會感覺困惑、無力。就像孫悟空困在如來佛的手掌心一樣，我們也遇到相同的困境。

拿我手上的個案為例吧！莎拉在法庭工作，和一位建築師法蘭克交往差不多一年了。他們倆大概都三十多歲，而且感情十分穩定，但一談到結婚的話題，氣氛就完全變了樣。莎拉說：「他對我的態度會一百八十度大轉變，似乎要我證明些什麼。」有次週末，法蘭克邀莎拉到他的山中小木屋度個浪漫的假日後，一切才真相大白。「當我們到達小木屋時，地上堆滿了油漆罐，他順手就遞了把刷子給我。我不知道除了刷油漆外，我還能做什麼，所以我開始漆了起來。」他們工作了一整天，大部分時間都是鴉雀無聲。等到終於能坐下喘口氣時，法蘭克遞了一枚訂婚大鑽戒給莎拉。

「我問他：『這怎麼回事？』他說，這全是為了要看看我是不是個有氣度的人，是不是結婚後還是會努力做好分內的事，不會什麼事都要他做。」當然，這個故事還沒結束。

我們訂了結婚日期，其他事情也都安排妥當，但我們的關係卻像溜溜球一樣忽上忽下。他還是會送我禮物，卻也不斷測試我。如果某個週末我不想帶他姐姐的小孩，就會被指責沒有家庭觀念，乾脆取消婚禮算了。或者，如果我想擴展業務的話，他就會覺得我根本沒有將彼此的承諾放在心上，所以我當然將這事擱下了！這種事不斷發生，而且最後都是我讓步。我告訴自己，他是一名很棒的男人，也許他對結婚這件事有點恐懼，只是想從我這裡獲得多一點安全感吧！

法蘭克帶來的威脅是無聲的，影響力卻十分巨大，因為它們往往遮蔽了真相。而且大多數人都像莎拉一樣，會繼續留在法蘭克身邊。

莎拉會不斷遭受法蘭克操控，因為在那個當下，讓他開心似乎是必要的——但這樣做卻是危機重重。跟很多人的反應一樣，莎拉在法蘭克的威脅下也會感到忿恨和挫敗，但她卻認為這樣低聲下氣地屈服，才能獲得表面的平靜。

在這種關係中，我們把焦點放在另一半的需求上，卻犧牲了自我需要，而且以為這樣的讓步全是為了雙方著想，自顧自地陶醉在這看似安全的幻境中。我們已經想辦法避免衝突和對立了——這才是一段健全關係得以繼續發展的契機，不是嗎？

幾乎在每段人際關係中，這類讓人苦惱的互動情況常是造成雙方磨擦的主要原因，但卻很少人能仔細分辨並了解它們。這種一方意欲掌控另一方的狀況，常被標示為「溝通不良」。我們會告訴自己：「我靠感覺，而他則靠理智行動。」或是「她只是想法和我不同罷了。」但事實上，磨擦的根源並不只是溝通方式不同，而是一方想要凡事都依自己的方式，卻因此犧牲掉另一方的利益。這可不是單純的溝通不良而已，而是雙方力量的彼此較勁。

因此，我一直在找一種方式來描述這種彼此較勁的力量拉鋸，以及因此導致的種種讓人困擾的行為。我認為，這種行為就是「勒索」，是一種「情緒勒索」，但大家幾乎都認為這成了一種指控。

我知道「勒索」這個詞夾雜了一些犯罪、恐懼及敲詐的邪惡意思，要把這種負面印象加在另一半、父母、上司、兄弟姊妹或子女身上，確實不太容易。但我發現它倒是唯一能精確描述這種狀況的用語。這個詞的尖銳性讓我們能將籠罩在親密關係上的負面特性，如否定和困惑等一針刺穿，真正透視彼此關係的問題所在。

我要跟各位讀者保證：一段親密關係中有情緒勒索的要素存在，並不代表這段關係已經被判定為失敗，而是表示我們需要更誠實地面對，以及改正這種造成自身痛苦的行為模式，讓所有的親密關係都能回歸到更穩固的基礎上。

何謂情緒勒索？

情緒勒索是宰制行動中一種最有力的形式，周遭親朋好友會用一些直接或間接的手段勒索我們，如果不照他們的要求去做，我們就有苦頭吃了。所有勒索的中心就是基本的威脅恐嚇，它會以許多不同的面貌出現，像是：**如果你不照我的方式做，你肯定會不太好過**。一名勒索犯可能會威脅要揭發被害者的過去、毀了他的名聲，或是要求被害者支付一筆款項以保住某個祕密。但是，情緒勒索更能深切擊中我們內心的要害。這些「情緒勒索者」了解我們十分珍惜與他們之間的關係，知道我們的弱點，更知道我們心底深處的一些祕密。不論他們多關心我們，一旦無法達成某些目的，他們就會利用這層親密關係迫使我們讓步。

因為我們需要得到關愛與認同，這些勒索者甚至會威脅要控制、剝奪一切，或是搞到我們耗盡心力。比如說，你很自豪自己慷慨又善解人意，但只要稍不順從他們的意思，他們就會給你貼上自私自利的標籤；如果你非常重視金錢和安全，這些人能讓你擁有這一切，或是讓你兩手空空。如果你相信他們，就等於被控制了所有的決定和行動。

我們被迫與勒索共舞，卻無法跳好舞步與搞懂舞伴。

如墜入五里霧中

為什麼這麼多聰明有能力的人，總是在尋找了解情緒勒索的方法？主因之一就是：我們根本無法看清所有情緒勒索者進行恐嚇的手法，他們的行動彷彿籠罩在一層濃霧當中。如果可以，我們一定會反擊。但問題是，我們根本沒有察覺到加諸在自己身上的這些手段。在這裡，我用「迷霧」（FOG：Fear, Obligation, Guilt）這個詞，來表示情緒勒索行為所造成的混沌不清，也用來說明其做為一種媒介的功用。這個詞其實是三個不同單字的字首縮寫：恐懼、責任及罪惡感，這些要素也是勒索者遂行其意的工具。他們會將「迷霧」以排山倒海之勢灌進關係中，讓我們根本不敢踰越他們的意思，只得乖乖順從，而且無法達到他們的目標時，我們還會感到無以名狀的罪惡感。

要撥開這重重迷霧，看清勒索者加諸在身上的一切——即使已是過去式——是很不容易的。因此，我研究出下列檢核表，有助於分辨自己是否已成了他們的目標。

想想那些對你意義重大的人，有沒有出現以下徵兆？

- 如果你不照著做，他們便威脅要讓你日子難過？
- 如果你不順從，他們便威脅要斷絕往來？

- 如果不照著他們的意思去做，他們會直接告訴你或暗示你，他們覺得被忽視了，心裡很受傷或是沮喪莫名？
- 不論你付出多少，他們總是需索更多？
- 他們通常都假設你一定會讓步？
- 常常漠視或看輕你的感覺及欲求？
- 對你做了許多承諾，卻常食言而肥？
- 當你不讓步時，他們就會說你是自私、邪惡、貪婪、沒心肝的人？
- 當你承諾要讓步，不管你說什麼他們都會答應；若你絕不退讓，他們就馬上翻臉？
- 將金錢當作是逼你讓步的利器？

只要以上有任何一項的答案是肯定的，那麼你已經受到情緒勒索的折磨了。但我保證，還是有很多辦法能馬上改善你的處境以及感受的。

撥雲見日

在做出任何改變之前，我們得先釐清自己與「情緒勒索者」的關係。首先，把燈打開。想要終結這段遭受宰制的過程，這個步驟很重要。即使我們努力要消除這層迷霧，勒索者還是不會歇手的。近幾年來，在處理「迷霧」問題時，我們已經發展出許多有關情緒、精神狀態和動機的縝密分析。發現在這種狀態下，感官神經會遭到抑制，原本能導引情緒的精密感應器全都失靈了。這些勒索者能巧妙遮掩加諸在我們身上的壓力，讓我們常懷疑是自己太敏感。此外，他們普遍認為自己所作所為都是出於善意與貼心，與實際作風簡直是大相逕庭。這一切都讓我們困惑、茫然，而且極度不滿。但我們不寂寞，有好幾百萬人都遭遇到這種困境。

經由本書的案例，你會發現許多人也正在與這群情緒勒索者搏鬥中——而且，你將會找出解決方法。本書講述的全是真人實事，也許你認得他們——過得極有幹勁、優雅、有效率的一群男女，卻掉進了被勒索的陷阱裡。如果你能敞開心胸，就能更了解他們；他們的故事就像是一則則現代寓言，可以做為未來生命旅途的指引。

情緒勒索，你情我願

本書前半部將要告訴各位情緒勒索是如何運作的，以及為什麼有些人竟對此毫無招架之力。我會詳細說明情緒勒索的「交易狀況」、交易雙方的需求，以及最終交易結果；

也會剖析勒索者的心理狀態。這項工作會滿讓人氣餒的，因為並不是每個勒索者都有相同的行為模式或性格特質，有人消極、有人積極；有人直截了當、有人心思細膩；有些人會把醜話說在前頭、有些人卻表現出苦口婆心的樣子。不過，不論外在行為差異有多大，還是有一些造成他們宰制別人生命的共通心理特質。我會說明這些情緒勒索者如何使用「迷霧」和其他工具，以及他們的動機。

我還會說明「恐懼」——恐懼失去、恐懼改變、恐懼遭到拒絕、恐懼無法掌控——何以成為所有勒索者的一項共通特質。對某些勒索者來說，這些恐懼是因為長期感到憂慮及匱乏。也有一些人是因為喪失了安全感及自信心，為了抵禦不確定感和壓力的侵蝕，進而衍生出這樣的產物。我之後會解釋在恐懼逐漸進駐他們的生活時，勒索恐嚇念頭日漸浮出的過程。如求愛被拒、失業、離婚、退休及生病等突發事件，都能輕易地將至親好友變成一名情緒勒索者。

這些使用情緒勒索手段的親友，很少是真的存心要勒索我們的，他們只不過想藉此尋求安全感及掌控權。不論外表看起來多有自信，他們內心其實是非常焦慮的。

但當我們完全附和勒索者的要求時，他們會覺得自己極有影響力，這時情緒恐嚇就成了他們抵禦傷害和恐懼的最佳利器了！

我們扮演的角色

然而，如果沒有我們的「一臂之力」，情緒勒索根本無法存在。要謹記，「你情我願」絕對是情緒勒索的重要元素——畢竟這可是一場交易。下一步，就來看看我們為這些勒索目標做了什麼「貢獻」。

每個人都會把一些激烈的情緒，如怨懟、悔恨、缺乏安全感、恐懼、氣憤等，帶進每段親密關係中——這些就是我們的「痛處」。只有當赤裸裸地將痛處暴露在別人面前，情緒勒索的手段才能奏效。透過本書，我們將明白那些讓「痛處」更痛的情緒反應，是如何經由生活經驗塑造出來的。

人類的行為哲學從早先的「視自我為受害者」，進化為「鼓勵自我對生活及問題負起全責」，這無疑是個令人驚喜的成長。這個觀念在情緒勒索的領域中，更具有重要地位。如果把重點放在別人身上，想著如果「對方」改變，事情就會好轉，這其實很容易。但我們真正要著力的是了解「自我」的決心與勇氣，以及改變與潛在情緒勒索者的相處方式。雖然不想承認，但因為不斷的讓步，其實讓勒索者知道如何遂行他們的勒索行為。屈服鼓勵了他們，不管是有意還是無心，這都讓他們找出了能予取予求的最佳方法。

付出的代價

情緒勒索就像藤蔓，它們捲曲的綠鬚不斷地圍繞、蔓延在我們的生活當中。如果我們在工作上對這些情緒勒索者讓步，回家後就可能把氣出在孩子身上。或者，如果我們和父母的關係不好，也可能在與工作夥伴相處的模式上出現問題。我們無法將所有不快的情緒全放進一個貼著「上司」或「老公」標籤的盒子裡，藉著把氣出在他們身上，以忽略這些衝突對生活的影響。這樣反而可能會走上讓我們痛苦的同一條路徑，也成了一名情緒勒索者，將我們遇到的挫折全加諸在一些弱者身上。

很多使用情緒勒索手段的人，都是我們想維持、加強彼此情誼的一些朋友、同事，甚至是家人；我們願意與他們共享生命中的美好時刻，也願意與他們共創親密關係，甚至可能還自以為彼此關係良好。但這美麗的想像，卻往往被情緒勒索者打破了。重要的是，不要讓情緒勒索的習慣緊攫住我們，還有周圍的朋友。

如果一直對勒索者讓步，我們將付出十分巨大的代價。他們的用語及行為，會讓我們感到失衡、羞恥及深深的罪惡感。我們知道應該改變這種情勢，也不斷誓言要採取行動，最後卻還是掉入情緒勒索的陷阱中。最後，我們開始懷疑自己到底能不能信守承諾，也對自己的效率沒信心了。我們的自我價值感慢慢地遭受腐蝕。最壞的結果可能是每次讓步後，指引我們決定生命價值及行為的內心指南針卻離我們越來越遠——自己再也不是一個完整的個體。雖然所謂的情緒勒索並不能算是罪大惡極，但也不能輕忽它的影響力。只要我們和情緒勒索扯上關係，它就會一步步將我們鯨吞蠶食，最終危害到我們最重視的親密關係及自尊。

化知識為行動

我當治療師已經超過四十五年了，在這不算短的時間裡，曾使用許多方法治療過好幾千人。如果要我對這些經驗做出一個不會前後矛盾的概括性說明，我會說，「改變」是最令人害怕的一個詞。沒有人喜歡改變，幾乎每個人都對它心存畏懼。大部分的人，包括我在內，都想盡量避開它。這樣的想法也許是造成我們悲慘生活的原因之一，但想要把每件事都做得與眾不同，絕對是個錯誤。

不管是基於個人認定或是專業考量，我還很肯定一件事，那就是除非改變行為模式，否則世界不會有什麼不同。光有想法並不會激起任何改變，就算我們知道不該做出那些自我毀滅的行為，仍然不能阻止我們的行動。不斷地嘮叨或祈求另一方改變，是不會奏效的。我們必須有所行動，必須率先朝著新方向勇敢邁進。

更多的新選擇

我所有的著作都是以解決方案為主。同樣地，本書第二部分將一步步帶領讀者，認識如何應付情緒勒索的諸多選擇。我們通常都以為方法很有限，但其實可選擇的方案遠比我們知道的多，這也賦予了我們更多力量。我將告訴你一些即使在心懷畏懼的情況下，面對情緒勒索時卻仍能出其不意的致勝策略，而且絕對會讓你覺得心情舒暢無比。我還會提供一些檢核表、簡單測驗、實用腳本，以及一些無殺傷力的溝通技巧。過去二十五年來，這些都是我不斷教授和精進的技巧，絕對有效！

還有一點很重要，我也將引導你們在與情緒勒索者互相較勁時，如何能夠安然應付一些有關倫理、道德及心理方面的重要問題，如：

- 怎樣才算自私？何時我才能忠於自己的欲求及渴望？
- 我該讓步多少才不會感到悔恨和沮喪？
- 如果我屈服於情緒勒索者，是否違背了自我？

我會給你一些工具，讓你自行決定何時該對別人負責，何時又該放手——這也是幫助你跳脫受人宰制困境的重要關鍵之一。

本書最棒的一個地方就是：它能減少勒索者強加在你身上的罪惡感。當你開始改變自我行為模式，以擺脫莫須有的罪惡感時，我也會告訴你如何舒緩這份無法避免的不適。只要你以更健康、更能自我肯定的方式來做事，原先的罪惡感就會消失無蹤；一旦罪惡感銷聲匿跡，勒索者自然也就不再舉足輕重了。

我將會一路陪你度過這段人生的重大轉折期，讓你不再屈服於情緒勒索者的所有要求，而能在自我需求的考量下，做出清醒、積極的決定。

在我幫助你抵擋情緒勒索的同時，我也要幫你決定是不是每個狀況都值得讓你氣得發瘋——有時候，對勒索者言聽計從，未嘗不是一個聰明的做法。還有在一些特例中，最健康的方式竟是必須完全和勒索者恩斷義絕。我也會說明如何在其他方式都無效時，來進行這項策略。

我們學習到一些認知及行為準則，終於能從勒索者日漸衰弱的阻礙中解脫出來時，將會釋放出更多的活力與能量。「我終於能跟男朋友說不了，而且了解到他的要求是不合理的。」我的一名個案瑪姬這樣跟我說。「我沒有傷害他，即使他裝得跟真的一樣。這是第一次我絲毫沒有自責感，也沒有在十分鐘後撥電話給他，請求原諒或是讓步。」

這本書是為了那些想與另一半、父母、同事或朋友保持更密切關係，卻又受困於他們層層控制之下的人們所寫的。

請各位讀者了解，即使我沒辦法親自陪各位一路走下去，我仍然會支持你們進行這些可能有點艱難，但絕對會改變生活的行動；我也會為各位建立嶄新而健康的關係——不論是針對生活中的情緒勒索者，或是你自己。

要面對情緒勒索，真的需要很大的勇氣，而本書將會賦予你勇氣。

第一部

勒索交易的來龍去脈

恐懼——恐懼失去、恐懼改變、恐懼遭到拒絕、恐懼無法掌控，
成為所有勒索者的一項共通特質。
這些是因為長期感到憂慮及匱乏，
也有些是因為喪失了安全感及自信心。

每一種「勒索者」情況都不盡相同。
只要忤逆「施暴者」，絕對會將怒氣直接發洩在我們身上。
如果不讓步，「自虐者」強調會對自己做出某些舉動。
在強扣罪名和使別人產生罪惡感這方面，「悲情者」頗具技巧。
「欲擒故縱者」會給我們一連串測試，如果我們讓步，自然少不了得到一些甜頭。

第一章　診斷：情緒勒索

情緒勒索的世界是很令人困擾的。有些勒索者的意圖顯而易見，有些則是混沌不明，他們經常看起來很和善，只在某些時候祭出手段。因此，想在親密關係中看清這股控制力，更相形困難。

當然，有些霸道、不拐彎抹角的情緒勒索者會直接亮出他們的恐嚇，明白告訴你不照著做的後果：「如果你離開我，就再也看不到孩子了。」「如果你不支持我的計畫，我會延宕你的推薦函到你點頭為止。」他們的威脅清楚明確，意圖一清二楚。

然而，大部分的情緒勒索卻是很難察覺的，而且常現身在那些看似和諧美好的關係中。我們知道自己的另一半大概是什麼德性，也讓以往的愉快記憶蒙蔽了似乎有些不對勁的擾人感受。直到情緒勒索的陰影漸漸浮出檯面，悄悄地越過了原先的安全界線；之前尚能接受的相處模式逐漸改變，開始夾雜了一些不得不的妥協。

在我們將某人的行為歸類為情緒勒索之前，我們得先檢視幾項要素，就像醫生為病人診斷時得先確診病徵一樣。以下是一對親密情侶的例子，但檢視雙方衝突的徵兆同樣也適用於朋友、同事及家人之間。適用對象也許不同，但是技巧和方法是一樣的——而且非常容易辨識。

六項致命特徵

我認識一對年輕情侶，吉姆和海倫，他們已經交往一年多了。海倫是社區大學的文學教授，有著一對棕色大眼和迷人笑容。她是在派對中經人介紹後認識吉姆，而吉姆看起來也挺討人喜歡的，長得又高又斯文，還是一位成功的作曲家。他們兩人曾經一起度過了許多美好時光，但是海倫覺得以前和吉姆相處時那股輕鬆自在似乎已經漸漸消失了。事實上，他們的關係正一步步進入情緒勒索的六個階段。

為了要讓讀者了解何謂情緒勒索六階段，我們不妨先來看看海倫與吉姆間的衝突狀況。有些特徵解釋了吉姆的行為，有些則能說明海倫的反應。

一・要求

吉姆想從海倫身上得到一些東西。他跟海倫說，反正每天在一起的時間這麼長，乾脆住在一起算了。「我等於已經住在這裡了，」吉姆告訴海倫，「不如就公開吧！」海倫的公寓很大，吉姆放在這裡的東西差不多就占了一半，所以吉姆強調，這不過是一件簡單的搬遷工作罷了。

有時候，情緒勒索者並不會像吉姆一樣表現得這麼光明磊落——即使他們的用心昭然若揭，我們都還不一定能察覺出來呢！吉姆也可能會間接地表達，比如參加朋友婚禮後故意表現得悶悶不樂，誘使海倫主動跟他說：「我希望我們能更親密，因為有時候我也會覺得很寂寞。」最後，吉姆再趁機說，他想要搬進來和海倫一起住。

乍看之下，吉姆的提議滿窩心的，一點都沒有要求的意味。但不久後你就會發現，他純粹是為了達到自己的目的，而且不容許有絲毫討論和改變的餘地。

二・抵抗

海倫對吉姆要搬來一起住的提議不太開心，於是很明白地告訴吉姆，她對兩人關係的轉變毫無心理準備。海倫很關心吉姆，但也希望能擁有自己的空間。

如果海倫是比較委婉的人，可能會用其他方式來表達不悅。她或許對吉姆會變得漠不關心，或是告訴他屋裡要重新油漆，所以他得把東西全都搬走直到完工。不管如何，海倫會很清楚地表達出本意，答案是「不」！

三・壓力

當吉姆看見海倫的反應出乎預料，他並不會試著考慮海倫的感受。相反地，他會逼海倫改變心意。一開始，吉姆會表現得好像很願意和海倫討論這件事。但是，討論過程中他完全堅持己見，最後還訓誡了海倫一番。她的反對，竟被吉姆說成是個性有缺陷，而且他還將自己的欲望和需求說得光明正大：「我只是想做一些對我倆最好的決定，也想給妳最好的。兩個人彼此相愛時就會想要共享彼此的生活，為什麼妳卻這樣？如果妳不要這麼自我中心，就會願意多開放自己一點。」

然後他話鋒一轉：「難道妳對我的愛，還沒有強烈到要我時時刻刻陪伴在妳身旁嗎？」還有一種勒索者會使用轉移壓力的手段，堅持如果他能搬進來，彼此關係將有所改善，也會更親密。不管是哪種勒索者，即使看起來是為了你好——都絕對會使出「壓力」這玩意。像吉姆，不就讓海倫覺得自己這樣拒絕，對他造成很大的傷害嗎？

四・威脅

在吉姆不斷想弄垮海倫如城牆般的抵抗意志時，他會讓海倫知道，如果不順從他會有什麼後果。在這種情況下，情緒勒索者可能會威脅要讓我們痛苦與不快，因為我們讓他們非常不好過。他們會撂下一些讓我們不安的話，或是「如果你能聽我的，我不知會有多愛你！」之類的諂媚話語。吉姆就是這樣對海倫說的：「交往這麼久，如果你還是不能對我做出承諾，也許我們該給彼此多一點認識別人的機會。」雖然他不是直接了當表示要結束這段關係，但海倫可是將這段話中話，全都聽進耳裡了。

五．順從

海倫當然不想失去吉姆，所以她告訴自己，雖然還是覺得有點不妥，但也許真的不該拒絕讓吉姆搬進來。之後，她和吉姆再也沒有深入談過她的考量，而吉姆也沒有任何打算為她考慮的跡象。幾個月後，海倫不再堅持，吉姆也就堂而皇之住進海倫家了。

六．舊事重演

吉姆得逞了，讓兩人的爭執暫告一段落。現在，吉姆搬進海倫家，不再對海倫施壓，他們的關係似乎也漸趨穩定。雖然海倫還是對事情的進展有點不開心，但能擺脫吉姆的不斷施壓，並重新贏得他的愛與尊重，的確讓她鬆了一口氣。對於吉姆來說，對海倫施壓、讓她覺得有罪惡感，成了他「心願得償」的必經途徑。海倫如果想要以最快方式結束吉姆的苦苦相逼，就只能讓步。他們的相處模式已經成形了：施加壓力，然後一方屈服。

以上是情緒勒索的六個階段。稍後，我們會回到這個主題做更深入的探討。

既然這麼明顯，為何你視而不見？

以上這些致命特徵都非常明顯，而且很煩人，你一定認為它們出現時絕對會讓人心中警鈴大作吧？但事實上，在被它們掐住脖子之前，我們就已經深陷其中而不自知了。會發生情緒勒索的部分原因，要歸咎於我們常用，而且也常遇到的一種極端行為：「控制」。

其實控制並不全然都是壞事。我們有時候也會對別人撒下控制的大網，或是被逼著去做某些事，像是在玩一種隨心所欲操控別人的遊戲。像我就常說：「哦，真希望有人能替我開窗！」而不是「請你替我開窗好嗎？」

對許多人來說，要直截了當表達需要已經很困難了，如果在百廢待舉下又想提出一些具體要求，更令人難以啟齒。為什麼不開口要求呢？因為這可是很冒險的。如果被對方拒絕了怎麼辦？很少人會讓別人對自己的需求瞭若指掌，因為這會讓人有一種恐懼感：如果我們直截了當表達出需求，卻惹得對方一肚子火——或更糟的是被斷然拒絕——該怎麼辦？不如我們委婉地透露自己的要求，即使被拒絕，感覺也不會那麼糟，對吧？起碼我們理性地排解掉那種令人不快的感受。

此外，不直接提出要求，看來也比較沒那麼咄咄逼人。用比較婉轉的方式來暗示周遭的人，讓他們能了解我們的言外之意，其實是比較容易的。

有時候我們甚至連話都不用說，只要用一些明顯而細膩的暗示：一聲嘆息、一個噘嘴、一些讓人看了便了然於胸的暗示手法，就能成為獲利的一方。但是，在這些日常生活中所謂的「控制」變得有傷害性之前，必然會有一個清楚的轉捩點。不斷受到「控制」手段支配，使我們必須對情緒勒索者有求必應，不得不犧牲自我欲求及人格時，就變成情緒勒索了。

設定限制的權利

當我們談到情緒勒索時，自然會提到衝突、力量和權利。當一方提出要求，另一方卻不依從時，該怎麼辦？一方所施的壓力，在什麼時候才算超過限度？我們不斷強調表達自我感受和設定不能逾越的限制之間，其實是有模糊地帶的。要謹記，不要把每一次衝突、激烈辯論，尤其是針對雙方權利義務的設限，都當成是情緒勒索。

為了要幫助讀者更清楚地分辨其中差異，我會說明包括適當設限的幾種情況，以及它們如何轉變成情緒勒索。

這不算勒索

不久前，我的朋友丹妮絲賣出一本花了將近一年才完成的攝影作品集。因為如此，她和朋友艾美之間也發生了一些事。艾美是她以前在廣告公司的同事，現在也跟她一樣當起自由工作者。丹妮絲覺得，艾美對她耍了些情緒勒索的手段。

以下是丹妮絲告訴我的故事：

一開始，我們倆就無話不談。甚至會花上幾小時討論自己接案的甘苦，還有公司縮編後生活遭遇的挑戰——因為我們原本都是接些大公司的案子，最近卻有明顯減少的趨勢。我們談了很多面對這種狀況時的恐懼，也不忘互相加油打氣一番。但是，只要我一告訴她有關這本攝影作品集的事，我們之間那股親密戰友的氣氛就消失殆盡了。

剛開始她看起來很為我高興，但不久後，她打電話來告訴我：「老實說，我有點嫉妒妳，我現在也工作得很賣力，卻沒有什麼回報。如果能暫時不要提起妳的工作和妳現在有多興奮的話，我會非常感激的——那可是我的痛處啊！」我答應了。所以，我們現在轉變話題，改談她的工作了。

現在，只要我一談到那本書，我們的對話就會戛然而止。她會說：「如果不要談這件事，對我們彼此都好。」這讓人覺得很壓抑。但我滿喜歡她的，所以我還是試著按照她的規矩來。

乍看之下，艾美逼著丹妮絲按照她的方式去做，並且完全主控了雙方的對話。對丹妮絲來說，這一定很不好受。但事實上，艾美只是忠實反映了自己的感受；而且為了自己好，她設定了自我所能忍受的範圍——到底能聽丹妮絲報告工作成就到什麼地步。艾美絕對有權這樣做！會因為其他同伴已達成目標而感到嫉妒的只有人類，尤其是那些自己尚無法達成的目標。有時候，如果我們像艾美一樣想避開某些話題，我們有權在話題上設限。當然，如果丹妮絲對於艾美設下的限制感到不悅，她也有權表達出來，或是少跟艾美來往。

所以，不管丹妮絲接不接受艾美的要求，艾美都不會對她造成任何威脅。她們之間沒有所謂的「壓力」存在，只是需求和感受的陳述罷了。沒錯，這樣的確造成了衝突，丹妮絲也對彼此關係的轉變感到不悅，而且其中更有一些強硬的力量在運作，但是這和情緒勒索完全扯不上關係。

超過界限

現在，相同情境再加上情緒勒索的要素，可就完全不一樣了。我們假設艾美聽了丹妮絲的好消息後，反應是這樣：「聽到這個消息真讓人高興啊！從現在開始，妳的工作量一定會大增——如果這個案子我們能分工合作，那一定很棒吧！我還可以當你的左右手哩！」

當丹妮絲婉拒了艾美的建議後，艾美又說話了：「我以為我們是朋友。我現在的情況妳又不是不知道，跟羅傑分手已經讓我夠難過了，現在那一筆龐大的稅金更讓我雪上加霜，我已經沮喪到幾乎沒辦法工作。我還以為妳是那種在朋友有難時伸出援手的人呢。」

如果這樣還不能逼丹妮絲就範，艾美會轉而從丹妮絲「不夠慷慨」下手。「就算分給我一點好運，妳也不會少一塊肉。」她繼續說，「如果今天換作是我，我也會對妳很大方的。」她開始給丹妮絲貼上「自私」和「貪心」的標籤，而且不斷強調自己的處境有多艱難。如果不能成為丹妮絲的助理，她們連朋友也當不成了。最後，丹妮絲只好答應艾美的要求。

所有情緒勒索的要素都包含在以上這個場景中：要求、反抗、威脅和屈服，而且這種情況將會屢見不鮮。

截然不同的處理方式

拚命想要避免碰到上述情況，倒也不會冒犯別人。但如果彼此的衝突已透露出更嚴重的訊息：如另一半情感出軌、友人酗酒，或是工作誠信出問題時，又該如何？在這樣的情況下，雙方可能會口出惡言；而一般人使用的界限設定法也會因為這時雙方強烈的情緒反應，而容易被誤認為是情緒勒索。即使如此，「適當的界限設定」與「情緒勒索」之間仍然有很大的差別。以下就讓我們看看同樣情況發生在兩對夫妻身上，結果卻截然不同的例子吧！

婚外情事件

我認識傑克和蜜雪這對夫婦已經好幾年了，一直很羨慕他們美滿的婚姻。雖然他們年齡相差很多，傑克比蜜雪大了十五歲。但同樣身為交響樂團一員的夫妻倆，卻依然過得甜甜蜜蜜。有一晚，我搭傑克的便車去參加一場聚會，在回家路上我們小聊了一番。我問傑克：「你們夫妻生活甜蜜的祕訣到底是什麼？又是誰傳授給你們的呢？」

傑克給的答案，完全出乎我的意料之外：

老實跟妳說吧！我們之間的情況並沒有那麼美滿，至少對我來說是如此。這件事我幾乎沒告訴過任何人。三年前，我做了一件非常愚蠢的事，開始和樂團裡的一位客座女小提琴家約會；雖然我們的關係並沒有持續很久，但我心中的罪惡感卻揮之不去。我再也無法隱瞞蜜雪這件事了，而且我知道，除非我向她坦白，不然我們再也不能像以前那樣親密。所以，我做了一個對自己最好的決定，就是向她坦白，並且表示願意承擔所有的後果。

剛開始，我以為蜜雪會氣得想把我殺了。她好幾個星期都不跟我說話，我也搬到樓下的書房去，但是後來，蜜雪做了個讓我驚訝的決定。她說自己想了很久，後來終於了解，如果我們還要繼續攜手共度下半生，就得一起想想辦法。起初她真的是氣得發瘋，但後來她決定跟我做個交易：她不會再提起這件事，也不會把這件事做為要脅、逼我順從的把柄；但如果我不能保證永不再犯，並且和她一起去接受諮商協助的話，我們倆是不可能一起度過這個難關的。而且，如果我不願給出承諾，我們的婚姻關係也就到此為止了，因為她沒辦法一天到晚忍受不安全感、不確定感和疑神疑鬼的交相煎熬。

我告訴傑克，他很幸運，因為蜜雪是以一種很健康的方式來界定彼此相處的界限。以下我將列出這個過程，並且會在本書的第二部分再提出來好好討論一番。對於傑克的出軌行為，蜜雪做出了以下處理方式：

- 先確立自身立場。
- 闡明自己的需求。
- 表明她能接受的範圍。
- 傑克可以自由決定是否接受這樣的條件。

當然，她同時堅持夫妻倆都得接受心理治療。

每個人其實都有權力設定自己能接受的行為範圍，就像蜜雪這樣。在一段親密關係中，不必與不誠實者、癮君子以及任何形式的毒害為伍，這是每個人的基本權利。

如果有人對我們的所作所為，表達出強烈的言語及行為反應，但卻不帶威迫和壓力，就不算是情緒勒索。適時採取「界限設定法」並不等於強迫、施壓或是不斷直指某人的缺失，只是重申我們能接受的行為範疇罷了。

情緒勒索者的處理方式

相較於蜜雪處理危機的方式，讓我們來看看另一對夫婦吧！我認識史蒂芬妮和鮑伯也有好幾年了，他們在婚姻瀕臨破裂之際，來到我的辦公室，這時他們已經到了無話可說的地步。回想他們三十多歲的時候，兩人真的很速配：鮑伯是一位擁有豐富實務經驗的稅法律師，而史蒂芬妮則是從事房地產業。因為是鮑伯提議到我這兒來諮詢的，所以我就請他先開始。

我不知道自己還受不受得了這種情況。一年半前，我犯了一個嚴重的錯誤，這幾乎毀了我們夫妻倆的生活。我在出差的時候和一名女子發生了一夜情。我知道這全是我的錯，這根本不應該發生，但我卻讓它成真了。之後，我一直盡全力彌補史蒂芬妮，因為我愛的是她，我不想離開她，而且我們的生活不錯，還有兩個漂亮的女兒。但是，天啊，史蒂芬妮根本把我看作是連續殺人犯似的，不肯善罷甘休。

現在，只要她想到什麼，就會舊事重提。我岳父母要來家裡住之前，她會提起這檔事；在決定要看哪部電影時，她也會說上幾句；她甚至還用這件事要求我買些東西哄她開心。最近她想去歐洲玩幾天，卻挑上我有個大案子要處理的時候，我當然不可能陪她一起去。如果她要帶個朋友去，我絕對舉雙手贊成，但是她要我丟下一切順她的願；因為我背叛過她，所以現在我得處處順從她。她會這樣說：「這是你欠我的，就算你活到一千歲也無法彌補你對我的傷害。」只要我一忤逆她，她就會提醒我做過的齷齪事，甚至還在藥櫃上貼了一張寫著「騙子」的標籤。我怎麼能不對她言聽計從？我怕她離開我啊！沒錯，我是名騙子，我對自己所做的一切也覺得痛苦萬分，但我不能再這樣下去了，我們倆要怎麼樣才能跳出這個沼澤深淵？

就像蜜雪一樣，史蒂芬妮也有權利生氣，但是，她卻對鮑伯用了「懲罰」和「控制」的手段——這就算是情緒勒索了。當史蒂芬妮知道鮑伯出軌後，憤怒和缺乏安全感讓她誤認為只要讓鮑伯有罪惡感，就能綁住他，可以對他予取予求。她把鮑伯看成是一個對感情不忠、不值得信任的人，並且將他的出軌當成一項威脅武器。她的威脅是十分直接了當的，「如果我得不到我想要的，你也不會好過。」她有一句名言：「現在由我作主！」

這樣的婚外情事件是充滿危機和轉機的。在我們日常生活發生的林林總總事件裡，它也是最有可能轉變為「情緒威脅」的一件事。蜜雪讓這件事成了她和傑克之間的轉機，也具體表明了她對傑克和自己，以及對彼此婚姻的期許。至於史蒂芬妮，卻讓自己陷入了暴怒和復仇的泥淖中。

在某次親密關係的重大「災變」後，像是被同事出賣、家庭關係出現巨大裂痕、被朋友欺騙等，如果我們選擇修補這段關係，就可能出現這兩種截然不同的結局。而如果雙方都出於善意，並且真心希望重修舊好，那麼擔心會出現情緒勒索的憂慮就多餘了。

真正的動機

但我們怎麼知道對方是想要跟我們拚個輸贏，還是真的想解決問題？他們絕不會講實話，當然也不會說出肺腑之言，「我才不管你們要什麼，我只想拿到我要的。」在這種充滿強烈情緒的情況下，我們原來的察覺力將會變得混沌，更別提在壓力的驅迫下，我們的辨識力會有多低了。以下檢核要點將幫助你釐清對方行為中潛藏的意圖與目標，進而找出情緒勒索的存在。

如果對方真的想要以公平、互惠的方式解決衝突，他們將會有以下行動：

- 開誠布公地討論你們之間的衝突點。
- 知道你的感受和考量。
- 找出你不遵從他們要求的原因。
- 不推卸造成彼此衝突的責任。

就像蜜雪和傑克的例子，你可以對某人動怒，但不一定要在情感上折磨他們。即使雙方意見不同，甚至是南轅北轍，也不必動用汙辱和負面指責的手段。

如果對方的目標是要迫使你甘拜下風，他們會有以下行為：

- 試圖掌控你。
- 不理會你的抗議。
- 堅持他們在性格及動機上絕對優於你。
- 對於你們之間真正的問題採取逃避態度。

如果發現對方只求滿足一己之需，而完全忽略你的時候，你已經面臨到情緒勒索的窘境了。

從變通到堅持

在觀察可能會轉變為情緒勒索的情況，以及探究它們的特徵和動機時，我想要提出另一個問題：「在這段關係中，你能變通的範圍有多大？」

當情緒勒索逐漸滲入一段親密關係時，我們可以感受到周遭氣氛的轉變。看看史蒂芬妮和鮑伯的例子，他們的關係甚至變得遲滯不前。威脅和壓力成了生活的一部分，冷淡氣氛進入彼此的關係中，也使我們失去了安然度過這些危機的變通能力。

我們其實具備了變通的能力，卻渾然不覺。每一天都非常輕易、自然地在許多事物上妥協：到哪家餐廳吃飯、去看哪部電影、客廳要漆成什麼顏色，或是到哪裡舉辦公司餐會。事實上，在很多情況下，最後的結果都不是非常重要，而且通常也都讓有強烈偏好的人遂其所願。過程中或許有些意見相左或是強人所難之處，但是施與受、平等和公正還是存在的。即使有些小小的不快，我們仍然願意妥協，而且這對自我和活力絲毫不構成影響。同時，我們也希望別人有的時候也能照著自己的需求去做。

等我們不願再妥協後，情況就變得有些僵了。我們再也不願意被迫做出改變，或者遵循那些看來並不適用的規則，而決定要堅持己見。

在我還是個孩子時，我們常常玩「紅綠燈」的遊戲。每個人都得避免被當鬼的小朋友摸到，只要一被摸到，你就必須一直呆立到遊戲結束。我們常在一片草坪上玩這個遊戲，玩到最後，整片草坪看來就像一座雕像花園似的，因為好多人都被變成奇怪且受到驚嚇的樣子。情緒勒索其實有一點像「紅綠燈」，只是這不再是個遊戲。只要情緒勒索出現在親密關係中，這段關係就會開始進入僵局，雙方甚至會陷入需求與被掌控的泥淖中無法自拔。那時，想改變自身立場已經不可能了。

艾倫是一間小家具公司的老闆，個性開朗有趣。但當他第一次來找我，向我訴說和新婚太太裘之間的問題時，表情卻非常凝重。

「我以為她是我一直尋尋覓覓的終身伴侶——她人很好，又很幽默聰明。」他開始娓娓道來。「聽起來不錯啊，」我說，「那你為什麼還這麼鬱鬱寡歡？」

我不知道這樣對我有沒有幫助。我知道裘很愛我，但我實在不喜歡現況。如果我要求有一些自由時間——像是朋友拉我去看電影，或是在下班後和同事去吃吃喝喝什麼的——她就會顯出一副受到傷害的樣子。用那雙哀傷的大眼睛看著我說：「你怎麼了？你已經對我厭煩了嗎？你已經不想跟我在一起了嗎？我以為你瘋狂地愛著我！」如果我開始計畫去做別的事，她就會蹶起嘴跟我撒嬌，用各種婉轉的方式讓我知道她有多不快樂。我以前從不知道她這麼黏人。我絕對舉雙手贊成她跟朋友一起出去，但她卻越來越少這樣做——她好像想住進我的口袋裡，好隨時跟著我似的。有一次，我終於鼓起勇氣和朋友一起出去，結果她整個禮拜都不跟我說話。我認定她是我今生的最愛，如今卻有一點後悔了。我們以前在一起的時光好甜蜜，但現在真糟糕，她總是對我予取予求。

只要一遇到困難，較依賴的人就很容易投入一段親密關係中。而且只要另一半想放下他們去參加別的活動時，他們就會慌了手腳。他們會感受到被遺棄的恐懼與遭拒的憂慮，但不會大剌剌地表現出來，反而是隱藏這股感受。畢竟，他們都知道自己是成人了，「不應該」太依賴別人，也「不應該」像個被嚇壞的小孩。當裘看到艾倫想要更多的自由而不願意關心她的感受時，她用「委婉」的方式來表達；在艾倫做了一件看來再普通不過的事，如自個兒出去逛逛後，她就要讓艾倫充滿罪惡感。

艾倫盡力地想要了解她：

她童年時期過得並不好，所以我能理解她為什麼這麼依賴我，也不會因為她缺乏安全感而責備她的。有時候，女人這麼依賴我而不讓我離開她的視線，這種感覺還挺不錯的。但是，老實說，我開始覺得不舒服了。她總是遂心如願，卻讓我充滿罪惡感，我覺得自己像總是聽命於她的懦夫。

雖然艾倫不願意承認，但他也知道，裘在楚楚可憐的表情和迷人的軟語呢喃背後，其實已布下了精密的壓力網，好讓艾倫屈服於她的要求。裘希望艾倫能一直陪著她——這也是她允許艾倫扮演的唯一角色——她可不准他有自己的活動和興趣。就像其他遭受情緒勒索的人一樣，艾倫也讓情緒勒索有了發酵的溫床。尤其是剛開始的時候，他讓裘不斷起疑心，並且把她的黏人攻勢歸因於小時候缺乏關懷，因而需要他的體貼照顧。

在面對需求與占有的步步進逼時，艾倫也做了與多數人相同的反應，把這些行為都看成是對方的愛和關心。在本書中，各位讀者將會了解，這種反應對於情緒勒索無異是火上加油。

一旦發現親密關係中有了情緒勒索的徵兆，那種感覺就像被剝得光溜溜、毫無遮掩似的。突然間，你會發現竟然一點都不了解自己的伴侶、同事、兄弟、上司和朋友，有些東西已經消失了。沒有妥協和變通的空間，彼此的力量沒有均衡可言，你所希冀的一切也無法達成。愛與尊重已經不存在，只有在情緒勒索者遂心如願時，雙方關係才可能和諧。

第二章　勒索的四種形態

「如果你真的愛我……」
「別離開我，不然我會……」
「你是唯一能幫我的人……」
「我可以讓事情簡化，只要你……」

在所有勒索言語中，把「要求」搬上檯面絕對是一項必備要素。但是，每一種「勒索」情況都不盡相同。經過仔細檢視後就會發現，這些看似相同的行為，其實還是可以分成四種類型；如同看似只有單色的光線，在通過三稜鏡之後，卻可以分為好幾種顏色。

屬於「**施暴者**」的人，總是清楚地表達出需求。只要忤逆他們，我們就得自行承擔一切後果。這種人可能會大剌剌地說出需要，也可能不管遇到什麼事都悶不吭聲，但是絕對都會將怒氣直接發洩在我們身上。至於第二種的「**自虐者**」，就會將所有威脅內化，強調如果不讓步，他們會對自己做出某些舉動。而「**悲情者**」則是在強扣罪名和使別人產生罪惡感這方面頗具技巧。我們可以了解他們到底要的是什麼，也會在他們的「引導」下了解，他們的願望能否實現就全靠我們了。第四類的「**欲擒故縱者**」，則會給我們一連串的測試，如果我們能讓步，自然少不了給我們一些甜頭。

每種類型的「情緒勒索者」都有不同的行為模式，在傳達要求、壓力、威脅和負面評價方面，當然也有迥異的表達方式。這使得我們很難辨識出情緒勒索，即使自認為聰敏過人也是如此。就像如果你認為所有的鳥都能像老鷹一樣在天空翱翔，那你一定會很訝異，悠游在水面上的天鵝也屬於鳥類！因此，若有任何出乎意料的情緒勒索現身在你的生活中，這種認知矛盾也會產生。

所幸，只要先了解這四種類型，你就能在每個人的行為中察覺到危險訊號，並且事先發展出一套預警系統，以避免情緒勒索的侵害。

施暴者

我想先從情緒勒索者中最明顯的一種類型開始——「施暴型」。並不是因為這類人較多，而是因為他們最容易辨識。如果身邊有這種人，你不可能察覺不到，因為只要我們一不順從，他們馬上就會怒髮衝冠。可能會直截了當地爆發不滿，甚至語帶威脅，我稱這群人是「積極施暴者」；而另一種低頭生悶氣的人，則屬於「消極施暴者」。不管是哪一種，施暴者在所有關係中所追求的「勢均力敵」，其實都是一面倒的；「不聽我的話，就請走人」是他們的格言。不管你想什麼、需要什麼，施暴者根本置之不理。

積極施暴者

「如果你回去工作，我馬上離開。」

「如果你不接掌這個家族企業，我的遺囑上就不會有你的名字。」

「如果你要跟我離婚，你就再也看不到孩子。」

「如果你不能加班，就別想要升遷。」

以上這些言詞都非常具有殺傷力，而且也都很嚇人。這些言詞通常也都能奏效，因為如果反抗的話，我們都很清楚自己的下場會是什麼。這些人絕對能把我們的生活搞得雞犬不寧，或者至少讓我們感到不快樂。施暴者可能不了解自己的一言一行對別人造成多大的影響，也沒注意到自己竟常常威脅要揭開別人的真面目，或是要奪走別人所珍視的一切。雖然這種人二十次中有十九次都只是隨口說說，氣過就算了。但是，這種威脅所造成的後果卻是非常嚴重的——哪天他們真的說到做到，我們就慘了。

麗茲是一位瘦削、說話聲音低沉且平穩的女子，有一天她跑來辦公室找我。過去幾年來，也有許多婦女因為同樣的問題向我求助。她想要知道，因浪漫相遇而結縭的夫妻，現在卻毫無感情，甚至在情感上互相折磨，這樣的婚姻還有沒有辦法挽救？她和麥可在高中畢業幾年後，在一場電腦銷售人員訓練課程中相遇，當時他們共同合作一個團隊計畫，她對麥可那時表現出的權威感，和直接切入問題核心的能力印象深刻；當然，他的英俊外表也為他加分不少。

剛開始，麥可看來棒透了。他非常體貼、負責，我們那時真的度過了許多美好時光。所以，我花了好長一段時間才看出他根本是個控制欲很強烈的怪人。我們結婚一年後，我生了一對雙胞胎，於是我當了一段時間的專職母親。當孩子開始上學以後，我認為自己最好重新回學校學習，因為這一行如果沒有不斷學習新知，就乾脆改行算了，但是麥可卻認為家裡有學齡期的小孩，做母親的就應該好好留在家裡照顧他們。就這樣，討論終止——每次我要跟他談談有關托兒所或是請家教的事，他都來個相應不理。

我覺得非常沮喪，告訴他我已經不知道該如何跟他經營這段婚姻了。結果，他開始抓狂。他說如果我離開他，他就拿走所有的積蓄，把我丟在大街上。那個暴怒的他讓我完全傻眼。「妳喜歡住在好房子裡對不對？喜歡現在舒適的生活吧？」他這樣對我說：「只要一離婚，妳什麼東西都拿不到，而且我的律師會讓妳永遠見不到孩子！離婚？妳想都別想，也別輕舉妄動！」我不知道他是在氣頭上，還是真的會這麼做，只好告訴我的律師什麼都別做，也暫停了申請離婚的程序。現在，我除了恨他之外，根本束手無策。

正如麗茲所說的，再也沒有比遭遇婚姻困境、結束一段親密關係或離婚，更能讓施暴者「好好發揮」的情況了。也許最有威力的情緒勒索者就是像麥可這種人，即使有壓力和痛苦纏身，他們仍然可以威脅要截斷對方財務資源或與孩子的聯繫，甚而讓對方更悲慘。只要能想到其他讓人難過的方法，他們就會「身體力行」。

想要和施暴者打交道，真的是難上加難。如果想要抵抗他們或是堅守自己的立場，就得冒著違逆他們的危險；如果順從他們，又會讓人覺得心裡惱火——一方面怒施暴者所施加的壓力，另一方面又氣自己竟然這麼沒膽。

不敢忤逆的孩子們

什麼人能夠把那些事業成功的大人變成小孩？答案是「父母」。這應該一點都不讓人驚訝吧！即使在孩子離家之後，有好長一段時間，父母仍常常保有對孩子的控制權，他們會覺得自己應該幫孩子決定該嫁給誰、該如何撫養子女、該住在哪裡，又要怎麼過活。因為孩子通常會順從父母，不敢違背，父母就可以理所當然地運用這股強大的影響力：如果父母用遺囑或是有關金錢的承諾來強化自身權威，施壓在孩子身上，使孩子順從，孩子就更加不敢忤逆。

我有一位三十二歲的個案賈許，職業是家具設計師，他已經遇到了此生的最愛，貝絲是一位野心勃勃的職場女性。他現在很快樂，但還有一個問題，就是他父親保羅。

我爸爸是虔誠的教徒——我們全家都信天主教——而且希望家中每個成員都會在教堂裡完成終身大事。我很幸運，在玩壁球時認識了這位猶太女孩貝絲，於是我們戀愛了。我曾經試著跟爸爸討論這件事，但他每次都會大發脾氣。他威脅我，如果我要跟貝絲結婚，他絕不會投資我那項計畫很久的生意，也會把我的名字從他的遺囑中刪除。他可能會說到做到。於是，我不能帶貝絲回家，甚至不能提到她，這實在非常荒謬。我找不到跟爸爸討論這個話題的切入點。我真的試過了。他會說：「不要再討論這件事了！」然後就走出房間。我不斷自問，我是拍賣品嗎？我的靈魂到底值多少錢？我應該不要理會家人的反應，還是對他們撒謊，假裝貝絲已經不存在了？我快要被這個問題搞瘋了！這不只是能否得到遺產的問題——我和家人的關係一向都很親密，我無法一直對他們撒謊。

屬於施暴型的父母常會要求孩子選擇，是要他們兩老？還是要他們的女（男）朋友？讓孩子陷入了兩難的窘境。受到情緒勒索的孩子可能會天真地相信，為了全家和諧，他這次最好讓步，下次一定會有個「合格人選」出現。當然，這不過是一廂情願的看法罷了！施暴型的父母對下個人選一樣會百般挑剔，下下一個也不例外。只要有人威脅到他們對孩子的控制權，這種情況就會發生。

賈許希望在對父親讓步的同時，也能爭取到自己想要的，但不論怎麼絞盡腦汁，仍無法兩全其美。他能對父親讓步又不必放棄貝絲的唯一方法就是：對父親隱瞞所有的真相。

想要避免施暴者的暴怒和控制欲，我們會做出一些讓自己也覺得驚訝的事情——說謊、保密和通風報信——以便讓施暴者相信我們對他的忠誠。這樣的狀況就好像我們是血氣方剛的青少年，不斷違背應該遵守的行為標準，只為了讓情緒勒索者去實現他們的錯誤抉擇。

沉默的對待

消極施暴者從不用言語表達感受。到目前為止，最令人無法招架的情緒勒索者就是這種人了，因為他們從不說出自己的感覺。

我們在上一章所談到的那位作曲家吉姆，在他搬去和海倫同住以後，才慢慢顯現他

「沉默施暴者」的特質。以下是海倫對吉姆的描述，正說明了這類人的基本特徵。

我不知道怎麼跟吉姆相處。當他生我的氣時，總是一聲不響地離我好遠，我知道他一定氣瘋了，但他從來不願意跟我談談。有一晚，我頭痛欲裂地回到家中，因為我的課讓我累垮了，系主任竟還要我準備一份工作報告以便提交預算審核——我已經累斃了卻沒法休息。當天吉姆替我做了晚餐，並點上蠟燭歡迎我回家。他真的非常體貼，實在讓我非常感動。當他在沙發上抱住我的時候，我已經知道接下來要發生什麼，他想和我親熱一下。但是，我那時真的是頭痛欲裂，而且一心牽掛著尚未完成的工作，一點也不想要和吉姆親熱。我試著好言相勸，也許過一陣子再說吧！但他完全誤解了。他沒有對我大吼，只是不發一語地抿緊了嘴，臉上出現一個陰暗無比的表情，然後就轉身離開了。接著，他用力關上書房的門，在裡面把音響開得震天軋響。

這類人冷冰冰、一語不發的態度，一般人是很難忍受的。面對這樣的酷刑，幾乎每個人都會棄械投降。我們會這樣祈求他們：「說些話吧！不然你就對我大吼嘛！這樣起碼比你什麼都不說好！」通常我們越要求悶不吭聲的人說些話時，他們越會抗拒，因為他們害怕面對我們，以及自己的憤怒。

我不知道該怎麼辦，心中升起一股可怕的罪惡感。他一向非常羅曼蒂克，反而我老是冷冰冰的。所以，我走進書房，試著和他談談。他坐在那裡，眼睛直瞪著我：「現在不要跟我說話。」我想，必須設法讓衝突緩和下來，於是我穿了一件緞面睡袍，再回到書房，用雙手圈住他的脖子，告訴他我真的很抱歉。最後我們就在書房裡親熱了。這聽起來好像很浪漫，其實我一點都不這樣想。我的頭還是痛得要命，覺得自己已經緊繃到快要斷成兩半了，實在很痛苦。但是，我還是很努力想讓他不要再生我的氣，因為我無法再忍受那種沉默了！

沉默型的施暴者會將自己隔離在一座無法穿透的華廈之中，而且他們一點也不在乎我們所受到的影響。如果有人像吉姆那樣對待我們，我們也會像海倫一樣被搞得一團亂。我們能夠感覺到對方的憤怒正逐漸高漲，而自己就是他的目標——這就像把我們放進充滿壓迫和緊張的壓力鍋中；大部分人肯定會像海倫一樣很快就讓步，因為這是最快紓解壓力的方式。

雙重懲罰

當你擁有一段雙重關係，比如說另一半就是上司，或者最好的朋友也是生意夥伴時，受到情緒勒索的可能性將會大幅增加。他們可能會經常將其中一種關係的混亂情況，帶進另一種關係之中。

我有另一件個案。雪莉，二十八歲、工作很有幹勁，而且顏值很高。有一天，她憂心忡忡地跑來找我，想請我幫她斷絕與上司的不倫之戀。起初，雪莉決定更深入地了解電影業，很快便找到一份在電影特效工作室擔任製作人助理的工作。這位喜怒無常的製作人查爾斯，五十二歲，跟雪莉一樣畢業於長春藤盟校。他們常分享彼此對默片及現代藝術的熱愛，雪莉馬上被這位十分重視她的人給吸引住了。他們之間的互動非常和諧，而且由於雪莉職務的關係，查爾斯還會讓她參與內部重要工作的決策。在訓練了雪莉幾個月之後，查爾斯升任雪莉為專案經理，專門負責與客戶商談及協助規畫未來方向。

雪莉的朋友曾警告她不要和上司來往這麼密切，尤其他已經是有婦之夫了。但是，比起跟雪莉同年的男人們，查爾斯真的對她不錯，而且起初她並沒有非分之想，只是工作關係讓他們彼此越來越親密。最後，他們之間的關係演變成一段辦公室戀情。

我知道，我知道，工作守則第一條就是絕不要和上司發生戀情。但是，查爾斯真的是一位很棒的人，從來沒有人像他那樣吸引我。我欣賞他的智慧以及通情達理。他有很多東西可以教我，能成為他最器重的學生對我來說像贏了大獎一樣。我喜歡這種親密感，我們共享了許多事情，對公司的看法也很一致，像他太太就無法和他分享有關公司的事，因為她酗酒，常常弄到不省人事。早在我們交往之前他就說過，如果哪天他太太能清醒得用雙腳穩穩站著，他就要跟她離婚。所以，我就跳進去了！

這段關係確實讓人飄飄然，兩人不但在性需求上得到滿足，工作上也有互惠關係。但兩年過去了，查爾斯根本沒有要和妻子離婚的意思。隨著時間流逝，雪莉逐漸了解，查爾斯是不會結束婚姻的。

在被騙了兩年之後，我終於知道查爾斯只是想要一名妻子和一名女僕——我當然不甘心永遠扮演這個女僕的角色，我希望未來能擁有一個自己的家庭。我們一起吃晚餐的時候，他告訴我正計畫一趟巴黎假期，要帶著太太和女兒一起去。他明明知道我有多愛巴黎，我們也曾經討論過要在那裡結婚。這時，我終於知道，一切全是我一廂情願。我實在無法面對現實。最後，我告訴查爾斯，我們的關係最好能回到當初那種密切卻不牽涉到性關係的狀況；這也許有點傷感情，但只有這樣，我們才能繼續真正的生活。

想不到原來對我很慷慨、和善的查爾斯竟做出完全出乎我意料之外的反應。他說，如果我要離開他，就可以跟他——以及工作——說再見了。我不知道自己能不能同時處理失戀和失業。好不容易才找到適合自己的工作，我真的很害怕他會就這樣把我攆走，但我也不想被人捉姦在床。我看不到自己的未來，也沒想到會把自己搞到這步田地。

查爾斯面臨著一個困境，他可能會失去一段令他感到活力十足的親密關係；因此，他孤注一擲，希望能挽回這段感情。這樣的反應可能嚇到雪莉了，但對一個急欲挽回一段感情的人來說，這一點都不奇怪。

雪莉現在所面臨的問題正是許多人，尤其是女人，花了好幾年想解決的問題。跟比我們位高權重的人發生親密關係，其實是很危險的。如果這段親密關係產生了嫌隙，我們將會和雪莉一樣發現這個事實：分手的壓力和失望，將會讓原來與你共享親密生活的另一半，對你祭出懲罰的手段。但是，雪莉並沒有因此被逼得束手無策，她仍有其他選擇，我們將在之後細說分明。

雙方的盲點

關係越親密，就越容易有危險——也會讓我們越有可能成為施暴者。一般人遇到像查爾斯這樣需要取捨的狀況時，絕不會丟下關心的人，轉而投向靠自己吃飯的情婦懷抱中。但是，我們會竭盡所能地滿足這些施暴者的需求，讓自己同意施暴者的一言一行，卻看不清楚他們的真正用心。就像賈許的父親雖然口口聲聲說是為了賈許著想，但其實他只是為了自己，根本沒顧慮到賈許的感受。施暴者幾乎都是這樣的。

當情緒勒索的影響逐漸擴大時，不順從施暴者的人，將迎來非常悲慘的結局：遭到遺棄、情感上斷絕往來、金錢或其他資源被裁撤，或是被人怒目相向。此外，最令人害怕的是人身安全受到威脅。逐漸轉變成恐嚇，並由對方掌控全局時，就是「情緒虐待」了。

很明顯地，一旦展開情緒勒索之後，施暴者被強烈的自我需求矇蔽，似乎對別人的感受視而不見，也不會徹底反省自己的行為；他們相信已做了最正確的抉擇，而且這些都是他們應得的。雖然要跟施暴者撕破臉並不容易，但這絕不是一項「不可能的任務」。藉著工具與指引，每一位受害者都將重拾起他們的自信，並且昂首闊步地大喊——我們不會再被虐待了。

自虐者

我們都曾經有過孩子氣的行為舉止，比如說大叫：「如果你不讓我整夜看影片的話，我就停止呼吸讓自己窒息。」成人自虐者的情況稍微複雜一點，但基本原則是相同的。他們會警告我們，如果不照著要求去做，他們會非常沮喪，甚至無法活下去；他們會做出一些舉動把生活搞得一蹋糊塗，甚或傷害自己。「不要跟我爭，不然我會覺得非常難過。」「讓我高興點吧，不然我會辭職。」「如果你不照做，我就不吃、不睡、不喝、不服藥，我要毀掉自己。」「如果你離開我，我就自殺。」以上都是自虐者可能使用的威脅字眼。

我們在第一章討論過的個案艾倫，他終於慢慢了解自己的新婚太太裘，每次都叨叨絮絮地說些如果不讓她這樣做，她就會受到傷害，這根本就是在威脅他嘛！裘不斷需索艾倫的陪伴，而不願找些屬於自己的活動，這其實已經對艾倫造成壓迫了。

我不知道是不是該用些激烈手段——但除此之外，其他方法好像都無法奏效。我曾經試著和裘討論這種情況，但她卻不願意談。她會變得非常沉默，有時候眼眶甚至浮現淚光，接著她會走進臥室把門鎖起來。我不斷拜託她出來，求她說說話，或者乾脆罵我一頓算了。

上次，我本來想去姊姊在奧瑞岡州的小屋度假的，結果裘的反應就好像我會從此在地球上消失似的：「你知道，沒有你我根本睡不著，而且連工作都不能做了。」她告訴我，「我要你陪在我身邊嘛。現在是非常時期呢！我得靠你度過這段忙碌的日子，如果你不在，我會把每件事做得零零落落的啦！壓力這麼大，我根本什麼都做不好！你一點也不在乎我需不需要你？你是不是想把我弄得一團糟，而你卻獨享一個禮拜的休假？」

我對她說：「天啊，這又不是世界末日，我只不過想去看看姊姊。」但她卻認為我遺棄了她。最後我只好取消了這次的行程，假裝我一點也不想去——可能這也不壞，因為裘變得更可人，我們甜蜜地像在度蜜月。但是，幾個月下來我卻感覺自己快要窒息了。

歇斯底里、充滿危機感的人格特質，可說是自虐者的基本特徵（當然，對他們而言，你更是火上加油的因素之一）。他們常感到極度渴望與依賴，常會「黏」住周遭的人，但矛盾的是，他們又想主宰自己的生活。一旦他們轉而使用情緒勒索的手段，就會把之前所有惹麻煩的舉動全歸咎於是你的錯。說實在的，自虐型的人就是有辦法讓對方覺得「我應該為所有的事負責」。施暴者會把親密夥伴全當成幼稚的小孩來對待，自虐者則會把對方都視作成年人，而他自己卻像個小孩。當自虐型的人哭鬧時，我們就要去哄哄他們；當他們沮喪的時候，我們就要付出關心，並幫他們解決所有的不愉快。我們還得負責將他們從無助的深淵中救起，好好保護他們脆弱的心靈。

就是你害了我

在我主持的廣播節目中，最常接到一些中年父母打來的叩應電話，表示他們正在為如何與成年孩子相處而苦惱。這些孩子不是有吸毒問題，就是不願去工作或上學，甚至是快要花光家產的敗家子。不管這些父母多努力想要改變這種情況，卻都感受到龐大的壓力。「好，那我走好了，我保證會在街上過得很好！反正你們從來就不喜歡我。」「我變成強暴犯，你就高興了吧！」受到這樣言語威脅的父母，當然只好同意維持現狀，即使這樣對每個人來說都不好。

我的個案凱倫是一位五十多歲的退休護士，現在正努力地配合女兒梅蘭妮進行一項治療。為了幫助梅蘭妮戒除毒癮，凱倫付費參加了一套昂貴的諮詢課程，也鼓勵女兒參加她從前服務醫院所開設的一項學習課程。凱倫從不期望能獲得女兒的感激，但她也沒料到女兒會「威脅」她。

梅蘭妮是個好孩子，我也對她所做的一切努力感到十分驕傲，但是現在我們幾乎天天為了「錢」發生爭執。她和彼得結婚時就很想擁有一間房子，於是他們想向我借錢支付頭期款。你知道，護士的退休金並不多，我不是不願意幫他們，只是這樣我就得掏空自己的存款。我不敢這樣做，那是我僅有的一切了。但梅蘭妮卻覺得，為什麼有錢的是我而不是她？她的確需要一間房子。

我擔心梅蘭妮戒除毒癮的決心會因此而動搖，因為有些人就是在得不到別人的關心下，又走回原來錯誤的道路。我能感覺到，如果我不答應梅蘭妮，她就會再度酗酒。我別無選擇，只有幫她買下那間房子。

凱倫認為自己別無選擇的說法，我已經從許多身受情緒勒索的人那兒聽過無數次，也反映了這些人已經有「受害感」了。凱倫其實還有其他解決方法的，但她得花上一些功夫才能讓這些方法派上用場。梅蘭妮所拋出的威脅正直指凱倫的要害，她用的手段跟之前凱倫描述的脆弱形象根本完全不相符。這種偽裝自我的方法，也是自虐者常使用的手段。

終極自虐者

自虐者所能使出最極限的手段就是，向別人暗示他們可能會自殺。這種威脅沒有人敢輕忽，也是讓自虐者覺得「最有效果」的一種方法。這讓我們心中深藏著一份恐懼，深怕他們騙了我們好幾年之後，卻真的有一天會使出這樣激烈的手段。

伊娃是位年輕、迷人的藝術創作者，現在和艾略特同居。他是一位很著名的畫家，約莫四十多歲。他們的愛情剛開始是很濃烈的，但伊娃搬去和艾略特一起住之後，關係有了一百八十度的大轉變，成了一場令人窒息的互相依賴。每次約會的時候，伊娃發現艾略特老是陰晴不定；起初，她還把這歸咎於他的「敏感藝術家脾氣」，但後來他一而再、再而三表現出來的心情低落，實在讓她感到不勝負荷了，一切似乎都因為艾略特服用了過量的安眠藥。他們倆的關係變得漸行漸遠，再也不能像從前一樣共享彼此親密的感覺了。伊娃是艾略特的助理，艾略特提供她經濟來源，但卻不准伊娃開創自己的事業。他甚至堅持伊娃的所有作品都必須掛上他的名字！

我終於了解，如果要擁有自己的生活，我就必須離開艾略特。但每次只要我一有這樣的想法，他就會威脅說要吞下更多安眠藥。剛開始我根本不想理會他的威脅。我還告訴他，我要自己開一間繪畫工作室，他竟說：「我會挑開幕的時候結束自己的生命。」我以為他在開玩笑，可是後來他又不斷說些「我不能沒有妳」「如果妳離開我，我就活不下去」之類的話，這可就一點都不好玩了，甚至讓人有些害怕。我能感受到他在痛苦背後表達出的愛意和熱情，可是其中更隱含著憤怒。為什麼他要把我逼到這步田地？我只不過想要有自己的事業而已啊！

這類型的情緒勒索是把重點放在我們的責任感上。「他以前對我很好，我不能就這樣離開他。如果他真的自殺了，我不會原諒自己的。」伊娃這樣跟我說，最後還加了一句：「我會受不了良心譴責的！」

不過，大部分的自虐者不會像艾略特一樣，使用這麼激烈的手段，通常是施暴者才會這樣做。我跟伊娃強調，留在這種人身邊並不代表能拯救他們。當然，你還是能給他們一些支持的力量，但如果你自認為保護他們是你的責任，無疑是給了他們一個將你完全控制於股掌之上的好機會。

悲情者

悲情者通常給人一個印象：一名苦著臉的婦女獨坐在一間陰暗的公寓中，痴痴地等著孩子打電話來。等孩子終於打電話回來時，她會這樣說：「我怎麼樣？你問我怎麼樣？你們都不打電話來，也沒有人來看我，我看你們是連自己的老媽都忘了。我可能得要把頭卡在爐子裡，你們才會來探望我！」

悲情型的人在遇到不順心的時候，只有一個解決方案，就是要求對方得完全順從他的心意。他們不會威脅要傷害任何人，相反地，他們會暗示如果不照做，不好過的絕對是我們自己。只要你不順從悲情型的人，「錯全在你」！

演技高超

悲情者通常會讓別人察覺到他們的苦處。如果你看不出來，就是因為你不關心他們；如果你真的有關心，不用他們開口，你就會知道他們正為什麼而受苦。他們拿手的臺詞就是：「看看你對我做了什麼好事！」

當這種人無法遂其所願的時候，常會表現出沮喪、沉默的模樣，甚至眼中還含著淚水，但就是不說出真正的原因。等我們因而擔心了好幾個小時，甚至好幾個星期之後，他們才會說出自己的需求。

佩蒂是一位四十三歲的公務員，她說無論怎麼反對丈夫喬的意見，他總是有辦法使她讓步。

> 他幾乎從來不告訴我他要什麼，如果我不順從他，他就會沮喪地出去散步——而且，喬擁有一雙世界上最哀傷的眼睛。過去，我們常常因為他母親來訪的時機不適當，而有過一些不算爭執的小口角，但只要一看到他那雙哀傷的眼睛，我就會充滿罪惡感，也就不再堅持什麼了。
>
> 通常喬都會這樣做：先嘆個大氣，當我問他怎麼了，他就會痛苦地看著我說：「沒什

麼。」然後我就得拚命思索自己是不是做錯了什麼。我會坐在床邊告訴他，如果我做了什麼惹他生氣的事，我很抱歉，但至少得讓我知道原因；大概一個小時後，我才會知道自己到底做錯了什麼事。有一次，竟然是因為我告訴他，我們買不起一部他想要的電腦！我怎麼可以如此忽視他的感受！所以我立刻告訴他，想要就去買吧！令人驚訝的是，他原本拉長的臉馬上就神采飛揚起來。

對喬來說，要坐下和佩蒂討論買電腦這件事讓他很不自在，所以他拐個彎告訴佩蒂他的需求——用盡所有方式讓佩蒂知道，她讓他覺得難過不已、頭痛欲裂，因為她的「不體貼」，使他已經沮喪到了極點。通常，自虐型的人會把自己搞得像受害者似的，即使氣氛變僵了也不是他們的責任，他們當然更不必開口表達自我的需求。

悲情型的人表面上看來好像很脆弱，事實上，「沉默的暴君」才是他們的真面目。他們不會大吼大叫或故作姿態，但是他們的行為卻會使我們受傷、困惑，甚至會惹惱我們。

形勢的受害者

並不是所有悲情者都會使用無聲的抗議手段，有些就會跟我們說一大堆他們遇到的苦境，目的也是想要我們讓步。如果他們變得鬱鬱寡歡，那一定是我們「沒有達到他們的要求」。

柔依，五十七歲，是一家大廣告公司的業務主管，非常積極有自信。有一天，她來向我求助，是有關她和一位同事間的相處問題。

泰絲是公司最年輕的員工，她不知道我們這些資深員工是做了多少年微不足道的工作，付出我們的青春，才爬到現在這個位置的。她覺得自己即使比我們少了十五年的經驗，還是足以擔當大任。我曾經試著解釋整個情況，但她只是表現出非常不耐煩的樣子。慢慢的，她開始和上司有些衝突，還疑神疑鬼地猜測自己的工作將要不保。每天，她都會走進我的辦公室，跟我嘀咕一堆不順心的事。同事戴爾不喜歡她的文案；她一直無法聯絡上一位很有潛力的客户，這個客户一定不喜歡她；她的電腦老是當機；哦，她的狗還吃了她的資料。有時候，講著講著，連她自己也覺得好笑，怎麼有這麼多荒謬的事都發生在她身上，但她還是感到沒有安全感。

她說，每天早上她都沮喪得不想起床，開始抽很多菸，還越來越瘦……我試著安撫她，而且還以為自己快成功了，想不到卻發生一件讓我不是很高興的事。她要求我把她調到一個重要計畫案中，「如果妳不答應我，我就會被炒魷魚了！」她這麼告訴我，「戴爾討厭我，但他很信任妳，只要妳肯幫我這個忙，情況就會大大不同。」每天，她都會來煩我，「如果妳再不幫我這個小忙，我真的要被炒魷魚了！」不然就是，「我現在真的很煩惱，妳一定要幫我！」

事實上，我不認為她的能力已經足堪大任，但我還是把她調進了這個專案，因為如果我拒絕她，似乎顯得很自私。她最後還是逼我讓步了——只要我答應這件事，就等於解救了她。現在，我開始擔心我得加重每個人的工作量，以彌補泰絲能力上的不足。我不會再這樣做了。我有一種被利用的感覺。事情接下來的發展一定不會有人相信，泰絲竟然又要求我授予她更多權力，即使她現在已經有些力不從心。我想幫她，因為我彷彿看見了年輕時的自己；但是情況似乎有些失控了，如果我再不停手的話，對我累積多年的聲譽也會造成影響。

像泰絲這種悲情型的人，總會大聲嚷嚷情勢對他們多麼不利。如果要為這種人找首主題曲的話，藍調歌手艾爾伯特·金的《生不逢時》應該最合適，歌詞唱著：「如果這都不算衰運，我根本一點運氣都沒有。」說穿了，他們就是想找一個翻身的機會。這類人會讓我們了解，要是我們不讓步，他們就得嚐盡失敗的苦果，而且這筆帳還會算在我們頭上。於是，逐漸激發出我們「義不容辭」的天性。但問題是，如果讓他們予取予求，他們可是會食髓知味的。想要「救濟」這種人，我們就得全年無休地二十四小時提供服務。

欲擒故縱者

欲擒故縱者是四種情緒勒索者中最工於心計的。他們會先對我們發出正面的訊息，並且允諾一切有關於愛情、錢財或事業升遷的要求——這就有點像是掛在棒子另一端，可望而不可及的紅蘿蔔——然後再告訴我們，如果不順從要求，我們什麼也拿不到。儘管如此，他們提供的報酬實在太誘人了，於是，即使達成目標的機會微乎其微，我們還是會越挫越勇地向前邁進。直到最後，我們才會猛然發現，他們不過是在勒索我們。

有一天下午，我的朋友茱莉告訴我，她和一位欲擒故縱型情緒勒索者周旋的經過。他曾是她的男朋友，我們上次碰面時，他們倆還正打得火熱。他叫做艾利斯，家財萬貫，離過兩次婚，是名生意人；而茱莉是位極有抱負的劇作家。他們倆交往了七個月。剛認識的時候，茱莉白天接了一些特約寫作的案子，晚上則忙著撰寫劇本。「妳的劇本寫得真棒！」從一開始，艾利斯就這樣誇獎茱莉，然後不斷地鼓勵她。

他告訴我，他認識幾名製作人，而他們最近正在尋找——哦，他怎麼說的？——一些優秀的作品，就像我寫的這些。他們將辦一場週末聚會，他會在聚會中向他們介紹我。我一直朝這個方向努力著，這對我來說簡直是千載難逢的機會。結果，這一切不過是誘餌罷了。「別邀妳那些放蕩不羈的朋友來，」艾利斯告訴我，「他們只會阻礙妳。」

只要茱莉猶豫不決，艾利斯就不會再安排她與那些「有影響力的朋友」碰面，而是獻上更多甜言蜜語。他已經送了茱莉很多價值不菲的禮物，例如一部全新的電腦、請了一位褓母幫忙照料她七歲的小孩崔佛。但是，這無非是要茱莉答應他的請求，只要茱莉能替他安排家中那些大大小小的社交事宜，他就能替茱莉開創事業的春天。當然，她必須放棄晚上寫劇本的時間，以便和艾利斯度過美好的夜晚時光——他說這都是為了茱莉好。

除了艾利斯的魅力之外，他還提出一些承諾，使得茱莉答應試著照他的話做。結果卻是……

艾利斯說，如果崔佛能先去跟他親生爸爸住一陣子，不知該有多好。我就會有更多時間工作，也能把更多心思專注在工作上。「這些都只是暫時的。」艾利斯說，他還認為，只要我的事業越做越大，我就不再能身兼母職了。

這番話徹底澆醒了茱莉，不久，她就和艾利斯分手了。她不可能繼續忍受這一段關係，只是些永無止境的試煉及要求。艾利斯是名典型的「欲擒故縱者」，他會隨時奉上禮物與承諾，只要茱莉達到他的要求，「我會幫助你，只要……」「我會讓你的事業更順暢，只要……」。最後，茱莉終於了解，這樣的試煉是永遠不會結束的；每次只要她一靠近目標，艾利斯就會想辦法讓她無法完成。欲擒故縱者不會免費贈送任何東西，所有包裝得漂漂亮亮的禮物都會用一條繩子控制著。你想要得到這些東西，還早呢！

幻夢的代價

有時候，欲擒故縱者提供的獎賞並不都是物質上的。有很多欲擒故縱者「販賣」的是情感上的報酬，如一座充滿愛、認同、家庭親密感與療傷作用的城堡。進入這樣豐厚、完美幻夢中的代價就是，對欲擒故縱者完全言聽計從。

珍是一位五十多歲的迷人職業女性，已經離婚八年了，兩個兒子也都已經長大成人。她的珠寶生意做得很成功，也對辛勤工作後的美好成果很滿意。但是，她和姊姊的關係，卻讓她痛苦萬分。

自從懂事以來，姊姊卡蘿和我的關係就不是十分和諧，父母總讓我們姊妹倆處在一種相互競爭的狀態下。媽媽最疼我，而爸爸則把卡蘿當作心肝寶貝。但是，由於爸爸掌控了經濟大權，卡蘿便占盡優勢。他非常溺愛卡蘿，對我則是百般限制，卡蘿當然也知道如何討爸爸歡心。爸爸是具有強烈控制欲的人，誰都不能違背他，在管教我們方面，他訂下了非常不合理的宵禁和約會規定，我老是違反，而卡蘿卻對他百依百順。在爸爸面前，卡蘿是乖巧順從的女兒，自然獲得不少獎勵。她十六歲的生日禮物是一臺捷豹跑車，也去歐洲旅行過好幾次，念的是最好的學校，她所有的一切都是最棒的。但是，這卻讓她養成依賴的個性，而我卻早就學會要獨立自主——如果我要得到任何東西，都只能靠自己。

爸爸過世以後，他把所有財產都留給卡蘿，而我什麼都沒有。卡蘿吝於跟我分享她獲得的龐大遺產，也讓我心寒不已，我們之間僅存的一點姊妹情誼自此完全瓦解。接下來的幾年間，我們說話與見面的次數越來越少，最後也不再聯絡了。反正我們兩個早就看對方不順眼了。

上個月的某一天，卡蘿竟然撥了電話找我。她在電話中不停哭泣，向我借了一千元過活，因為她丈夫不管投資什麼都弄得灰頭土臉，全部積蓄已經花得一乾二淨了。卡蘿典當了珠寶，也向媽借了些錢，才勉強逃過了抵押房子的悲慘命運。他們的生活看來一團亂。但是，在這種時候，他們卻完全沒有稍微降低生活水準；他們有一套珍貴的藝術收藏，還有一部法拉利跑車。

卡蘿聽出我實在不想見她，於是開始卯足了全力：「我實在不知道要找誰……」「我不知道怎麼辦……如果妳有麻煩，妳也會找家人幫忙吧？」一股恐懼感攫住了我。

起初，卡蘿表現得像是十足的受害者，讓珍覺得她真的過得非常悲慘，而不得不伸出援手。而一察覺出珍的不樂意，她立刻改用其他手段，祭出一份特別的「大禮」。

卡蘿的聲音忽然變得非常甜美，「如果妳能來一起吃頓晚餐、一起過節，我會很高興的，好像回到我們舊日共度的美好時光似的。」她這招正中紅心。我一直幻想有一天，家人能再次圍坐在一起愉快地共進晚餐。我母親現在獨居，我也單身，卡蘿是家裡唯一擁有完整家庭及一對子女的人。每到了假日，我總是有些鬱鬱寡歡，因為我知道，即使我和一些朋友的關係比家人還親密，可是一到了闔家團圓的日子，我就會更加渴望與家人共享團聚的時光。即使我們以前從來沒有這樣，以後也不可能會有，但是我打從心底願意犧牲一切來換取這樣的時光。老實說，對卡蘿的「邀請」，我實在是蠢蠢欲動，但我仍做出正確的決定。

想要參加卡蘿的「家庭聚餐」很簡單，只要肯付美金一千元就行。對珍來說，拿出這筆小錢不痛不癢。但是，如此輕易就屈服於卡蘿的壓力下，珍實際付出的代價絕對比表面看來大了許多。珍不但要違背自我，默許卡蘿花錢如流水的錯誤習慣，而且這也表示她必須信任一個過去曾欺騙自己的人。

對於卡蘿塑造出的「美滿家庭」幻象，珍是很難抵抗的——畢竟，一個美滿家庭是每個人都渴求的，卻有很多人都與其失之交臂。想要達成這個願望的欲求通常都非常強烈，在「就差那麼一點」的感覺驅使下，很多人都不由自主地向它靠攏。其實，如果不是珍一直渴求這股家庭之愛，這樣的誘惑對她來說根本毫無吸引力。卡蘿替珍描繪出一幅美麗的景象，但事實上這卻是海市蜃樓，你根本不可能用金錢買到家人間的親密關係。

這全是因為珍的心理作祟，所以卡蘿提出的「優厚報酬」才會讓她心動。但這次的經驗，卻會讓珍培養出一種新的能力——學會如何抵抗「情緒勒索者」這種欺騙式的情感操縱。

情緒勒索的影響力

在所有「情緒勒索者」中，各種類型間並沒有絕對的界限；有些集各類型之大成，有些則是綜合了兩種以上的類型。像卡蘿這樣的人就兼具了悲情者與欲擒故縱者的特質，以「提供」修復破碎家庭的妙方來引人上鉤。

說實在的，每一種情緒勒索都會對我們的身心造成影響。就施暴者來說，他們帶來的影響是十分有破壞性的，但是，其他看來沒那麼暴烈的情緒勒索者，他們的破壞能力卻也不能小覷。不論是白蟻或是颶風，都可能把房子連根拔起。

然而把所有的情緒勒索者都視為洪水猛獸其實並不正確，大家會發現，他們所做的一切並非全出於惡意，只是較著眼於自我的利益罷了。因為這些人通常是我們生命中非常重要的一份子，甚至是良師益友。所以，將「情緒勒索者」的標籤貼在他們身上，絕對是我們所不願見到的。想要仔細檢視我們想忘記或忽略的一些行為，的確是一項艱難的任務，但這項行動對於將一段紊亂關係回歸到堅實的基礎上，卻是重要的一大步。

第三章　令人盲目的迷霧陣

情緒勒索就像一陣迷霧似的，讓真正的狀況模糊不清。只要一遇到情緒勒索，我們就會被周遭的情緒反應搞得灰頭土臉，變得十分缺乏決斷力，更別提仔細思考及回應情緒勒索者的所作所為了。

就像前面提到的，我會用「迷霧」來表示「恐懼」「責任」及「罪惡感」，這也是情緒勒索者加諸在親友身上的三種感覺。這種比喻應該很容易理解——這三種情緒會讓人無處可逃、無所適從，並且感到沉重的負擔。在這陣令人摸不著頭緒的迷霧當中，我們都渴望知道：自己怎麼弄到這步田地的？要怎麼脫身？怎麼停止這種讓人不快的情緒？

說實在的，我們對以上提到的這三種情緒一點都不陌生。我們或多或少都會覺得害怕；我們都具有義務，也體認到自己得對家人和群體負責；我們都有一定程度的罪惡感，希望能使時光倒轉，好讓自己不會做出傷害別人的舉動，或是不必喟嘆還有一大堆的事尚未完成。這是人與人相處時無可避免的情緒互動；但所幸如此，我們才能與人共處，而不會處處被人占了上風。

但是，情緒勒索者將會放大這些感覺，讓我們覺得非常不悅，甚至會做出一些反常的舉動，企圖讓一切回復平靜。情緒勒索者的「迷霧行動」，讓我們產生了一些最直接的回應，就像聽到刺耳汽笛聲時會摀住耳朵一樣。此時我們會喪失部分的思考力，只能機械性地回應，這也是情緒勒索能奏效的重要關鍵。當情緒勒索者向我們施壓時，從感覺不悅到做出回應之間，其實時間並不充裕。

雖然「迷霧行動」看來似乎是經過情緒勒索者精密思慮的計畫，但是，大部分的情緒勒索者幾乎都是在不假思索下進行這項活動的。

「迷霧行動」將會策動一連串精密、迅速的連鎖反應，在找出它的破綻之前，讓我們先來找出它奏效的原因。首先，來看看這「迷霧」的組成要素。雖然我會逐一分析這些要素，但並不代表它們會分頭運作——它們常是相互交叉產生功用的。還有一點也要謹記：每個人感受恐懼、責任及罪惡感的程度都不相同，我無法一一說明，因為也許對你極有殺傷力的話語，對別人而言卻是不痛不癢。但我要強調的是，不論是何種驅動力，大部分的人所產生的反應都大同小異。這張充斥著不悅的大網，讓我們不得不向情緒勒索讓步。

真實的情感：恐懼

情緒勒索者利用對我們的了解，建構了一個全面性的策略。他們對我們的喜怒哀樂完全瞭若指掌，但這絕對不是他們刻意記下的，他們可以透過身邊關係密切的親友，自然而然地對我們有所了解。而在情緒勒索的狀況下，「恐懼」也將轉身一變成了勒索，這點我將在第五章做詳細討論。簡單來說，情緒勒索者無法達成目標的恐懼感，將迫使他不擇手段地往目標前進，對於周遭親友所遭受的重大影響卻視而不見。

因此，對親朋好友的喜怒哀樂瞭若指掌，反而成了他們傷人的利器。情緒勒索者常會這麼表示：照我說的去做，否則我……

- 離你而去。
- 反對你的意見。
- 不再愛你。
- 對你大吼。
- 讓你慘到極點。
- 跟你拚了。

• 把你開除。

不論是哪種情緒勒索者，他們都「抓得住」我們的恐懼。事實上，情緒勒索最令人難受的就是，我們對這些情緒勒索者的信任、想要與他們建立一種親密關係的念頭，全都被推翻了。以下例子能說明情緒勒索者是如何瞄準我們的恐懼以達到目的。

恐懼之源

要追溯我們最初感受到的恐懼，應該要回到嬰兒時期，因為當時若不靠人照料，我們根本無法生存。這種無助感成了許多人日後無法摒除的恐懼。人類屬於群居動物，如果被排除在親密夥伴的支持和關懷之外，對許多人來說都是非常悲慘的際遇。因此，「被排擠的恐懼感」，成了所有恐懼類型中最具影響力、蔓延性最大的一種，而且一觸即發。

琳恩是一位將近五十歲的稅務研究員，五年多前跟四十五歲的木匠傑夫結婚。因為對傑夫產生許多怨懟，所以她跑來找我，看看有沒有辦法能改善他們之間的關係。在結婚兩年以後，傑夫辭掉了工作，雙方同意靠著琳恩的薪資過活，而傑夫可以全心照料他們在洛杉磯附近的一個牧場。但是，這反而成了讓他們不斷產生爭執的主因。

我們雙方的立足點根本不平等。我負責賺錢，他卻負責花錢；我在外面打拚，他只要留在家看著牧場、照顧動物和我。有時候我覺得這樣不錯，但如果他能努力找工作的話，我會覺得更好。現在我們共有的財產全都是我掙來的，他只會想著要怎麼花錢，而且他想要什麼，我都得給他。

最近我們常常為了錢吵架，而且這幾個月來，只要我們無法達成共識，或是我不讓步的時候，他就會開始生悶氣、大力甩門，還會大叫「我要出去了」，接著就往倉庫的方向走去。他知道我最無法忍受他離我而去！我總是跟著他在屋裡走來走去——甚至他才走到別的房間，我都會有種被遺棄的感覺。我第一次婚姻破裂的時候，最恨自己一個人回到空蕩蕩的屋裡，因此我不想再有那種感覺。傑夫知道這件事，所以他通常都很體諒我，隨時隨地讓我留在他身旁。我無法忍受他現在竟這樣大步離去。

第一次發生這種情形是因為我認為他對我發脾氣，所以他氣得要離開。我知道這很瘋狂。雖然我們以前也吵過架，但我們知道對方深愛著自己，而且誰也不會氣得離家。但是，這次的情況把我嚇壞了，我說不出心裡的感覺，簡直快被這些事情給搞瘋了。

對琳恩來說，一人獨處的感覺就像掉進黑洞似的，這種絕望將漸漸地將她吞沒。這黑洞是世界上最可怕的東西，每次傑夫離她而去時，它就在她眼前慢慢擴大開來。

當傑夫的舊卡車報銷，而他也想換部新車時，我們遇到了婚姻上的一次大危機。除了計畫買新車，我覺得傑夫還可以做別的事，比如去別的牧場看看是否有工作機會。當我告訴他可能買不起新車時，他非常火大。我並不想吵架，只是據實以告，我們的錢確實不夠用。幾天以後，他指責我只想到錢，一點也不在乎他想讓我生活過得更快樂而付出的努力；他認為也許讓我自己獨處幾天，我會比較高興。結果，他走了，四天沒回家。我急得快發瘋了，最後在他弟弟家找到他。我求他趕快回家，他卻說，除非我表現出尊重他的誠意，否則他不會回家。

傑夫像隻受傷的動物，充滿防衛敵意，任何暗示他是「吃軟飯的傢伙」的話語，對他都是侮辱。雖然過去數十年來我們的社會組織已經有了重大變革，但傑夫和琳恩的這種關係還是在社會常規之外。畢竟，太太或女朋友賺的錢比自己還多，常常會讓男性覺得居於下風。雖然傑夫和琳恩已經在財務方面達成共識，但在傑夫看來，無論他想買什麼東西，琳恩總是推三阻四；這下子，他沒賺錢的事實讓情況變得全不對勁，琳恩也開始要求雙方立足點必須平等了。

對琳恩來說，她已經從困惑變成有些驚恐了。親密關係的轉變讓當事人有一股極度的恐懼感，因為自己的脆弱竟是如此觸手可及。我們有辦法讓自己一輩子都活得自信滿滿，可是一旦遭到親密夥伴拋棄之後，我們就再也不可能表現出這股信心了。

我求了半天，傑夫終於回家了，但是他變得不愛說話，瀰漫在我們之間的緊張氣氛讓我不得不採取一些行動。我快受不了了！以前我的父母也曾經這樣，彼此保持著一段距離、怒氣未消，而且禮貌得近似虛偽的氣氛，我討厭這樣！我曾經發誓再也不要經歷這種難堪的日子，所以我得做些事來改善這情況。我仔細地思考，捫心自問：到底是傑夫重要？還是錢重要？

不久，傑夫還是買了一部新的卡車。姑且不論傑夫到底還想不想要這部卡車，但這次的事件讓他獲得了些許平等，對於如何讓琳恩讓步也有了些「心得」。即使在如何善用琳恩對憤怒、沉默、被遺棄的恐懼感方面還沒有既定的策略，但傑夫卻已經了解，只要事情一不如願，他就能使出這張王牌。他們之間發展出一種相處模式：每次傑夫出走，琳恩就會開始感到恐懼；只要琳恩一感到害怕，他再表現出怒氣沖沖的模樣，她就會退讓。這並不代表傑夫是個壞蛋；他也不想傷害她，只是，只有用這種方法才能讓他遂其所願。

因為傑夫的情緒勒索看來全著眼在錢上面，所以琳恩的情緒有時候也似乎只是為了收支表上的平衡。她常常會思考這樣的問題：

我實在快被傑夫搞瘋了，但沒有了他，我也不確定自己會過得更好。跟他在一起到底值不值得？他是個完全得靠我的男人呀！

琳恩也談到了她在情感上依賴傑夫的事實：

我怎麼能考慮和傑夫分手，然後再找個男人從頭開始呢？我真的很害怕回到我和他結婚前那種必須一人面對沮喪的日子。

我告訴琳恩，她這種做法就像拋棄了一個襁褓中的孩子似的。沒錯，他們倆因為財務問題而有些摩擦，但唯恐遭受背棄的恐懼感讓琳恩變得盲目，讓她無法看出傑夫只是在利用情緒勒索的手段罷了。琳恩並不是做出合理的讓步，而是讓傑夫操控一切，徒留悔恨。

恐懼感讓我們進入「非黑即白」的思考模式。琳恩相信，如果她和傑夫起了衝突，他就會離她而去，所以她只有兩個選擇：一切聽他的，或是跟他分手、獨自品嘗孤獨的滋味。我告訴琳恩，她還有第三個選擇，讓我和她一起處理他們夫妻目前面臨的相處困境，並且想辦法減輕她的恐懼感。

對憤怒的恐懼

憤怒與恐懼似乎是相伴而生，前者讓後者迅速地浮上檯面，並且活化了我們體內想要戰鬥或是逃離的兩種反應。很少人是在愉悅輕鬆的狀況下，遇到這兩種情緒的，因為它們通常伴隨著衝突、迷惘甚至暴力而來。這種令人不悅的恐懼感其實是可理解，並且具有保護作用的，讓我們能在憤怒可能造成傷害的同時，採取預防策略。在所有的親密關係中，除了雙方已經破口大罵的情況下，憤怒其實只是一種情緒，無所謂的好壞。但是，即使我們已建立了對「憤怒」的了解和憂慮，它還是能戲劇性地改變我們對抗情緒勒索的能力。

對許多人來說，憤怒的任何形式都是非常危險的，不但別人的憤怒令人害怕，自己的也是。這幾年來，我聽過好幾千人訴說，他們害怕自己一生起氣來，就會失去控制而傷害別人。只要別人的聲音中透露出一點憤怒，就常會讓周圍的人害怕被拒絕、被反對或是被遺棄，甚至因而產生訴諸暴力或是傷害對方的想法。

我在上一章提到的家具設計師賈許，由於父親並不贊同他和現在的女友交往，他已經快被父親逼瘋了，但父親的怒氣卻讓他不敢採取任何行動。「我現在唯一能做的就是試著和他好好討論這件事，」賈許說，「他整個人忽然緊張起來，聲音也提高了二十分貝。看著父親的表情，聽著他的吼聲，雖然我比他高了十公分，但還是有點害怕。」

父親就是能喚起我們幼時的恐懼。賈許回憶著：

在我還小的時候，父親常常生氣地大聲吼叫，讓我害怕房子可能會倒下來壓到我們。聽起來很荒謬吧——雖然這幾年他沒那麼火爆了，但只要他一不高興，那種感覺就又回來了，我覺得自己彷彿又變成那個怕他怕得要死的小毛頭。

我們幼時所經歷的事件與感覺其實仍存在於記憶中，只要遇到了磨難與壓力，這些記憶就會重現。雖然我們心中的「成人」會告訴自己，這些感覺已經是幾十年前的事了，但心中的「小孩子」卻讓我們覺得一切似乎恍如昨日。即使目前周遭並沒有令人害怕的情況發生，情緒的記憶功能卻還是會讓人停留在舊時的反應模式中。

制約反應

有時候，只要讓我們害怕的行為徵兆一出現，我們就會不由自主開始恐懼。「只要父親臉一紅，眉毛一挑，我就什麼也不敢做了，」賈許說，「他根本不用對我大吼。」

很多人在高中或大學時都修過初級心理學，也許還記得俄國心理學家巴夫洛夫，以及那個有關狗制約反應的實驗。巴夫洛夫研究的是狗的消化過程；他發現，狗一見到食物就會開始分泌唾液。他也注意到，如果他餵食狗的同時，一面搖著響鈴，幾天後，狗就會將鈴聲與食物視為同一件事，只要一聽到鈴聲，牠就會開始分泌唾液。同樣地，受到情緒勒索行為影響的人也會因為記憶中難以忘懷的恐懼，而產生相似的制約反應。

可能的狀況是：丈夫威脅要離開妻子，而且真的離家出走了幾天；長大成人的子女為了父母的某些行為氣得半死，甚至好幾天不和父母說話；一位女性朋友心情沮喪，竟然對你大呼小叫。即使事過境遷，這樣的記憶仍無法抹去，於是這些事成了痛苦的標記。情緒勒索者不但會讓這些恐懼記憶再度重現，還會施加壓力以遂其所願。

對賈許來說，只要父親一個微慍的臉色就夠他受了，他會馬上找到最安全的解決方式——就是對父親撒謊。雖然他仍繼續和貝絲見面，但是他會讓父親相信自己已經和她分手了。這只是權宜之計，因為賈許可不想冒著惹父親生氣的危險，所以玩了一個「苟且偷安」的危險遊戲，我們將在本書中看到其他許多相似的例子。賈許到底得付出什麼代價？喪失自尊、身心受折磨，連他和父親的關係也會受到影響。

在黑暗中逐漸擴大的恐懼雖然難以察覺，卻是真實存在的。我們的身體以及腦中的基本反應都告訴我們得避開，因為這才是生存之道。但事實上，最佳的情緒反應卻正好相反——我們得直接面對這些令人避之唯恐不及的恐懼感。

責任

每個人都會被一些規則和價值約束著。要對別人盡些什麼責任？在負責、退讓、忠誠、利他主義、自我犧牲的原則下，我們又得遵循何種行為規範？這些規則都根深柢固地牽制著我們。那些以為凡事都是自己作主的人，事實上卻受到父母、宗教背景、社會既定規範、媒體和親朋好友的種種影響。

一般對於責任和義務的定義都很合理，這些定義在社會生活中，塑造出倫理與道德的基礎，我認為這是非常重要的。但是，當我們衡量自己對他人的責任時，卻經常失去了平衡點。因為我們只著迷於責任的目的。

情緒勒索者從不放棄試煉我們的責任感，他們不斷強調自己的犧牲，以及我們應該有所回報，甚至還用上了宗教及社會傳統來強調這些論點。

- 孝順的女兒就應該多陪陪父親。
- 我為這個家做牛做馬，而你們只要在我回家時好好待著，連這樣都不行嗎？
- 尊敬（或服從）你的父親。

• 上司總是對的。

• 每次你跟那個混蛋出去約會的時候，我都全力支持你。現在我不過想向你借兩千元而已啊，虧我還是你最好的朋友！

情緒勒索者會為「施與受」訂定新的界限，不管你喜不喜歡，都得讓他們有求必應。這使得平時受到他們慷慨對待的我們感到非常困惑，所有「愛」和「甘願」的動機，全被「義務」和「責任」取代。

這讓我想起一位個案，她也是情緒勒索者的目標，而且被所謂的「義務」和「責任」壓得死死的。三十七歲的瑪麗亞是一位醫院管理人員，丈夫是一位頗具知名度的外科醫生。說到瑪麗亞，真是位隨時隨地對人付出關心的人；如果你在清晨四點覺得沮喪，她也會馬上趕到，因為她愛極了那種對別人付出關懷後的滿足感，而且她的關懷就像是永遠不會枯竭似的。

在他們不甚平靜的婚姻中，她的丈夫傑就利用了她這種人格特質。

在我們那個年代，結婚、生子、做個賢妻良母是女人最重要的工作，也許傑就是因為這個原因才娶我的。我喜歡我的工作——但是，照顧家庭才應該是我的主要任務。我曾經參加過教會舉辦的一個座談會，也體會了一些我至今仍奉行不渝的道理：想要讓一段親密關係長長久久，其中一方必須做出某種犧牲，然後一切才能十分順遂。我十分重視自己對家庭擔負的責任，傑當然很清楚這點。

就這樣，傑利用了瑪麗亞對於家庭的責任感好幾年。他不斷強調——也許他也如此深信著——不論他做了什麼，他仍是掌握這場婚姻與家庭的主宰者。

別人總是認為我們是完美夫妻，但沒有人知道，他其實是花花公子。在我們結婚之前，他常訴說自己的風流韻事給我聽，還吹噓說有很多女人倒追他，甚至深深迷戀他。這些事我一點都不想聽，但仔細想想，在這麼多女人之中他還是選擇了我，卻讓我心裡一陣竊喜。現在我才知道，當時的想法真是幼稚。

我不知道結婚後他還在外頭偷了多少腥，但我多少有些耳聞。他常常出城開會或是加班，外頭流傳的一些閒言閒語加上他對我日漸冷漠的態度，都讓我察覺到有事發生了。還有一些「朋友」會打電話告訴我，他們看到傑和某某女人走在一起。我的直覺告訴我，這些事絕對不可能是無中生有，但我花了很長一段時間才有勇氣去面對。那時，所有事情都一團混亂，我只覺得自己虧欠他——畢竟他曾為我們努力過。

在強迫瑪麗亞履行義務時，傑扮演的是主動的角色——因為他把這一切全歸罪到瑪麗亞的頭上。

傑當然否認這些指控。「妳怎麼會去相信這些惡意的中傷！」他告訴我，「我一天到晚努力工作，還不是為了讓家人吃得好、住得好。有多少次，如果不是為了陪妳，我根本不想留在醫院裡。現在妳竟然用這個來指控我！妳怎麼能離開我和這個家？看看周遭別的女人，我不相信妳竟然一點都不珍惜現在擁有的一切！」聽他這麼說，我不禁覺得自己的確對他不夠忠誠又缺乏信任。還有我的孩子，我真的很愛他們，孩子也都深愛著傑，我怎麼能拆散他們。

然後，傑把手放在我的肩膀上，在我耳邊低語：「穿上我最喜歡的那件黑色洋裝，我帶妳去吃晚餐吧！我再也不想聽到『離婚』這兩個字。妳不要再聽信那些閒言閒語了。」當我掛上一抹微笑、穿上那件黑洋裝，就像什麼事都沒發生過似的跟傑出去吃飯時，心裡其實十分困惑。

傑知道瑪麗亞最在乎什麼，也知道如何將可能造成他倆決裂的要素，轉化為對瑪麗亞的要求。這樣一來，瑪麗亞不但停止了對丈夫的責難，也正視到，如果決裂對孩子可能造成的負面影響。

因為不願成為破壞家庭的劊子手，許多人寧願繼續維持早已破碎不堪的關係，也不會選擇讓孩子歷經家庭環境的劇變，或得處理孩子面臨的痛苦與困惑。有些受到情緒勒索的人，確實會囿於對孩子的濃烈情感，而甘於成為犧牲品，放棄追求更好生活的權利。即使目前的生活並不如意，但一想到可能造成家庭破碎，瑪麗亞就不願意採取任何行動。

對瑪麗亞來說，「責任感」是非常有威力的，這讓她幾乎不敢輕舉妄動。瑪麗亞不但以自己能堅持這份「責任感」為榮，心裡更徹底排除改變自我生活方式的可能性。但傑不只扭曲了義務與責任的真正含義，更藉此掩蓋了自己不忠的事實。以傑的定義來看，瑪麗亞得隨時隨地克盡她對傑的責任。至於傑嘛，要不要盡到他對瑪麗亞應盡的責任，就看他高興囉！在他指責瑪麗亞的同時，他並沒想到自己到底對妻子和孩子做了什麼，當然也不會顧慮到他的風流韻事已經對家人造成了巨大影響。如果情緒勒索者能在要求別人的同時，也考慮到他人的感受，那可就天下太平了！

在夫妻感情觸礁之時，傑卻不願意做出任何努力，因為他可是個大忙人，而且根本沒有必要——他又沒做錯什麼！如果瑪麗亞心情鬱悶，她應該「自己」想辦法彌補才是。

我提醒瑪麗亞，不管今天是誰造成這種局面，或是發生任何事，她都要照料好自己和別人。造成今天這種任丈夫宰割的局面，並不是來自她的自由意志，而是遭遇到「情緒勒索」狀況時的自然反應。

對那些常常受制於「責任感」的人來說，為別人犧牲奉獻乃是第一要務。但是，要清楚界定這份「責任感」並不容易，一旦責任感超越了自尊與自我關懷，情緒勒索者很快就會趁機占了上風。

永無止境的「我虧欠你」

有些情緒勒索者會專挑對他們有利的一些陳年舊事，好對我們予取予求。由情緒勒索者操控的這些片段記憶，彷彿就像一個全年無休的電視頻道似的，不斷播放我們以前感受過的一切美好待遇，好讓我們隨時都能對這段往事保持清晰的記憶。

只要情緒勒索者曾經對我們施恩，他們就不會輕易遺忘。與其說這是份禮物，其實更像是一項借款，我們不但得償還本金，還得加上利息，最後更逃不過出現赤字的情況。這說明了所有情緒勒索者的犧牲並不是出於誠心，只是為日後的索償行動預先準備罷了。

以其人之道還治其人之身

在琳恩向我求助初期，我就赫然發現她也開始使用一些情緒勒索的手段來對待傑夫。我邀請傑夫來一起討論這個問題，他詳細描述了事情的經過：

當我有一次因為和琳恩起了爭執，而負氣離開家幾天，就覺得事情有點不對了。以前她從來沒有對我們的關係有抱怨，直到那次我們為車子的事情發生爭執，她打電話到我弟弟家找我的時候，我才發覺事情的嚴重性。她在電話那頭哭個不停，最後還大叫說：「如果你真的愛我，就不會這樣對我！你怎麼這樣自私？你每次都只想到自己，不顧別人，你知道到底是誰在拚命賺錢嗎？我為你犧牲這麼大，你怎麼可以就這樣離開我。如果你再這樣動不動就不理我的話，你就再也拿不到一毛錢了！」這個時候，我就知道我們倆麻煩大了。這樣對待彼此的方式讓我們不由得產生了一股恐懼感，於是我們決定一起來接受治療。

就像許多情緒勒索者一樣，琳恩也轉而把矛頭指向傑夫對她的虧欠，同時對他的人格和動機做出許多負面的道德判斷。她盡力要求傑夫留下來，因此不斷強調傑夫的責任，想要讓他與自己一樣擔心受怕。在琳恩可憐兮兮地要求傑夫回來的同時，她已經喪失了主導權。但是，搖身一變成為「情緒勒索者」之後，她便能主動出擊，要回自己原本的權力。

所謂的角色互換——由受制者的角色轉而成為情緒勒索者，在任何關係中都可能發生。也許在某種關係中，我們是受制者，但在另一種關係中，我們又成為情緒勒索者。舉個例子來說，如果上司總是用情緒勒索的手段對付你，你也許不會直接對他表露出長期累積下來的挫折與怨恨，但卻用相同手法去對待工作夥伴或是孩子，以獲得一種掌控感。或者就像琳恩和傑夫的情形一樣，你的某段關係將會產生轉變，你也會轉而使用情緒勒索的方法去對待曾經這樣對你的人。

所謂的義務，是一種可以讓生活均衡的情感要素。義務盡得太少會讓我們缺乏責任感，但如果事事都攬在身上，就可能必須像琳恩一樣將貢獻「一一計費」，數不清的工作和隨之而來的怨懟，一定會把我們壓得喘不過氣來。接著，情緒勒索可能就會不知不覺地纏上來了。

罪惡感

作為一個有良知、負責任的人，「罪惡感」可說是一項必備的人格要素。在未被扭曲的狀態下，它也是一項意識工具，只要我們違反了自我與社會的規範，它就會讓我們產生不舒服與自責的感受。如此一來，我們的「道德指南針」便得以運作。也因為這種不愉快感受的出現，更能鞭策我們做些補償措施，以紓解不快。為了避免產生罪惡感，我們當然就不會有傷害別人的舉動。

我們信任這種能主動運作的行為規範，也相信只要有罪惡感，就是我們在待人處事方面有些逾矩的情形。在某些情況下，只要我們對別人做了一些具傷害性的、違法的、殘酷的，或是違反誠信原則的行為時，「罪惡感」就會自然且適時地開始運作。

只要我們是有良知的人，罪惡感的規範便無所不在。不幸的是，「罪惡感」有時也會出錯。就像一個過於敏感的汽車警報器，如果一有車輛經過就嗶嗶作響，根本就已經無法發揮當初設計的防竊功用了；我們的罪惡感警報器也可能發生這種狀況。這時，我們不僅會接收到正確的罪惡反應，所謂的「欲加之罪」更會悄悄滲入。

這種「欲加之罪」對界定修正自我錯誤行為上毫無幫助，反而成了情緒勒索者布下迷霧陣的好幫手，其中充斥著責備、控訴以及自我懲罰。簡單說來，「欲加之罪」的製造過程如下：

一、我做了某事。

二、對方心情沮喪。

三、不管那是不是我造成的，我都願意負全責。

四、我覺得有罪惡感。

五、只要能讓情況好轉，我什麼都願意做。

更具體的行動步驟如下：

一、我告訴朋友今晚不能和她一起去看電影。

二、朋友心情不好。

三、我覺得很抱歉，而且深信朋友一定是因為我出爾反爾，所以才會不高興。我覺得自己真是個壞人。

四、我最後還是取消了原先的計畫，陪朋友一起去看電影。她的心情變得好些了，我也不那麼自責了。

「欲加之罪」或許跟是否真的傷害了別人的感受毫無關係，卻讓我們「相信」自己的確做了傷害別人的舉動。情緒勒索者會要我們對所有抱怨及不滿負全責，並且卯足全力將原來正常運作的「罪惡感機制」變成「欲加之罪生產線」，不斷亮著罪惡感的提醒燈。

這種影響是很強烈的。我們都願意相信自己是好人，但是情緒勒索者提出的「欲加之罪」卻讓我們對自己和善、負責的固有評價打了個大問號。我們會覺得自己該對情緒勒索者的痛苦負責，甚至連他們將「生活的不順遂，全歸咎於我們不肯讓步」的說法，深信不疑。

遊戲，你的名字叫推卸責任！

對情緒勒索者來說，製造欲加之罪最快的方法就是用「推卸責任」這招；不管遇到什麼令人沮喪的事或問題，全把它推給受制者就對了。既然我們擁有的罪惡感機制會讓我們捫心自問：「我是否傷害了別人？」那麼，大部分的人自然會在被指控傷害某人的情況下產生了罪惡感，而忽略了事實經過到底是不是這樣。有時候，在發現指控與事實不符時，這樣的罪惡感就不會出現；但是，在多數的狀況下，我們會先道歉，之後才會仔細去檢討情緒勒索者的這番指控——如果我們還記得這樣做的話。

我們常談到散布罪惡感的情形，但我認為這種狀況更應該說是推諉塞責。善於推卸責任的情緒勒索者，會不斷地用一種業務員的口吻猛轟我們，以引起我們的注意。雖然他們的技巧會略有改變，但想要傳達的主旨只有一個：不管發生什麼，**這全是你們的錯！**

- 我現在心情很糟（這都是你的錯）。
- 我得了重感冒（這都是你的錯）。

• 我喝太多酒了（這都是你的錯）。
• 我今天工作很不順利（這都是你的錯）。

當你看到這樣一張清單，也許會覺得有些可笑吧！如果這些抱怨並不能影響我們，那倒還好，但我們常常會無法辨識出這些令人困惑的訊息是真是假，尤其當對方是你關心的人時，你更會覺得他之所以心情不好，的確全都是你的錯。這樣一來，情緒勒索者就樂得不跟我們解釋清楚，因為我們都會默默承擔，而且還覺得自己充滿罪惡感哩！這時，只有讓情緒勒索者予取予求，我們才能釋懷。

盤根錯節

當情緒勒索者想要一步步操控我們時，你會發現，想要分解這些組成「迷霧」的情感要素根本是徒勞無功。只要你在周遭發現「迷霧陣」中的任何一項要素，就表示它的「夥伴」也離你不遠了。

以瑪麗亞的例子來看，責任與罪惡感已形成了一股密不可分的態勢；沒完成任務就會有罪惡感的人實在不少，瑪麗亞正是其中之一。

只要我們有爭執，傑就會表示那全是我的錯。午夜夢迴，我會不斷思索做為一名妻子與母親，我到底有多失敗？深沉的罪惡感一直縈繞著我，老實說，我困惑了好長的一段時間。我不想讓孩子難過，天哪，他們的生活不應該被弄得這樣支離破碎的！以往我為孩子犧牲奉獻的一切都因為我「意圖拆散家庭」而被全部否定，我仍無法說出「離婚」這兩個字，因為這樣我會覺得自己太自私了。

再一次，瑪麗亞把自己的需求放到最後才考慮，也因為這樣，傑才能立於不敗之地。雖然傑的舉動讓瑪麗亞氣憤和傷心，但她心中日漸擴大的罪惡感卻也讓她無暇考慮這些感受。

很多人都以瑪麗亞這種方式和情緒勒索者進行互動，讓怨懟與自怨自艾逐漸侵蝕著他們。但是，一段婚姻或友誼沒有了樂趣和親密，只是徒具型式罷了！

無限期追溯

只要讓情緒勒索者捉住你的把柄，時間就不是最重要的因素了。即使目前一切太平，他們還是能從過去找到一些有力的施力點。想要「事過境遷」？門都沒有！無論你以前做了什麼，情緒勒索者都可以「無限期追溯」——舊事重提對他們來說，根本是家常便飯。

我們在第二章提到的那位護士凱倫，就是在她女兒「陰影」下過活的最好例子。她的女兒梅蘭妮，讓凱倫時時刻刻都無法忘記多年前的一次意外事件。

這件事說來話長。梅蘭妮的父親在她小時候因為一場車禍喪生了，在那次車禍中，她也受到重傷，臉上還因此留下疤痕。我帶她做了幾次手術，現在她看來與常人無異，但她還是對額頭上的一些小疤痕耿耿於懷。我知道她十分在意這些疤痕，所以讓她去上了幾年心理治療課程。

即使這件不幸的車禍是由於對方的不慎，我還是花了很長的一段時間才逐漸撫平心中的罪惡感——如果我們開慢一些、如果我們多留一天、如果……，也許就什麼事都不會發生了。梅蘭妮更是時時刻刻提醒我，要不是因為我堅持要來趟休閒之旅、如果不是我自私地想要多休息幾天，我們的車就不會出現在那條街上，車禍也就不會發生了。我知道這樣想很不理性，但我就是會深陷其中。最後，對於梅蘭妮，我只能採取「她要什麼，我就給她什麼」的補償辦法。

無論凱倫怎麼做，梅蘭妮還是不讓這件事就此煙消雲散。就像許多受到情緒勒索的人一樣，凱倫也發現，屈服於這些情緒勒索者只是讓他們更食髓知味而已。

有時候我會想，我這輩子都得要這樣過嗎？我想要幫梅蘭妮，但無論我怎麼做，似乎都無法彌補她。我知道這不能全怪她，在那個喝醉酒的混蛋撞上我們的那一刻，一切就註定了。

凱倫的罪惡感混雜了她對女兒的義務。對她來說，即使錯不在她，這股無法釋懷的罪惡感仍會讓她覺得虧欠了女兒。而且，就算凱倫能看清事實真相，她還是會努力滿足梅蘭妮所有的要求，以作為對她的一些補償。

當正常的罪惡感失去控制

即使我們有「罪惡感反應」是正常的，但情緒勒索者就是不願意讓我們忘記自己所犯的錯，也不會讓這種「罪惡感」發揮前車之鑑的功能。在第一章提過的那位律師鮑伯，曾對妻子史蒂芬妮不忠，後來急欲彌補自己的過失，努力與妻子重修舊好。但是，受到嚴重打擊的史蒂芬妮卻不願意就此罷休，因此鮑伯的所有努力就成了無窮無盡的罪惡深淵。

我不知道還能做些什麼來補償史蒂芬妮，我得出去工作，所以根本沒辦法一天到晚陪著她。我不知道怎麼樣才能讓史蒂芬妮重獲安全感，她絲毫不給我一點暗示——其實，她只是不願意讓這件事輕易了結；既然我讓她不好過，她就要讓我承受折磨。天啊！就算罪犯也有出獄的一天，我卻永遠沒辦法獲得假釋！

史蒂芬妮當然有權利生氣，但她卻讓彼此都陷入時間的泥淖中，而且還利用鮑伯的罪惡感來控制他的行為。也就是說，只要有罪惡感存在，雙方的和解幾乎是遙遙無期。如果他們兩人都能控制自己微妙的情緒反應，不讓情緒勒索的毒素滲入其中，這段婚姻關係才有可能繼續維持。

因此，「罪惡感」就有點像是情緒勒索者所握有的中子彈，一段親密關係若遭逢這種打擊，即使表面看來依舊堅固，但其中的互信與親近已逐漸流失，足以使這段親密關係名存實亡。

迷惘與困惑

很多年以前，我曾經住在一個鄰近海灘的社區，那裡一年有好幾次夜晚都會起大霧，而且整夜不散。有一天，我下班回家晚了，那天的霧氣又特別重，只好努力地在霧中尋找回家的路。當我看到自己住的那條街和車道時，真是鬆了一口氣，但不知道為什麼，我就是沒辦法用遙控器打開車庫大門。我走出車子查看，原來我開進隔壁鄰居的車道了。只有在成功返家後，我才知道自己是錯是對。

相較之下，我在霧中迷路的經驗與我們在情緒勒索的迷霧中摸索的過程，其實還滿有共通性的。即使我們的方向正確，情緒勒索者還是有辦法讓我們在熟悉的情境與關係中感到迷失。

如果讓「迷霧陣」操縱了我們的生活，我們將很難得到情緒上的平靜。這種手法會讓我們的觀察力失去敏銳度、個人的生活歷程遭到扭曲，對周遭事物的洞察力也不復清晰。這時，「迷霧陣」將會越過我們正常的思考過程，直指內心的情感反應。只要一下子，我們就被擊倒了，卻還丈二金剛摸不著頭腦；於是，情緒勒索者以一〇〇比〇獲得了壓倒性的勝利。

第四章　四大手法分析

情緒勒索者到底是怎麼在一段親密關係中創造迷霧陣的？在令人沮喪的「要求—壓力—屈服」的相處模式中，情緒勒索者又是怎麼將我們的利益棄之不顧？藉著剖析情緒勒索者最常使用的特殊手法，我們將可以清楚看到這段過程運作的情況。

這些手法會讓迷霧陣中的要素更能發揮功效，還會逼得我們不得不屈服於情緒勒索者的要求，否則可能會被這股壓力壓得喘不過氣來。此外，要將情緒勒索者的行為合理化，讓他們近乎無理的行為看來更容易被接受、更情有可原，也得靠它們。就像那些會對孩子說「我這樣做都是為了你好」的父母一樣，情緒勒索者也是這方面的專家。藉由這些手法，他們會讓我們相信，即使用上了情緒勒索的手段，也全是為了我們好。

這些手法會不停出現在各種情緒勒索的場景中，而且所有的情緒勒索者都會用上一、兩招。

二分法

在「聰敏」且「善意」的情緒勒索者看來，我們之所以會與他們發生衝突，全是一場誤會。簡單來說，壞人是我們，他們則是無辜的。在政治學上，這種好人／壞人的分類法就稱為「二分法」，而情緒勒索者就是始作俑者。他們會為自己的人格特質及行為動機加上光環，讓這些行為看起來十分高貴；至於我們的行為則會頻頻遭到質疑，在他們眼中甚至顯得汙穢不堪！

始作俑者

有一天，我接到瑪格麗特打來的電話，她說自己的婚姻正面臨嚴重危機，不知道有沒有辦法挽救，於是我們約定了會面時間，她也依約準時到來。當我第一眼看到她的時候，她迷人、優雅的風采著實讓我驚豔。瑪格麗特約莫四十出頭，在遇到現任丈夫之前，她已經離婚五年了。她和現任丈夫卡爾是在教堂中相遇的，經過一段短暫、親密的交往之後，他們決定共度一生。當瑪格麗特來找我時，他們已經結婚一年了。

我實在很困惑而且沮喪，我需要一些答案——到底是我對還是他對？剛開始，我真的認為自己找到理想的伴侶了，卡爾不但風度翩翩、事業成功，而且非常善良體貼。我們是在教堂相遇的，這件事對我來說真的很重要，因為這代表我們擁有相同的價值觀和信仰。在我們結婚八個月後，卡爾竟然要求我和他去參加一場集體做愛的活動時，你可以想像我有多震驚！而且他已經參加這場集會好幾年了，他說自己非常愛我，所以希望能和我分享一切。

我跟他說，我絕不可能去參加這種令我作嘔的活動。他極度訝異，說他愛死我的性感了，這活動一定會讓生活更有趣的。他知道告訴我這件事有點冒險，但卻能證明他對我的愛，因為他想和我分享一切。如果我願意和他一起去，就能證明我對他的愛。

我說我絕不會去，卡爾顯然有點生氣。他說他以為我是個無拘無束、心胸開放，而且討人喜歡的人，沒想到我竟然這麼假正經，像個保守的天主教徒，他不會愛上這種女人的——接下來的話更猶如刀子般地令我心痛，他說如果我不願參加的話，還有很多前任情人會願意陪他一起去。

就像所有的「始作俑者」一樣，卡爾把自己的需求說得非常光明正大、理所當然，而把瑪格麗特的反對解讀成極為負面的想法。情緒勒索者會讓我們覺得，因為他們希冀的結果都是比較令人愉悅、開放而成熟的，所以我們應該要順著照做。他們認為，只有自己提出的建議才是最棒的，同時，他們也會為我們貼上自私、拘謹、不成熟、愚昧、令人不悅、脆弱等標籤（有時候可能會稍微婉轉些）。只要我們稍有不從，我們真正的需求就會被他們曲解成人格上的缺陷。

卡爾甚至暗示，自己被瑪格麗特以前的行為給騙了，但只要她願意跟他一起去參加這個聚會，一切還是可以一筆勾銷——而這也能證明瑪格麗特是個開放、性感的女人，就像卡爾所希望的一樣。

令人困惑的刻板標籤

這次我主要把重點放在卡爾給瑪格麗特貼上的標籤。因為二分法的技巧中還包括許多形容詞的應用——情緒勒索者對自己及需要逢迎的對象使用正面的形容詞，至於對不願順從者則少不了一頓嚴詞苛責。卡爾認為自己與瑪格麗特截然不同，也就是暗示瑪格麗特有點問題，隨後還給她貼上一些標籤以強化自己的立場，這情況實在讓人茫然失措。情緒勒索者強加在我們身上的標籤，讓我們對自我認知產生了懷疑，開始將情緒勒索者在觀察力、人格、價值、欲望及價值觀方面對我們的質疑予以內化。也就是說，我們已經深陷在最險惡的迷霧陣中，就像瑪格麗特的情況。

我無法將現在的卡爾和當初跟我結婚的人聯想在一起，我怎麼會看走了眼？真是不敢相信。現在的情況是，我似乎讓他深信，無論他想做什麼，我都會跟他同進退。他不斷強調，能跟我成為夫妻是多麼棒的一件事。因此，我不禁認為，是不是因為我不了解「集體做愛」的來龍去脈，才會這麼反應過度？我實在很掙扎。我在想，也許是我太拘謹、太正經了，也許只是因為我不了解這件事。我開始覺得，是不是我真的有問題？我太小題大作了？

瑪格麗特原本對自我及婚姻都很有自信，她相信集體做愛一定不大對勁，但卡爾不斷的叨叨絮絮，卻讓她開始懷疑自己。當二分法一運作，我們就會開始懷疑一切的是非對錯，而且也會質疑和情緒勒索者間的爭執真的有必要嗎？我們後來之所以會讓步，是因為我們認為朋友、愛人、上司以及家人應該都是處事正確、心地善良的，而不是刻薄、沒感情或是喜歡壓迫別人的那種人。我們想信任別人，而不想承認他們只是藉著貼上讓我們感到羞恥的標籤，宰制我們的思考與生活！

瑪格麗特很努力地要把目前這個情況與她所認識的卡爾結合起來。但是，她仍然無法理解，為什麼卡爾的要求聽來那麼難以接受？如果瑪格麗特這個想法是有根據的，那他們的婚姻及卡爾的人格又該怎麼評斷？這些都是非常嚴重的質疑，但在某種程度上，瑪格麗特根本不想面對這些問題，她壓根不想承認自己對卡爾的看法其實是有偏差的。因此，與其面對那些令人不悅的事實，還不如就接受卡爾的建議吧。

卡爾在引起瑪格麗特自我懷疑的同時，也重重地威脅到她的責任感。依據他的說法，跟他一起去參加集體做愛是瑪格麗特做為妻子的責任之一——他絕不允許妻子跟他持相反意見。可想而知，當卡爾威脅要帶其他「女友」出席時，瑪格麗特會有多驚訝了。

很不幸的是，瑪格麗特最後還是屈服了。

真不敢相信，我竟然屈服於他的壓力之下，同意去參加那個對他來說「意義重大」的活動！在那裡，我覺得非常羞恥，幾乎快要待不下去了：骯髒、氣憤，加上極度的沮喪，就是我的感覺。

這團迷霧陣非常濃密，讓瑪格麗特迷失了方向，最後她會選擇實行一種自己從未想過的行為，其實一點都不讓人驚訝。

我們「變壞了」

情緒勒索者除了對我們的觀察力抱持懷疑態度外，還會藉著挑戰我們的人格、動機及價值觀，向我們施加壓力。這種手段在一般的家庭紛爭最容易出現，尤其在父母想要對成年的孩子行使控制權時，更為明顯——這個時候，所謂的「愛」和「尊敬」就是完全的順從，如果情緒勒索者發現事與願違的話，就會提出「背叛」的指控。對情緒勒索者來說，他們的衡量界線就是（當然會隨他們高興而改變）：你這樣做只是想要傷害我，或是，你一點也不關心我的感受。

當賈許與貝絲陷入愛河後，他開始考慮撇開宗教上的限制，與貝絲結婚。他知道父親會因此而感到沮喪，但他沒想到的是，父親竟然會因為要他回心轉意而做出一些出人意表的行為。

> 我不敢相信父親說的那些話，他竟然認為我在進行一項破壞他生活的大陰謀！為什麼我要這樣折磨他、傷害他？才一個晚上，我就從乖兒子變成大混帳。

賈許已經離家好幾年了，但只要一聽到父母親說出：「你傷了我的心」「你讓我失望透頂」之類的話，他還是會像大部分的人一樣，感覺恍如胃部遭了一拳重擊一樣，痛徹心扉。

如果從親近的家人口中吐出這類傷感情的字眼時，引導我們行為的指針將會失去功用，而讓自我評價開始動搖。顯而易見地，在這樣的情況下，我們將會被情緒勒索者貼上「沒心肝」「沒用」，甚或「自私」的標籤。如果指控是來自父母——我們學習智慧與正直的來源，將會更令人難以承受。對我們使用二分法伎倆的父母，將會比任何人都還要快速地瓦解掉我們的自信。

病態化

有些情緒勒索者會表示，我們之所以不遵循他們的要求，有可能是因為我們病了，要不就是瘋了。在病理學的範疇內，這樣的行為就稱作「病態化」。在病理學中，這個字來自希臘文，原意是指痛苦或是深沉的感受，但是近代的用法則意指「疾病」。當我們不願意順從情緒勒索者時，他們就會讓我們看來似乎有些神經質、心術不正，或是歇斯底里。最令人難過的是，他們還會舊事重提，用那些令人不悅的過去來證明我們的確存心不良，進而瓦解掉我們對彼此關係的信任。

這種欲加之罪對我們來說，無疑是自信與自尊的一大打擊，這種手法算是十分具殺傷力，而且有效。

當愛成為要求

在一段親密關係中，「病態化」通常起因於欲望無法平衡。只要有人開始要求較多——更多的愛、更多的時間、更多的注意、更多的承諾，卻無法達成時，他就會開始質疑我們的能力。很多人會為了想要證明自己愛人與被愛的能力，於是相信：如果有人愛我，我就得回報相等的愛，不然就是我有問題。

我有一位個案羅傑，是三十多歲的編劇。當他決定改變現況，與八個多月前認識的一位女演員愛麗絲稍稍保持距離時，他就遇上了「病態化」這個困境。

> 我知道愛麗絲非常依賴我，跟她在一起也讓我心情十分愉快。她會過來我這兒，坐在床上念我寫的劇本，還會不停地表示稱讚。她似乎贊成我做的每一件事，我相信這是因為她愛我。我為她傾倒，她就像所有電影裡出現過的完美女孩，風趣、漂亮，而且她也認為我們是天生一對。
>
> 但幾個月過去後，她開始對我施加壓力，認為我們倆應該住在一起。她不斷強調我們彼此能心靈相通、互補互惠，她深深為那種感覺所震懾。我能做什麼？無非就是完全聽從她的安排，讓神引領我們的關係進入另一段「全新的境界」。愛麗絲還說，她可以了解，也許我還在為前一段愛情破裂而悔恨不已，但是我必須面對這股恐懼，不要逃避。這番話

聽起來很不錯，但是，一切進展太快了。

愛麗絲和羅傑曾經花了很多時間深談，他們彼此也都同意應該有個人來幫助他們釐清目前的狀況。但是，只要羅傑一談到他認為雙方關係進展太快而覺得恐懼時，愛麗絲就表現出儼然一副治療專家的模樣。羅傑試著掌控情況，但愛麗絲總會告訴他，別再堅持己見了。甚至在剛開始的時候，愛麗絲還會把羅傑的這種反應當作是他戒酒後的神經過敏——但是，他已經戒酒十一年了。羅傑挺重視愛麗絲的看法，雖然他心裡不是很痛快，但還是覺得愛麗絲應該不會錯。因此，他告訴愛麗絲，就繼續這樣吧。

愛麗絲對我們的未來相當有計畫，我也試著一步步循序漸進下去——當有人這麼愛你時，她看來似乎就是能量十足，簡直讓你無法抵抗。我承認這讓我有點緊張，但還能應付。然而這幾個月來，她已經開始說到要生個小孩了！她三十五歲，正是極度渴望生個孩子的時候，她甚至認為，我們可以不結婚，可是生個孩子則是我們愛情與創意的表現。她已經要求我讀了好幾本有關嬰兒的書，還把我小時候的照片找出來，想看看我們未來的小孩可能長成什麼樣子。真是夠了！我連要不要和愛麗絲共度餘生都還拿不定主意，更別說當爸爸了。我現在只想要一點空間來寫作！

我不是說我不愛她，我認為她很好，但我現在需要再想想，因為我不確定自己對愛麗絲的感覺是否像她對我那樣濃烈，我真的不太確定。所以，我決定獨處一陣子，好好想想。

羅傑的反應讓愛麗絲大發雷霆，可是愛麗絲的回答卻是：

我最怕你這樣想了。你說你愛我，但你剛剛說的話，讓我覺得你根本是個大騙子。我知道你在前一次戀愛結束後不敢跟我太親近，但我卻天真地以為你已經準備好過新生活了。我知道自己比較急躁，不過我已經盡量配合你了。我想，我不會再那麼愛你。我真的替你可惜，你局限了自己生活的腳步，甚至不敢體驗「愛」，只想生活在自己的小框框裡。面對現實吧！你跟你爸爸一樣，只是個藉著玩弄女性來達到戒酒目標的男人！

羅傑尷尬地笑了一下，接下去說道：

我不斷地想，愛麗絲說的話到底對不對？我的確不太容易建立一段持久的感情，也許我真的不知道要如何和愛我的人好好相處。

我告訴羅傑，他和很多人一樣，都忽略了一件事實：其實「錯不在你」，一切爭執只是起源於你無法和對方投入相同程度的感受。就像很多指控我們行為是病態的人一樣，愛麗絲用錯了「愛」。她依賴、不顧一切地想要完全擁有羅傑，這些舉動跟成熟的愛情相比，還差了一大截，但她竟將一切行為全都解讀為對羅傑的愛。如果羅傑不配合她，對愛麗絲來說，唯一可以讓她釋懷的理由就是「羅傑有問題」。

在羅傑要求更多空間時，愛麗絲用了這類指控者最常用的一種手法——再度提起羅傑心中的疙瘩。羅傑曾經告訴她有關自己父親的事，他父親戒菸成功的祕訣是，將注意力全放在女人身上。因此，愛麗絲知道羅傑並不喜歡提起他父親的事。我們與情緒勒索者所共享的祕密、恐懼與驕傲，現在都成了他們的武器之一；我們不想提起的一些痛苦往事，如離婚、爭奪小孩監護權、墮胎等，也因而都成了指控我們性情變化不定的「有力罪證」。以羅傑來說，愛麗絲就曾「指證」他以前的酗酒習慣正是他有問題的一大警訊。

情緒勒索者經常指控我們無法維持愛和友誼的原因之一，就是因為我們無法像他們愛我們一樣，也投入同等的關心與親密。病態化有許多讓我們情緒瓦解的化身，尤其當親密關係被視為測試心智健康的要素時。即使情緒勒索者會硬將我們心理的傷害或是缺憾，說成是親密關係破局的原因，但這樣直指內心的指控，通常都會奏效。

你到底有什麼問題

不是所有的指控者都會使用「你一定有問題」這種手法，其中還有很多細微的技巧可以好好討論。有一位個案凱薩琳就來找我，說自己在接受與前任治療專家幾次診療後，她的自信心已經嚴重動搖了。

我準備一面做個兼職會計，一面攻讀企管碩士學位。但是，我對這項計畫卻有些焦慮。主要原因是，我之前曾有過一段失敗的親密關係，現在我想搞懂，當初到底出了什麼問題，所以我去看了一位朋友極力推薦的治療專家朗達。

剛開始，朗達就出現一些不太合宜的舉動，但我覺得可能只是因為我需要一點時間去適應吧。她讓我覺得，她正一點一滴地挖掘我的過去。她最喜歡做的一件事就是蒐集有關成功女性的剪報，並在「能力激發」課程中全都塞給我。這讓我覺得很不舒服，她似乎是在暗示我：「妳應該要這樣做，如果妳乖乖照做，就能成功。」

她還帶我去參加其他的治療團體，我卻興趣缺缺。也許這樣對我真有好處，但是，我的天啊，我還得讀書和工作啊，可沒這麼多時間。朗達則不這樣想，她認為我就是太固執、太有操控欲，才落得今天的下場。

當病態化的字眼來自一些權威人士，如醫生、教授、律師或是治療專家，對我們就特別具有說服力。我們與這些角色的關係是建立於互信基礎上，因此在我們心中，他們就像是一位智慧導師。我們認為，他們會以開放、正直的心態對待我們，而這些專家卻似乎以為，他們手中握有的那張執照，可以讓他們為所欲為。他們不會直接了當地說：「你的想法欠缺考慮」，但是，他們的姿勢、聲調都在傳達了一個明確的訊息：「你錯了」。

我可以從她的聲音、肢體語言和態度中感覺出來，她對我很失望。這種感覺真的很糟，我擔心她可能會對我發怒。我知道自己可能真的有問題，連治療師都不太喜歡我了，而且我也被她的氣憤和吐出的粗魯字眼給嚇到了。如果你跟這樣的專業人士打過交道，你就會知道，他們情緒反應的效果將是一般人的好幾倍。

通常像朗達這樣的權威人士，都會氣急敗壞地表示，沒有人能質疑他們的權威地位；他們所作所為全都是為了我們的利益，如果不聽話，只是證明我們的固執、無知和缺乏安全感罷了。即使是傷到心靈最深的感受，他們也還是專家，我們可不能對他們提出任何質疑。

危險的祕密

很多家庭都會有一些「不足與外人道的隱私」，可能是有關虐待孩子、酗酒、精神疾病、自殺等事件，家中成員都會很有默契地絕口不提。一旦有人硬生生地把這些事攤在陽光下，這些家庭成員自然會把這個人當成是破壞家庭和諧的瘋子——這些年來，在專攻「兒童虐待」的治療領域中，我就經常看到這樣的例子。在我的個案心理狀況逐漸好轉之際，他們會想要談談當初的情況，但卻往往遭到親友強力的嚇阻，要他們別再胡說了。

事實證明，越有問題的家庭，越不願意有人去深究過去的家族往事。他們甚至會祭出逐客令、懲罰、散播流言等手段，或以鄙夷的態度將原先只是想減輕心靈負擔的受害人，解讀成自私、白費心力，甚至心術不正。

芮貝塔是一位三十歲的電話行銷主任，到現在為止依然為頸傷及骨傷所苦，這全是兒時遭父親虐待而來。當時她還在我以前服務過的一間醫院接受治療，我們一見面，她就告訴我，她已經受不了再為這個家保守祕密了。

在談到她的幼年時期時，芮貝塔決定回家跟母親詳談一番，但母親反而覺得她不太正常。

六個月前，我試著告訴母親，身上到現在還留有一些父親打我的舊傷痕。結果，她完全不理我，還怪我把自己父親說得好像殺人犯似的。我問她：「妳記不記得父親曾經抓著我的頭髮，把我摔到地上的事？」

她看著我，好像我是從其他星球來的外星人，回答道：「天啊，妳怎麼會這麼說？那些醫生都對妳說了什麼？妳是不是被洗腦了？」我說：「媽，每次我被打的時候，妳都站在門旁邊看著呀。」我母親氣得拂袖而去，還說我真會捏造事實，簡直是頭腦有問題，怎麼可以這樣說自己的父親？除非我尋求心理協助，而且不再扯這樣的漫天大謊，否則她不願意再跟我說話。

對於芮貝塔清晰的記憶，母親不但全盤否認，還強迫芮貝塔忘掉一切，否則就要和她斷絕往來。像芮貝塔這樣只是想要求證往事的健康舉動，卻常會遭到家人的惡意攻訐，而被貼上「幻想」「荒謬」，甚至是「心理有問題」的標籤。

「病態化」經常在我們最難防禦的範疇內發生。我們可以輕易地對抗指摘自身能力和成就方面的批評，因為我們知道自己的分量。但是，當一位情緒勒索者指出我們好像「不太正常」時，我們則會想，這可能其來有自。我們都不可能完全客觀地了解自我，很多人都擔心，也許自己真有一些問題。於是，這些指控者就在這上頭大做文章。

就像二分法一樣，「病態化」會讓我們對於自己的回憶、判斷、智慧和個性產生懷疑，而且無法釋懷。這種手法，讓我們開始不太信任自己的精神狀態。

聯合陣線

當情緒勒索者的「病態化策略」無法奏效時，他們就會改弦易轍，轉而呼朋引伴一番，找來其他家人、朋友等，以穩住自身的不敗之地。因此，在人數上，情緒勒索者就已經略勝一籌了。他們會將我們所關心和尊敬的人全都籠絡過去，讓我們頓感孤獨和挫敗。

一天傍晚，在我開始了解芮貝塔的情況時，親眼見識到上述手法。芮貝塔的父母、哥哥和兩個姊妹參與了一項家庭諮商課程，他們兄妹三人表現出和父母立場一致的態勢。當我詢問他們對芮貝塔要求印證兒時記憶的看法時，我注意到他們互看了一眼後，由哥哥代表發言。

我媽打電話來，希望我們一起參與，好讓妳知道事情的來龍去脈。我們是個和樂的家庭，芮貝塔這樣做可能會毀了這個家。妳知道，她有點不太正常，曾經因為憂鬱症和企圖自殺進出醫院好幾次。如果說她會憑空聽到一些奇怪的聲音，我也不會太驚訝的。

他微笑著看了房間裡的家人，他們也都表示贊同地頻頻點頭。

她總是會弄出些嚴重的問題。我們都想幫她，但我們可不能放縱她說些可怕的謠言。什麼她曾經被虐待，這全是她捏造的，很多人竟然還會相信她！我們只是想洗刷父親的不白之冤，也希望看到她得到應有的協助。

在母親一再的否認下，芮貝塔很難釐清她兒時受虐的真正情況，現在更不容易了——她得面對一屋子的情緒勒索者，每個人都希望她閉嘴！只要她安安靜靜的，大家都很歡迎她。雖然這對情緒勒索的受害者可能產生毀滅性的傷害，但大家卻寧願選擇這條比較熟悉的路徑，一路走來比較自在。

大軍壓境

我的一位個案瑪麗亞，就是前面我們提到從事醫院管理的那位，她也提供了「聯合陣線」的實際例子。當她發現丈夫的婚外情而打算離開他時，他使盡一切方法要她回心轉意，包括聯合他的家人。

眼看著以前有效的威嚇手法、柔情攻勢都不能讓我回心轉意時，他決定請出最後法寶——我的公婆。公公是位醫生，婆婆則是位賢淑的女性，從我第一天認識婆婆到現在，她對我都非常好。因此，當傑要求我參與他們的家庭會議時，我其實是很猶豫的，但最後我還是決定出席。

當我一踏進屋裡，就知道大事不妙了。傑已經先到一步，而且很顯然地，他也已經告訴每個人，我有多不可理喻了。他們怎麼可能不袒護自己的寶貝兒子，而公平地對待我呢？

瑪麗亞的考量很有道理，傑的父母在這種情況下是不可能保持客觀立場的，以下的進展也就不出我們意料之外了。

一個小時過去了，我的公婆還在不停地叨絮著，說婚姻生活當然有高潮、有低潮，絕不能一發生問題就一走了之。他們說，傑已經承諾會多花點時間待在家裡，我們夫妻之間的小爭執應該可以煙消雲散了，只要我絕口不提離婚，就沒有人會知道我們起了爭執。他們逼問我，在知道傑依然愛我之後，我仍然執意要分手嗎？看到傑傷心欲絕的模樣，他們也很難過。而且小孩怎麼辦？傑努力要給我一個美好的未來，而我卻狠心讓周遭的人都不快樂？

我問他們，傑有說他有外遇的事嗎？從他們的反應看來，他沒有說。他們看來不太高興。我以為，或許這樣他們就能了解為什麼我跟他們的兒子在一起也不太快樂，但是傑的父親竟說了一個讓我匪夷所思的觀點！他說：「就算這樣，妳也不能離婚。家庭是最重要的，妳不能一遇到問題就要一走了之。想想孩子們，那可是我們的孫子啊！」這番話讓我當場呆住。

現在，瑪麗亞不僅遭到阻撓，而且是來自三個人，這讓她更堅定了自己原來的決定。雖然她知道公婆的想法都是遵照傑的劇本，但聽到傑的說詞從她所尊敬與信任的長輩口中說出來時，還是讓她感受到極大的壓力。

援引更高的權威

當朋友和家人都無法逼你屈服的時候，他們就可能會請出一些至高無上的權威，如《聖經》，或是其他知識領域上的權威代表，就像是「我的治療師說，你不懷好意」「我修過的一門課就說……」，或者是「敬愛的真神說……」。

每個人所認同的智慧泉源各有不同，我們當然不能要求大家都秉持相同的看法。但有一點卻是肯定的：不論情緒勒索者提出何種說法、評論、文章，都只說明了一點，這全是他們的看法。

負面評比

「為什麼你就不能像……」這段話含有很大的情緒張力，同時也和我們對自我的不信任、恐懼有很大關係。情緒勒索者通常會拿另一個人做完美的標準，來對照我們的紕漏百出。為什麼這些人總是能滿足情緒勒索者的需求，而我們卻老是讓他們失望呢？

「看看你姊姊，她都願意幫忙家裡的生意。」

「法蘭克就能趕上截止日期，或許你該跟他學學。」

「即使情況再怎麼糟，夢娜還是不會忤逆她丈夫的意思。」

這種負面評比讓我們忽然覺得自己很沒用、不夠好、不夠忠實、能力有待加強等，也讓我們充滿焦慮和罪惡感。因為感到焦慮，我們可能會讓情緒勒索者遂其所願，以表示他們對我們的看法並不正確。

我的個案琳恩是一位股票經紀人，她的母親愛倫利用「負面評比」的功力可以說是一等一，讓琳恩這幾年來無時無刻都感受到一股巨大的壓力。

父親過世後，媽媽陷入了完全孤苦伶仃的境地。她的生活一向都有男人在照顧，因此父親過世後，她轉而來依靠我。

不久我就發現，我必須一天到晚陪在母親旁邊，不然就是要幫她請一些律師、會計師來做一堆事實上她可以自己完成的工作。母親實在很會裝可憐，讓我馬上就掉進她的圈套裡。雖然這樣做對我來說並不困難，重點只是要做得讓她服服貼貼的——但是，實際狀況卻是，你根本無法取悅一個像她這樣的女人。不是會計師收費太高，就是律師太遜，她總有辦法找到藉口。甚至只要我沒有跟她一起吃晚餐，也會被批評成罪大惡極。天啊，我只是要去看看兒子演出的戲劇表演罷了。

如果我有任何事做得不夠好，我一定馬上就會知道。例如我一想要離開，我媽媽就會舉姪女卡洛琳為例：「卡洛琳總是時時刻刻陪在我身邊，比我自己的女兒跟我還要親。」我懷疑她知不知道這些話對我傷害有多大，而且讓我充滿罪惡感。最後，我得花上越來越多時間與她相處、替她解決問題，以免她拿我和卡洛琳相提並論。

被拿來跟我們相比的那一方，似乎贏得了更多的疼愛和稱許。所以很自然地，我們會想要照著去做，以獲得相等的評比。對琳恩來說，這樣比來比去是永無止境的，而且永遠不會知道到底效果如何。

危險的壓力

在工作場合和不健康的家庭這兩種環境中，負面評比所造成的氣氛其實差不了多少，都充滿了嫉妒和競爭壓力。我們可能會發現，當自己正努力達成老闆所設定的「不可能任務」時，老闆其實是想讓每個人都陷入互相競爭的風氣中，而創造出一種「兄弟間的較量」。

當金第一次來找我的時候，她的上司正用一種負面評比的方式試圖「激勵」她，反而讓她陷入極大的壓力之中。三十多歲的她接替了一位準備退休的編輯米蘭達，開始在一家歷史悠久的雜誌社中工作。

> 我做得很好、有很多不錯的點子，跟作者也相處得很好，我已經開始喜歡現在的工作了。但是，我的老闆卻盯我盯得很緊，而且老拿我和米蘭達相比，好像我怎麼做都不夠好。如果我一星期完成了四樣工作，我的老闆肯恩就會說：「很棒啊，但是米蘭達不用一個星期就可以做好這些工作了。她的最高紀錄是一星期完成八件或九件工作喔！」如果有

一天我得準時下班，而不能像平常那樣待到八、九點時，他就會說，米蘭達一走，工作倫理也蕩然無存了。米蘭達就像一位永遠存在於我們辦公室內的傳奇人物。

我絕對相信米蘭達是很棒的人，但是她沒有家庭需要照顧；我想要和她一較高下，卻考慮到我有自己的生活要過，還得花時間和孩子、丈夫相處。肯恩總是要求我多做點，他說，只要我能再接下一個專案，我就是米蘭達第二了。我照做了，但是忙得昏頭轉向。如果我不照做，他就會說：「妳跟米蘭達還差得遠哩！」接著還會補上一句：「妳有天分啦，只要多做點就行了。別把這些當作是額外工作，這可是工作有保障的最好證明。」

我的家人開始因為我經常不在家而秩序大亂，我也累慘了。我的手臂跟脖子也因為在電腦前工作太久，開始疼痛不已。最慘的是，我開始質疑自己的能力。我似乎得以米蘭達標準來衡量自己的工作，否則我永遠都不夠好。

當我們談到工作場合中的壓力時，最明顯的就要算是具體可見的壓力了，如被解雇。但是，工作場合中也可能衍生出一般家庭常產生的感受與關係的變化，互相競爭、嫉妒、兄弟間的較量及取悅重要人物等情況，驅使我們朝自己的極限邁進，甚或要超越極限。但是，試圖超越在不同需求、才能、環境下所設定的艱難標準，無疑是一項最大的危機。到頭來，我們可能會愕然發現自己已經為工作犧牲了家庭、興趣，甚至是最珍貴的健康了。

剛開始，我們會十分堅持自己的需求，以做為抗拒情緒勒索者的理由。但漸漸地，情緒勒索者會磨掉我們原先的堅持，還會讓我們相信，其實我們不太曉得自己到底需要什麼。在這些行為策略的運用下，情緒勒索者通常可以讓我們任其宰割。這麼說的確聽起來有點怪異，但這正是我們需要學習的地方。我們既然可以允許這些手法發揮功用，當然也可以把它們甩到一邊，或是削弱它們的威力。

第五章　情緒勒索者的內心世界

情緒勒索者厭惡被打敗。他們習慣把「輸贏不重要，重要的是過程」這句古老格言，改成：「過程不重要，只要能贏就行」。對他們來說，獲得信任、尊重他人感受、公平待人都不重要，而他們也不太遵守什麼施與受的原則，所謂的親密關係在這樣的情況下，似乎成了一方大喊「大家都好自私」，另一方則趁著對方毫無防備之際，占了他的便宜。

現在就讓我們來探討，為什麼對情緒勒索者來說，獲得勝利會具有如此舉足輕重的地位？為什麼他們會對我們使出情緒勒索的手段？為什麼他們急欲得到一切，一旦事與願違，便會祭出「懲罰」手段？

與挫折經驗的關聯性

當我們試著了解，到底是什麼因素讓親近的朋友與家人，竟成了情感上的惡霸時，我們得先回溯到情緒勒索開始的時候——當情緒勒索者想向我們索求某些東西，我們卻表達拒絕之意的當下。

有「需索」的欲望並不是個錯誤，從需要、要求到採取實際行動，以獲取所需的過程也沒什麼不對，甚至用上懇求、祈求、哀求都沒關係——但若有人說了「不」，我們就應該接受。雖然要接受別人的拒絕並不容易，有時被拒絕的一方甚至會沮喪、生氣，但只要彼此的親密關係禁得起考驗，暴風雨過後，一切就將風平浪靜，雙方也更能協調出折衷的解決方案。

但是繼續閱讀本書便會發現，情緒勒索者的行事原則往往反其道而行。對他們來說，挫折的產生並無助於達成妥協，反而成了壓力與威脅的引爆點。也就是說，情緒勒索者根本無法容忍挫折的出現。

他們為何會有這樣的反應模式，我們無從得知。畢竟，很多人也曾遭遇過挫折，卻不會成為奴役別人情感的惡霸；相反地，我們會把失望當作是暫時的受挫，而繼續努力向前邁進。但是，在情緒勒索者的心中，遭逢挫折並不只是受到阻礙或暫時受挫，更無法轉變成一股能激起其重新出發的動力。對他們來說，遭受挫折就等於是在體驗一種無與倫比的失落和恐懼感，而他們也會把這種過程當做對我們的一項警訊：你再不趕緊採取行動，就要大禍臨頭了。

從挫折到失落

從表面上看來，情緒勒索者似乎與大夥兒無異，在許多場合中也常表現出活力十足的樣子。但是，他們的內心世界卻與「美國經濟大蕭條時代」的人十分類似。如果你認識走過那個時代的人，你會發現他們都還是會一點一滴地將錢存下來，以備不時之需，因為他們不想再面臨這種令人恐懼的絕境了。

一般來說，情緒勒索者不論是在人格特質或是慣用手法上，都擁有相似的心理運作機制。在生活的穩定性受到動搖，失落感一觸即發之際，這種特質便會顯現。就像有人會把頭痛當成腦瘤的前兆一樣，情緒勒索者也有將「遭人婉拒」的事實小題大作的傾向。即使是一點輕微的挫敗，他們也會視為大難臨頭，相信只有以更激烈的手段反擊，才能得到自己想要的。有些話就像刻在唱盤上的紋路一樣，會不斷在腦中響起：

- 這一定沒用。
- 我從來都沒法如願。
- 沒有人會關心我的需求。
- 我不知道怎樣才能得到想要的。

• 如果不能如願，我不知道是否受得了這個打擊。
• 沒有人像我關心他們一樣關心我。
• 我關心的人最後都不理我了。

隨著這些念頭不斷縈繞在心頭，情緒勒索者最後便會深信，唯有使出強硬手段，才會有人重視他們的需求。對他們來說，這種認知再普通不過了。

失落感與依賴性

對某些情緒勒索者來說，在一直感到憂慮和缺乏安全感的過程中，對上述這些定律是深信不疑的。回溯他們以前的生活，我們可以發現：情緒勒索者在幼年遭遇的一些事件，和成年後產生的這份失落感之間，是有著重大關聯的。

前面提過的艾倫是一位生意人，他的太太裘老是用些情緒勒索的手段，以防艾倫把她排除在計畫之外。最近，在快到裘的父親忌日，她特別鬱鬱寡歡之際，艾倫終於發現到能解釋她情緒勒索行為的論點了：

我問裘是不是可以做些什麼，好讓她高興點，她卻拿出了一些國中畢業時的照片。那些照片我從來沒看過，在拍攝這些照片的前兩天，裘的父親就過世了，照片中的她就像是名受到驚嚇的小女孩，卻仍努力地裝出笑臉。在父親過世後，她得獨自處理好多事——打電話通知親戚、安排喪葬事宜，還要為畢業典禮做準備——她得上臺演講，而講稿內容還是父親幫她擬好的。那個時候，裘得自己照顧自己，因為家人都各忙各的。我最近問過岳母這件事，她說那個時候裘沒有哭得呼天搶地，只是常常躲在房間裡不出來。

裘曾經告訴過我，父親是她最敬愛的人，但他卻突然離她而去。我想，她可能害怕我也不告而別，所以她所做的一切只是要我留在她身邊罷了。

對裘來說，面對這個她無法信任、甚至會奪她所愛的世界，情緒勒索是唯一的應對之道。因此，我們可以了解，在童年時期面臨過重大生命轉折的人，成年之後通常會變得過度依賴，因為不願意再嘗到被拒絕、被遺棄或是被忽略的苦澀滋味。

裘以前在學校表現得十分優秀，讓父親非常以她為榮，但這些都無法讓她覺得安全。童年時期的無助感一直揮之不去，所以成年後的她便會想盡辦法避免那種痛苦經驗再度重演。也因此，她學會了依附朋友和戀人，卻始終找不到「適當的」方式，來表達內心深處那種「唯恐被剝奪一切」的恐懼。

在裘和艾倫結婚以後，恐懼感更是與日俱增。每一天她都擔心艾倫可能會棄她而去，根本無法享受兩人世界的快樂。她讓自己相信，只要能每天都把艾倫綁在身邊，就不用害怕失去他，甚至還能彌補父親離世後失去的安全感。和許多情緒勒索者一樣，裘深信因為不期待自己的願望能實現，所以更必須掌握所有優勢——這也說明情緒勒索者緊迫盯人的特性。

錯綜複雜的原因

要追溯裘的行為根源其實不難，但要謹記，人類行為是由許多複雜生理和心理因素所構成，沒有任何一種單一解釋可用來分析人類行為。每個人都有不同的個性與遺傳傾向，這些要素要再和他人對待我們的方式、自我認知，以及與他人互動的交互作用後，才會形成每個人的完整人格。

伊芙的藝術家男友艾略特對遭遇挫敗高度敏感，只要一有危機，他就會威脅做出一些傷害自己的舉動。伊芙就曾經告訴我，有次她和艾略特姊姊之間的對話：

當我問艾略特的姊姊，為什麼艾略特時常沒來由地勃然大怒，她卻只是笑著答道，他從小就是這樣。只要他嘴裡沒奶瓶或是尿布濕了幾秒鐘，就會哭得呼天搶地。再長大一點後，他更是出了名的脾氣暴躁。姊姊說，他的本性就是如此——他是她看過要求最多的小孩。

這名小孩長大後，自然養成了一個習慣：要求這個、要求那個，只要稍微不順心，就會大發雷霆。我們可以說艾略特大部分的人格特質，包括對挫折的低忍受度，在嬰兒時期便已經表露無遺。

強調這些天生的人格特性，的確能讓社會及其他人更了解我們的為人及行為準則。但事實上，一些在幼兒期、青少年時期，甚至成人期就被認定的行為，通常會成為一種既定的信念及感覺，尤其在面臨衝突或是壓力時更容易表現出這些人格特質。因為熟悉，我們便會走回這些舊有的行為模式上，即使這些行為讓人痛苦，卻能提供穩定性及可預測性。我們甚至相信，即使這招以前沒奏效，但再來一次，還是可能會成功。

就像裘一樣，許多情緒勒索者都幻想著幼時經歷的無助和不完整，將會在成人後消失無蹤，相信現在的自己已經能神奇地「解決」危機、安撫不開心的父母親，甚或找尋到渴望已久的安全感。藉由改變現狀，他們自信能彌補昔日遭遇的挫折。

當危機成了催化劑

情緒勒索者在面對不確定性和壓力時，經常會表現出對挫折的低忍受度，尤其是離婚、失業、生病、退休，會對個人價值產生衝擊的情況下，就是情緒勒索效應發酵的最佳時期。大部分的時候，他們甚至不會察覺內心這股被激發出的恐懼感，因為此時的他們只想到要如何才能得到想要的東西。

以史蒂芬妮為例，危機的發生在於她丈夫承認了一段短暫的婚外情。即使鮑伯努力試圖挽救婚姻，並且定期接受心理治療，但史蒂芬妮卻以「情緒勒索」的手段作為回應。這幾年來，她的憤怒和報復換來的是鮑伯的心灰意冷，準備放棄這段婚姻。我勸鮑伯，這正是夫妻倆接受共同諮詢治療的最佳時機，而史蒂芬妮也同意了。

你們應該都能理解我的反應。我讀過你所有著作，而且妳也談過很多關於不要讓別人騎到自己頭上，以及如何面對背叛及設限的問題。我有權生氣的，而鮑伯也應該為所做的一切付出代價。

我告訴史蒂芬妮，她的確有權生氣，或者是感到被傷害、被出賣、震驚不已，這些感受都是正常的，我並不想低估她受到的痛苦。但是，在「衝突」和「情緒勒索」之間，還是有很大的差異。從扮演報復者、受害者，和處罰者的角色之中，她也許能得到些許的滿足感，但這也代表，她的婚姻正一點一滴地走下坡。

此時，史蒂芬妮已不像剛開始那樣劍拔弩張了，取而代之的是聲淚俱下描述她發現鮑伯有外遇的心情。這讓我們的溝通往前邁入了另一個階段，也讓我知道為什麼史蒂芬妮會鑽牛角尖地要當名報復者。

我愛的男人總讓我心碎，這已經不是第一次了，這些鮑伯也都知道。在我前夫把我騙得遍體鱗傷之後，鮑伯怎麼能用同樣的方法對待我？知道實情後我幾乎活不下去，現在我應該怎麼做？我怎麼能再信任他？我一生中從來沒有像現在這樣覺得自己如此缺乏吸引力，這簡直丟臉丟到家了，而且，事情變得一蹋糊塗。

對史蒂芬妮來說，她不僅要面對鮑伯對她的傷害，還得再次經歷前夫曾經帶來的痛苦經驗。由於對鮑伯的不信任讓她對自我產生懷疑，只好使出「情緒勒索」這招，因為這是唯一使她能在內心情緒洶湧起伏之際，重新獲得控制感的方式。

史蒂芬妮幼時的生活經驗固然影響了她現在的處事方式，但我們也應該檢視一下她的成年生活。在史蒂芬妮了解之前那段不愉快的婚姻，可能會危害到她與鮑伯現在的良好關係之後，她同意跟我另一位同事談談。史蒂芬妮和鮑伯都很努力，他們都把這次的危機當作是開展兩人全新溝通領域的轉機。我相信他們會成功的。

完美生活的缺陷

令人深感困惑的是，有些情緒勒索者可以說是擁有一切的天之驕子，但他們卻總是想要更多。我們經常遇到的一種情況是，那些受到細心呵護的天之驕子往往沒有能力處理任何的「失落」。因此，一旦感到有人要從身邊拿走什麼，他們就只會驚惶失措，自動向「情緒勒索」靠攏。

瑪麗亞與醫生老公傑，就是這種情況。我從與瑪麗亞的接觸中得知，傑從小就是一帆風順——順利進入醫學院後，便發表了一些具有劃時代意義的醫學新見解，進而建立了極具權威的社會地位。我只能想到幾個字來形容傑：集榮耀於一身。

傑從童年起就已經有很多了不起的事蹟了。他從未遭逢虐待、心靈創傷等不幸遭遇，有的只是豔羨的眼光。雖然他父親的家境並不好，卻是家族裡第一位上大學的人。他非常有毅力，靠著努力、不屈不撓和每天兩小時的睡眠，通過了醫學院的考試，再加上一份兼職作家的工作，才把傑的母親娶回家。傑的父親告訴我，他曾發誓絕不要傑跟他一樣過苦日子，因為傑可是他的心肝寶貝。因此，當傑立志要成為一位醫生後，父母就全心全意地栽培他，他不但不用打工，還能身穿昂貴的羊毛運動夾克、上網球課；當然啦，有許多女孩更是自動對他投懷送抱。

傑不僅集三千寵愛於一身，簡直可以說是太不真實了。為了讓兒子衣食無缺，他父親可是卯足全力為他準備一切。

但這樣的完美生活，卻會對孩子產生兩種負面的影響。第一種是生長在這類環境的孩子會認為，不論自己想要什麼，都能手到擒來。而另一種更糟糕的是，他們會喪失學習面對挫折時所需的應變能力。於是在這樣「天時、地利、人和」的狀況下，傑的父親便創造出傑這個不太會處理情緒問題的成年人。

因此當傑坐擁一切，包括事業、家庭、妻子，甚至情婦，而瑪麗亞卻要打破這種均勢時——她是第一位敢威脅要奪走他寶貴事物的家人——傑便會忽然覺得坐立難安，竟然有人要改變這個行之多年的規則。也難怪傑只有使出「情緒勒索」的手段，來鞏固他高高在上的地位了。

親密的陌生人

當傑把父母找來對瑪麗亞使出懷柔政策，要她留下時，她實在不敢相信當時他們對她說的話：

我心想，天啊！我在這裡做什麼啊？我最親愛、尊敬的家人竟然變得毫無道德，難道自己的面子會比別人的感受和人的尊嚴更重要嗎？

瑪麗亞看著傑，從以前風度翩翩的紳士，變成一名面目猙獰、強人所難的陌生人。當身邊親密的人變成一名情緒勒索者時，那種轉變的過程不論快或慢，都會讓我們十分震驚。事實上，大部分情緒勒索所造成的痛苦與困惑，多半來自於原本互相關懷的兩人，突然發現有一方為了自身利益，竟然罔顧對方的感受。

麥可告訴麗茲，如果她再說要離他而去的話，他就會展開報復。麗茲覺得好錯愕。

他其實是這樣說的：「妳留下的那些錢連買狗食都不夠。跟孩子說再見吧，我會把他們帶去加拿大，這樣他們就不會再聽到妳說的那些謊話了。」這是我愛的那個男人，是那個我曾經全心全意為他奉獻的男人嗎？他到底是誰？

指責、威脅、負面評比的手段，當然不是最初讓我們跳入這段親密關係的主因，我們現在更不會因為這些手段繼續維持這段關係。我們跟這些人分享自己的生活、工作、感受以及最私密的部分，但一加進情緒勒索的因素，我們卻得面對他們人格中一些比較不堪的部分：自我中心、反應過度、即使會導致長期損失仍汲汲營營於眼前的利益，還有不顧一切贏得優勢的決心。

只為自己著想

我們前面看到的情緒勒索者幾乎都只想到自己的需求、欲望，至於我們的需要，以及他們這樣做的後果，他們根本不考慮。

只要我們沒辦法滿足情緒勒索者的需求，他們就會像一部壓土機一樣，變得不帶感情、只顧追求自己的目標。如此罔顧他人感受，讓人很難把這樣的關係稱作「愛」。

「自戀名人堂」的首位候選人，非佩蒂的老公喬莫屬。當佩蒂表示目前家裡的狀況根本負擔不起一部電腦時，喬便完全表現出情緒勒索者的態度。在以下狀況中，他自我膨脹到無人能敵。

喬賺了不少錢，但是他花錢的速度比我們任何一個人賺錢的速度都還要快，所以我們家經常缺這缺那的。上個星期，因為待繳帳單實在太多了，所以他叫我跟姑媽借點錢周轉。我姑媽是滿有錢的，但她才剛動了乳癌手術，我不想現在去打擾她。令人無法置信的是，喬竟然開始對我施加壓力：「這是她的病房號碼，你不用去問別人了，趕快打電話給她吧，這沒什麼大不了的！她現在已經不太痛了，而且她又這麼疼妳。難道連幫我做這點小事妳都不願意？」

乳癌？醫院？手術？這些對他來說似乎都不成問題！他想要某些東西，而且現在就要。這件事對他來說非常緊急，他完全不在乎別人的感受。

情緒勒索者之所以會產生這種自我中心的感覺，通常都是因為他們認為所有在他們身上的注意力和感情並不會持久，而且轉眼間就會消失無蹤。艾略特就是位十分自我中心的人，連女朋友伊芙想去上些課，充實職業技能，他都認為這一定跟他有關。如果讓伊芙太予取予求，他就沒有安全感。但如果他要什麼東西、覺得無聊或寂寞，而伊芙卻不在身邊時，那他怎麼辦？誰來照顧他？對他來說，整個宇宙一直圍著他打轉，從小到大都是。而現在歷史再度重演，他就像是一位蠻橫的五歲小孩，要身旁的人把注意力全放在他身上，而且需索無度。

小題大作

對情緒勒索者來說，每一次的意見不合都是一段親密關係能否延續的關鍵。當他們面臨另一半的不願妥協，強烈的失望與挫折感就會一湧而上，一個小衝突便足以讓兩人的關係蒙上陰影。不跟他們的父母吃飯有什麼大不了的？想要上堂課或去釣個魚，他為什麼要反對？對他們提出的計畫意興闌珊又何罪之有？但事實上，我們必須試著了解他們的激烈反應並非針對眼前的情勢，而是以往類似經驗所導致，這樣才能理解他們的行為。

在聽過伊芙談論艾略特的成長背景後，艾略特目前的行為模式才終於有跡可尋。原來他相信，在一位獨立自主的女人身上，他什麼也撈不到。

我記得艾略特曾經提及他父親常抱怨自己被忽略的事。艾略特的母親過去是位成功的生意人，經營一家專賣兒童服飾的公司。這家公司營運十分順利，但她丈夫卻厭惡這間公司。艾略特印象最深刻的一件事就是：他常常不知道母親在哪裡。雖然當母親在家的時候，她會把艾略特照顧得好好的，但一轉眼，母親就可能出差不在家，這個時候的他總覺得特別想念母親。大部分的時候，艾略特的父親都對這種情況很不諒解，而且會不斷地對他說：「這該死的女人，當她需要你的時候，總是會盡力討好你，但是一旦她不需要你，就會忽視你的存在。」我猜，任何人如果從小就聽這些話，可是會被潛移默化的。

艾略特想要傳達的訊息十分清楚：除非你們倆朝夕相處，否則女人一點都不可愛。雖然他也許會否認自己有這樣的想法，但他對伊芙的行為早證明了這點。對艾略特來說，女人一有任何獨立自主的徵兆，就會對他構成威脅。伊芙現在代替了艾略特母親的角色，成為他情感依賴的對象，而以前母親常因公出差丟下他和父親的記憶，就讓艾略特產生了同樣會被伊芙遺棄的感覺。每次伊芙一走出大門，艾略特那種被遺棄的感覺就會突然湧現。

在這種過度的情緒回應下，雖然很多聲音和情感都能宣洩出來，但內心的感受卻沒真正說出來。事實上，艾略特很在乎他們彼此的親密感，卻向伊芙傳達了相反的情緒。讓我們來看看，當伊芙建議艾略特可能需要專業協助來消除憂慮感時，艾略特表達了哪些感受，又隱藏了什麼情緒沒說出口。

艾略特嘴上說：「妳又要出去做妳想做的事，而我又得一個人在家——我活著有什麼用，妳一點都不關心我。」

但其實艾略特心裡想的是：「因為妳一直在改變，所以我很害怕。剛開始我還以為自己可以滿足妳，但現在不行了。如果妳去修課，就可能會找到工作，我怕妳就再也沒有時間陪我了。我怕妳會遇到另外一個更適合妳的人，我怕妳會變得獨立自主。妳不會再需要我了，而且將會離我而去。」

但是，艾略特使用的並不是以上的溝通方式，因為如果他能說出真實的感受，就不會訴諸「情緒勒索」的手段了。或許就像許多男人一樣，他羞於承認自我的需求與恐懼，認為唯一可遂其所願的方法就是大嚷大叫，對伊芙想去進修的請求，小題大作一番。

追本溯源

前面提過的那位編劇羅傑，現在就有點困惑，因為自己拒絕女友愛麗絲生小孩的提議，竟激起她非常強烈的反應。每當他不太確定自己的需求時，愛麗絲的過度反應模式就會開始運作。

你根本不關心我，你根本不願意讓我們倆的關係更親密，這怎麼能叫做「愛」？我不相信你了，我甚至不知道自己還愛不愛你！你的問題大了，沒人幫得了你。

有一晚，羅傑終於了解愛麗絲急於要求一段穩定關係的原因了，她是這麼說的：

我只相信眼前，努力把握當下。雖然我爸爸嗜賭成性，但在我看來，他的確風度翩翩。不過他也讓我知道，今天的意氣風發不代表永遠，現在的你或許穿金戴銀，但可能過一陣子就得到處躲債主的電話了。像我小時候擁有的一切，就隨時可能被搶走，包括自己當保姆賺的酬勞、別人送的禮物，任何可以典當的東西都有可能消失。甚至連父親都是來去無蹤，一出門就是好幾個禮拜。渴求安全感或是承諾，有什麼錯？對我來說，這些才有價值。難道想多要一點「愛」也不行嗎？

愛麗絲一直很怕自己擁有的東西會突然消失，也難怪她會這麼渴求承諾。就像許多情緒勒索者一樣，她用了言語攻擊的手段，好讓另一半抵抗無效。

愛麗絲的過度反應——對羅傑使用言語攻擊——來自於她內心深處的恐懼與渴望。不管把羅傑綁得多緊，也不管羅傑多麼努力配合她，還是無法填補愛麗絲內心的空虛。

經過這一番懇談後，愛麗絲終於了解自己的確對羅傑多所設限，而且除非她有所改變，不然誰跟她在一起都不會好過。所以她不再對羅傑施壓，讓彼此的關係順其自然。

顧此失彼

情緒勒索者經常藉由一些小技巧取得優勢，但這對雙方關係卻會造成不可彌補的裂痕。雖然短暫占上風似乎會讓情緒勒索者覺得自己離勝利不遠，但其實卻不盡然。

大部分情緒勒索者都是從「我想要什麼就要得到什麼」的觀念為出發點，根本沒想到這種行為會產生什麼後果，也壓根兒不會想過得到親密另一半的妥協之後，對他們本身又有什麼影響。

任何一位情緒勒索者，如麥可、艾略特、愛麗絲、傑，或是史蒂芬妮，他們很難思考到以下問題：在藉由壓力與威脅逼著家人或另一半做出妥協之際，他們的關係還剩下什麼？如果賈許真的答應了父親的要求而放棄了女朋友，那他和父親的關係會有什麼轉變？如果瑪格麗特屈服於老公的情緒威脅，而願意跟他一起去參加集體做愛活動，我認為這不啻是在他們的婚姻關係中投下一枚炸彈。

藉著假裝屈服於麥可的威脅，麗茲為自己多爭取了些時間。她是這麼說的：

> 我打電話給律師，請他暫停手邊的事過來一趟，因為我希望麥可能先冷靜下來，跟我好好討論。那時候的他看起來好和善，因為他認為我已經向他投降了，最後我會跟他撒個

嬌，就像什麼事都沒發生過。但事實是，我重新檢視了自己的感情，發現正跟我不喜歡的人住在一起，我們的愛早已消失無蹤了。

如果想要分析情緒勒索者的行為，很容易就會被他們掌控的欲望蒙蔽，而很難將事情理清楚。他們置身於自己設下的迷陣中，更不會察覺自己已經因為蠻橫行事而被孤立了。對他們來說，當務之急就是得先排除害怕遭到遺棄的恐懼感，而且不計代價。

懲罰的優勢

當我們看到情緒勒索者對於「害怕遭到遺棄」有多麼激烈的反應後，在我們心裡便逐漸成形一個更清晰的認知，也讓我們能更了解他們動機的起源。但接著問題來了：「為什麼他要這樣懲罰我？」「我可以了解他對我施壓或是語帶威脅的理由，但是為什麼只要我稍一不順從，他就得這樣傷害我？」

很多時候，情緒勒索者不只是不擇手段達到目的，還會讓受害者心情很糟。情緒勒索者不但予取予求，更用上了貶低他人的手法。而且為了強調他們所作所為的正當性，情緒勒索不但會批評我們的人格、質疑我們的動機，甚至當威脅手段無法奏效時，他們還會藉由讓我們覺得有「罪惡感」，而乖乖就範。

他們這樣做的原因在於，情緒勒索者「自己認知」的所作所為與他們的實際作為之間——如上一章提到的「二分法」——可是有極大的差距。施暴者不會認為自己在荼毒別人，反而會把自己的舉動解讀為「維持秩序」或是「做該做的事」，並且要我們知道，他們可是不能被隨便擺布的。他們自認為勢力強大而且主權在握，就算真做了什麼傷害我們的事，也管不了那麼多。

除此之外，施暴者還會把自己看成是受害者哩！事實上，越「高竿」的情緒勒索者越會扭曲事實。他們的縝密心思和自我中心，會將主觀感受到的「傷害」無限放大，並藉此報復我們的從中作梗。

這種懲罰手段讓情緒勒索者能夠採取一種主動、積極的態度，以塑造對自我有利的地位——這對於想要平息「被遺棄的恐懼感」，倒是個極為有效的方式。畢竟，在有人對你大吼大叫、威脅你或掉頭就走，甚至對你不理不睬的情況下，光處理這種情況就夠你焦頭爛額了，哪還能注意到自己真正的感受。

雖說坐而言不如起而行，但如果施暴者能夠稍微自省，就可能會為自己的恐懼和脆弱感到震驚。這倒是人類行為中頗耐人尋味的弔詭之處。那些愛發脾氣的人，心中其實是充滿恐懼的，但他們卻鮮少面對問題或想辦法消弭恐懼感。相反地，當他們無法證明自己的力量時，就會把氣出在別人身上。這樣自然會造成許多不快，讓周遭親密的家人、朋友最後都選擇離開——這更荒謬地證實了他們原先最害怕的事。

降低損失

最嚴重的情緒勒索者通常是那些已經失去所愛，或是唯恐遭到如此下場的人；這些人可能遭逢情感上的背棄，或是面對如離婚或分居等親密關係的重大改變。

還記得雪莉和查爾斯嗎？她為這名已婚男人工作，但結果這個男人竟然威脅她如果敢離開，那她的工作就不保了。

前一分鐘我還是全世界最美麗、最有趣的女人，下一分鐘我卻成了名冷血巫婆，絲毫不關心他承受的壓力以及他試圖解決問題的所有努力。這一切只因為我告訴他，我覺得我們的關係已經走到了死胡同，只有結束這段關係，我的生活才能繼續。但現在他卻告訴我，這段時間都是他扮演付出的角色，我只是予取予求——他的態度竟產生了一百八十度的大轉變。天啊，我現在做的每一件工作他都覺得不對，如果他報復我，想把我弄得很慘，那他的確是成功了。不過他怎麼能這樣摧毀我的生活？

在面對失去年輕愛人以及眼見威脅手法無法奏效之時，查爾斯做出了能讓他減輕痛苦的舉動——貶低雪莉的個人價值。如果能讓雪莉變得不具吸引力，對他不再那麼珍貴的話，他就不會覺得失落感有那麼重，畢竟要把壞掉的東西丟掉是比較容易的。另外，他也可以藉著質疑她的工作能力炒她魷魚。這種雙重的貶低手法，無疑也是雙重的懲罰手段。

對氣急敗壞的情緒勒索者來說，貶低對方是常用的招數之一，因為這不但可以減輕面對衝突時的痛楚，還能降低失落感。但是情緒勒索者一旦用上了這招，就等於傳遞了一個矛盾的訊息：「雖然你不夠好，但我願意用一切的努力來留住你。」——這再次強調了他們有多沮喪。

儘管他們心裡有一千萬個不願意，但是一旦感受到另一半有結束這段親密關係的企圖，他們就會率先發難，以維持自己的強勢地位。不正是有一個替自己留面子的策略是：「在被炒魷魚之前，我自己辭職不幹總行吧！」

為你上一課

就像父母總認為處罰有助於養成孩子的人格一樣，情緒勒索者也相信他們的處罰手段對我們是有幫助的。所以，即使傷害了最關心的人，他們也不會覺得有罪惡感或後悔，相反地還會頗為自傲。他們認為，自己正在幫我們成為一個更好的人。

第二章提到的那位「欲擒故縱者」艾利斯，就認為他不是不幫茱莉的忙，而是訓練茱莉「夠格」接受他的幫助，在他看來，他可是幫了她一個大忙。

他告訴我，把孩子送到前夫那裡對我最好。每件事都被冠上「妳不要拖累了自己」，以及「我只是想看到妳發揮潛能」的甜蜜藉口，但其實是，艾利斯不希望看到我還得分心來照顧孩子。是啊，他可真大方。

情緒勒索者對他人的汙辱和幼稚的舉動，都會被他們合理化成「這全都是為了你好」，讓你覺得事情也許沒那麼嚴重，同時，情緒勒索者可是自認替你上了寶貴的一課。當查爾斯告誡雪莉時，他可是很認真的：「妳得學學忠誠，這在這一行中非常重要。」

用情緒勒索折磨彼此的琳恩和傑夫，也都認為自己在替對方著想。「她必須學習別這樣對待別人。」在一次爭吵後，傑夫這樣告訴我。他真的覺得自己在「教導」琳恩別做個「討厭鬼」。但同時，琳恩也把自己的行為看成是對傑夫的一種訓練。「也許我把他罵到臭頭，他就會動動屁股，出門找個兼職的工作。」「有時候就是需要罵一罵他才能奏效。」

很明顯地，這樣的處罰手段並沒有達成情緒勒索者當初預設的效果，尤其是對「被勒索」的那一方而言。但是，情緒勒索者在這過程中仍有一些「可貴」的收穫：他們認為如果能讓對方束手無策，自己就能予取予求，不必再擔心受怕了。

池魚之殃

就像前面提到的，有時候當下的生活壓力會使情緒勒索者心中的舊傷復發，而這時你就成了代罪羔羊。當這樣的情況發生時，情緒勒索者的處罰手段便可能會傷及無辜，甚至完全出乎人意料之外。

麥可大概是我們看過最氣急敗壞的情緒勒索者之一。在麗茲面前，他甚至會像一頭猛獸般地發怒，而麗茲在他怒氣沖沖的指責下，簡直可以說是被嚇得直打哆嗦。我問她為什麼麥可這麼嚴厲，她沉默了一會才娓娓道來。

當我仔細想想後，發現麥可就像個隨時可能爆炸的火藥庫。從十四歲開始，他就在自家公司中辛苦工作。他們家是賣辦公室設備的，生意非常好，因此麥可根本沒時間過普通小孩子的生活。他很有運動細胞，體格也好，但他父母卻從來不准他隨便出去玩，因為他得忙著出清存貨、整理店面或是幫忙結帳。

我還記得我們第一次約會時去了趟芝加哥，他竟然曉得每棟建築物的來龍去脈。他告訴我，他最大的夢想就是要學建築，但父母不答應，他只好放棄。他是很負責任的人，我知道他有點埋怨父母，但他從來不講，不過我並不認為他就可以把這股怨氣出在我身上。

我告訴麗茲，她的想法沒錯，麥可的確沒有理由這樣粗聲粗氣地對待她，而且更重要的是，麗茲必須了解麥可的所有指控都是莫須有的。不過當麗茲再也忍不下去，威脅要離開麥可時，這樣的處罰手段將到達一個臨界點；因為害怕失去麗茲的恐懼，將會再度讓麥可想起過去遭遇的一切不順遂。

如果麥可能表達出真正的感覺，或許他會這樣說：「請不要再奪走我的夢想。從我還是孩子開始，就經常陷入失望、受傷害的情緒中——我想要的從來沒得到過，也沒有人關心過我的感受，這對我來說真的傷害很大。爸媽總是毀掉我的夢想，強迫我去做討厭的工作，我不想再讓舊事重演了。我還能再承受多少失望？」

這一番充滿感情的說詞實在應該讓麥可的父母聽聽，但在他們的權威控制下，麥可始終不敢踏出這一步。麥可承受的難過和憤怒從未消失，而是滲入他的生活中，讓麥可將憎恨的對象與所愛的麗茲搞混了。

維持親密關係

雖然這聽來有些奇怪，但「懲罰」手段反而讓情緒勒索者得以和對方保持著一種密切的關係。在需索氣氛彌漫的同時，他們知道自己正激起對方的感受，即使是負面的，也藉此創造出一種與對方「緊密的聯繫感」。也許你對情緒勒索者深惡痛絕，但只要是有關他們的事，都讓你無法忽視。尤其是在已經破碎的親密關係中，「懲罰手段」卻能讓這段關係維持著一種奇怪的感情和熱度。

艾倫的前妻貝佛莉，就曾不斷用一種令他痛苦不堪的方法來處罰他——把他們的小孩當作武器。他們倆是在一種不平和的狀況下離婚的，雖然這段婚姻讓彼此都不快樂，但只有艾倫希望以離婚收場，貝佛莉卻不願意。他們曾經試著和解，甚至請了諮商人員，但都毫無幫助。

她知道孩子們對我有多重要。當一名父親無法陪伴在孩子身旁，看著他們一天天長大時，那種感覺很不好受。我想和貝佛莉離婚，但是我不想離開孩子。剛開始她威脅我如果離開她，就再也看不到孩子了；她會搬得遠遠的，甚至離開美國也說不定。我真的嚇壞了，實在不敢再想下去。我知道有些女人會這樣做，但是天啊，只有男人才會這樣對待他們的前妻，不是嗎？

最後，事情總算得到了解決——艾倫可以探視孩子，貝佛莉也願意尊重法庭的裁決。但是，艾倫再婚後，情況卻又有了變化。

現在我遇到了另一位令我傾心的女人，但這讓貝佛莉無法忍受。我猜她或許認為只要我還是單身，我們之間就還有可能破鏡重圓。我知道她現在仍然非常痛苦，甚至想要藉著孩子挽回我們的關係。如果我遲了十分鐘去接孩子，她就會把孩子帶到別處去。我開車去貝佛莉的住處得花一小時，當然不可能每次都準時，所以上個禮拜我就又等上了一個半小時。她把孩子帶回來的時候還對我說：「我又不可能一直在這裡等你，我怎麼知道你會不會出現？」她要什麼我都得聽她的，而且不准抱怨。如果我要重新安排某件事，她就會大發雷霆。要是我遲付了一天贍養費，她就會打電話來威脅我法庭見，還說要取消我探視孩子的權利。天呀，我們現在說的話比結婚那時候還多！

艾倫的前妻直到現在還不肯放手。其實不管是男人還是女人，許多離婚的情緒勒索者都會拿孩子來當作武器，以便和對方保持情感上的聯繫。從法律上來看，艾倫和貝佛莉是離婚了，但要真正完成實質上的離婚，還有得等。

利用孩子做武器可以說是情緒勒索中歷史最悠久，也是最殘酷的方法之一。雖然在彼此情感聯繫十分緊密的情況下，這種手法最能奏效，但也會讓過去最親密的人被禁錮在一場可怕的戰爭中，沒有人得以全身而退。

問題不在你

想逃離情緒勒索者的心理攻勢，最重要的是要體認一個事實：雖然所有的情緒勒索情況看來都是肇因於你，但大部分狀況卻**跟你一點關係都沒有**。相反地，這都是情緒勒索者為了尋求安全感的舉動。而且這些大部分讓我們深感不快的責難和自以為是——讓我們不得不屈服於情緒勒索者的壓力下——都是沒有根據的。這些指責完全是根據我們內心的恐懼、憂慮，以及不安全感而來。同時，這些情緒也存在於情緒勒索者的心中。很多時候，他們的問題都是來自於過去而非現在。而且，滿足他們的需求，往往比傾聽他們提出的指責更重要。

這當然不是說造成「情緒勒索」的過程中，我們完全沒有責任，畢竟一個巴掌是拍不響的。接下來就讓我們檢視在這樣的過程中，肇因於「我們」本身的一些因素。

第六章　一個巴掌拍不響

就像合唱或雙人舞一樣，情緒勒索不是獨腳戲，如果沒有另一方的「主動參與」，情緒勒索是無法發揮效用的。

我知道一般人不會這麼想，而且在這種情境下，採取防禦態度是很自然的事。因為把焦點放在別人做了什麼，總是比承認自己做了什麼，要來得容易。但是為了打破這種情緒勒索的依存關係，我們必須把注意力集中在自己身上，找出那些不知不覺中引導我們置身於情緒勒索情境中的要素。

請記住，當我談到「主動參與」時，並非暗示是「你」誘發或造成這樣的事件，我指的是你「默許」這樣的事發生。或許你根本不了解某些要求是不合理的，或者你只是在盡一名好太太、好員工，或是聽話兒女該有的職責，但這樣潛移默化的結果卻會讓你將別人的喜惡標準照單全收。

或者，雖然你已經警覺到情緒勒索的存在，卻自認無力回天。因為情緒勒索者的壓力讓你被迫表現出制式回應，絲毫沒有自主空間。但請務必記住，並非所有人都會屈服於情緒勒索，如果你選擇屈服，我會幫忙分析你這樣反應的原因和理由。首先，請先想想下列問題。

面對情緒勒索者對你施加壓力時，你是否：

- 因為屈服於他們的要求而苛責自己？
- 常常感到挫折和憤慨？
- 覺得如果不答應別人的要求會有罪惡感？
- 擔心你們的關係會因為你不讓步而生變？
- 即使另有別人可以幫忙，但你總是大家唯一的求助對象？
- 相信自己對別人的責任，要比對方對你的責任更重要？

只要以上有一個肯定的答案，你面對壓力時的方式就會為情緒勒索塑造出一種有利的情境。

情緒鍵

有些人無論有多聰明、多理智，就是無法抗拒他人的情緒勒索，但是也有人卻能輕易地回絕，這是為什麼呢？答案就在於我們的「情緒鍵」，也就是人體內促使情緒形成的神經束細胞。每一個情緒鍵都隱藏著豐富情緒，諸如悔恨、罪惡感、不安全感、脆弱等。這些細胞是由我們的氣質及從小到大所感受、經歷的一切所形成。如果仔細觀察的話，每一個節點都會顯露出我們人生中鮮明的一頁。比方說，別人是如何對待我們、我們的自我形象為何，甚至過往經驗如何對自我造成影響。

而且，雖然儲存在每個情緒鍵裡的情感和記憶會隨著時間漸漸消逝，但是當現實生活中的事件勾起那些長期被掩蓋的記憶時，它們同樣能使人們不經意地記起那些深藏心底的抽象情緒，促使做出相同的反應。

人們或許無法回憶起到底是哪些記憶及經驗形成了目前的情緒鍵，而且當記憶被勾起時，情緒和經驗的因果關係也很難分辨。但是，如果你對我們豐富的情感從何而來、又會引導我們走向何方感到興趣，不妨探索一下自己的情緒鍵，也許會因此更了解自己。

為情緒勒索者提供路徑

長期以來，情緒鍵一直左右著我們的情緒，使許多人的生活都繞著它打轉。不過事實上，人們在面對情緒鍵的話題時，最常採取的態度卻是「敬而遠之」。這或許很難理解，卻也不知不覺地揭露了隱藏的自我。因此當我們小心翼翼地看顧著情緒鍵時，我們也正一筆一畫地描繪出它們的位置以及代表的意義。

我們很清楚周遭朋友的情緒變動，因為可以很明顯看出哪些事讓他容易生氣，或讓他一肚子氣無法發洩。但通常我們不會利用以上的情緒觀察來操縱朋友，以達成自己的目的；同樣地，情緒勒索者也不會輕易使用。但是，當他們感受到不安或是遭到拒絕時，那種被剝奪的恐懼感便會一下子湧上心頭，讓他們完全不顧情面，轉而利用這種觀察來保障他們的安全感及優勢地位。

易於被情緒勒索宰制的特質

人們為了不使自己輕易地被情緒鍵所操控，於是發展了一系列的人格特質。但因為這些特質原本即存在我們的內心，所以當它們剛開始抵抗那些令我們恐懼的事物時，並不容易察覺到。但只要仔細觀察，我們將發現這些特質和情緒鍵都有密切的關係。諷刺的是，正是這些極具「保護色彩」的特質，使我們能進一步了解情緒勒索的真相。它們可歸納為下列幾點：

- 極需要別人的認同。
- 害怕別人生氣。
- 希望無論在什麼情況下，都能維持表面的平靜。
- 容易為別人的生活負一些不必要的責任。
- 極端缺乏自信，或經常懷疑自己的能力。

如果程度減輕一些的話，以上特質基本上都沒有壞處。事實上，如果這些特質沒那麼極端的話，其中有些特質甚至是非常正面，值得鼓勵讚揚的。然而，一旦它們開始控制我們，和我們心中那股醞釀智慧、思想及信心的力量互斥時，就會使我們面臨一些微妙但巨大的改變。

當我們檢視這些特質及行為模式時，便會注意到許多行為只是反映過去的情感。我們同時也會了解到，原本深信能保護自己的行為模式，卻常反過來背叛我們。以下將針對上述五種特質一一舉證說明。

依賴贊同者

希望在意的人認同自己，是一件很正常的事，因為我們都想得到善意的回應。然而當我們像上癮似地渴望這種感覺時，就會很容易受到情緒勒索者的影響。

還記得前面提到的個案莎拉吧！她總是必須不斷地向男友法蘭克證明她的忠誠，每當她通過考驗時，便享受著男友的讚美；但只要她稍有反抗，法蘭克的冷酷卻又讓她感到很挫折。因此，她必須藉由屈服於法蘭克的壓力以持續得到讚美，即使他要求她做些違背原則的事。

我受不了法蘭克對我失望。如果我說不想花整個週末來油漆房間，他就會搖搖頭走出房門。我追出去的時候，他就會接著說不敢相信我這麼嬌寵和幼稚。這讓我害怕，我只好走進房裡穿上舊衣服、手上拿把刷子，他才會對我微笑再給我一個擁抱。這個時候，我才會如釋重負。

莎拉改變了她自己。我們說過，渴望認同是很正常的，但依賴贊同者的人卻需要持續的認同。對他們來說，如果得不到認同便是失敗。只有當別人認同他們時，他們才會感到自在、有安全感。依賴贊同者所奉行的圭臬是「如果得不到贊同，那一定是我做錯了什麼。」或是更糟的，「一定是我哪裡不好，別人才會不贊同我」。

當法蘭克表達不滿時，莎拉低落的情緒反應出她對贊同者的需求以及得不到認同時的恐懼。這樣的恐懼感可以對照到小孩子身上，因為他們通常認為失去認同的結果是很悲慘的。「如果我做了父母不喜歡的事，爸爸就會對我生氣不再愛我，甚至離開我，那我就會孤單地死去。」

莎拉漸漸發現，促使她將別人的讚美視為生命動力來源的主因，並非完全受到父母的影響，反而大多是祖母對她的態度使然，因為祖母以前常常在父母忙於工作時照顧她。

天啊！她真是難纏。她就住在樓下，每天下課後我都會到她家去。她總是不斷批評我，說我又吵又懶，又說上帝不喜歡懶惰的女孩。我相信她不是有心要說這些給我聽的，但我也相信在她小時候一定也有人對她說過這些荒謬的話。這些話真的把我嚇得半死。她曾教過我一句俗語，但我從沒放在心上——「好還要更好，要不斷向上，直到你做到最好」。

在莎拉的人格塑形期，她從祖母那裡學到了很多事。有些對她的人生有幫助，但大部分卻是沒有意義的。她發現，只要得到祖母的贊同，她就是好女孩，也就能平安無事；但她也知道，對擁有完美主義性格的祖母來說，她怎麼做都不夠好。因此，完美對她而言一直是遙不可及的。

莎拉和法蘭克在一起的感覺是，她會無法克制地取悅他，因為她害怕法蘭克不認同她，這幾乎已成為她生活的一部分。這就是典型的依賴贊同者會有的恐懼，很明顯地，有人觸發了情緒鍵。

當我們還小時，常需要大人們給予讚許，這種影響會一直持續到我們能照顧自己後才漸漸減弱。然而在莎拉家，能否得到讚許是來自小孩的表現，因此才造成她貪婪渴求別人認同的個性。當法蘭克不贊同她時，莎拉的這種個性便會被喚醒，儘管她也知道自己無法達到每個人要求的標準，但她還是會盡力嘗試。

莎拉最大的問題來自於太在意法蘭克對她的認同與否，而瑪麗亞則是為了維持婚姻，一直忍受其他人加諸在她身上的壓力，甚至當先生和別的女人勾搭時，她還因為怕別人說閒話而盡力維持婚姻現狀。

我的親朋好友都沒人離婚，這聽來似乎有點老古板，但我就是一個老古板的人。我也不認為這樣有什麼不好，所以我無法忍受別人說我不能維持婚姻。我更不能想像如果離開傑的話，會發生什麼事，還有別人會怎麼想。我的生活會因此破碎，他和我的父母、小孩，甚至牧師都會唾棄我，他們會認為我沒有勇氣捍衛這場婚姻。

在瑪麗亞努力和傑相處的過程中，傳統家庭的包袱及親友的壓力，似乎一直在逼迫著她，讓她別無選擇，因為她相信離婚悖離了她的原則。而當我和瑪麗亞談過後，她才了解以往深信不疑的信念一直不斷地在加重她的負擔，這些甚至不是她自己的想法，她對完美家庭的定義應該遠比「避風港」來得深刻。

對瑪麗亞而言，這樣的發現讓她如釋重負，但她卻不願意再深入去釋放內心未被發現的真實信念，因為她還得維持家庭、親戚、朋友和鄰居們對她的認同。這位有不錯的工作、家庭、兩個乖巧的小孩，而且十分活躍在教會和社交圈中的女性，只要一想到別人可能不認同她時，便會開始手足無措。我們花了好幾個星期去深究，為何她如此渴望認同，瑪麗亞也陸續回想起一些中學時代發生的事。

我一向都是公認的好學生，但在學期末的某天，我的男友丹尼提議翹課偷溜去海邊玩，他說一定沒有人會發現。我們真的去了，之後我也沒把這件事放在心上。直到幾天後，父親突然問我有沒有事忘了告訴他，一時之間我什麼都想不起來，父親說他不敢相信女兒會對他說謊，便又問了我一次。

我的心開始怦怦跳，但我不敢承認。在我沉默片刻之後，父親便用非常低沉的聲音對我說，學校已經通知他我做了什麼好事。我覺得非常愧對他和家人，當天我不但在晚餐時向大家道歉，還為父親星期天的成人教育課程準備一篇名為「誠實重要性」的講稿。

我屈服了，做完所有父親要求的事，但我永遠也忘不了那種羞辱和孤立感，就像是在臉上烙印著「騙子」兩個字一樣。幾個星期之後，別人才再度以正常的眼光來看待我，那大概是我生平最後一次的逾矩經驗。

這個結局讓瑪麗亞了解到，逃學和背叛學校、家庭的後果。

原本家人、鄰居支持我的力量就在一瞬間瓦解了，似乎只要我不取悅他們，這種支持就會被抽回，而我必須努力再努力才能再得到他們的贊同。

這並非一個恰當的訊息，但卻是瑪麗亞奉行不悖的意念——也就是倚賴別人的贊同來衡量自己成功與否。因此在她考慮抗拒傑施加在她身上的壓力之前，她必須先克服那已盤據心中三十多年的想法，因為這想法非但對她沒有幫助，也無法改變她對人們不贊同自己時所做出的回應。

只要有可能引起「任何人」的輕蔑，依賴贊同者就不會去實行心中真正想做的事。舉例來說，伊芙甚至不能忍受櫃員對她皺眉頭，因此就像大多數人一樣，只要站在櫃檯後的小姐讓她感到有罪惡感，伊芙就會打消退還商品的念頭，她甚至無法忍受陌生人的否定。

爭論平息者

許多人似乎都將「我不該生氣」「不該讓別人對我生氣」奉為圭臬，因此一發現別人有不贊同的意見時，都希望藉由達成共識讓場面冷靜下來，以免情緒失去控制。

在一些敏感的情境下，爭論平息者總是會採取冷靜和理性的處理方案。然而長期下來，這種認為「沒有什麼比爭吵更糟糕」的想法可是大有問題的。因為這會使得他們害怕和別人發生爭執，即使對象是朋友，他們也害怕會產生無可挽回的傷害。他們說服自己，退讓是讓情況變好的一種溫和協議。

理性的聲音

麗茲正在和丈夫麥可進行抗爭，他具有積極施暴型情緒勒索的特質，她則有溫柔嫵媚的聲音，也具備了冷靜理性的態度，以至於不了解她的人實在難以想像她生氣的樣子。不過當我提到這一點時，她卻笑著說：

那只是我裝出來的樣子罷了，是小時候從哥哥姊姊身上學到的，他們有人因為在媽媽生氣時回話而遭到處罰，有的則因為不反抗而逃過一劫。我從中學到安撫人們就像安撫動物一樣，只要溫柔地安慰和交談，不要使他們感到不愉快就可以了。也因此，在工作上，同事們對我的評語總是「不慌不忙」或「在壓力下也能表現良好」，所以我也自認為像那些懂得拆解炸彈的人一樣，有著排解壓力的天賦。我欣賞自己的個性，簡單說來，我不怕憤怒，我知道自己可以處理得很好，不會失去控制。

當麗茲在描述自己時，她的態度是充滿自信的，因為「冷靜」「溫和」「鎮定」「在壓力下表現正常」等詞彙已經被她內化到性格中，所以表面上看來，這些似乎是她自然散發出的特質，但很顯然地，她和麥可相處時並非如此。她說：

我之所以會愛上他，正是因為我們如此不同。他隨時充滿精力、個性外向直率，是一個標準的熱情主義者；而我的個性則較為溫和，不愛出風頭。雖然我們相處的時間並不久，但我想自己總能事先知道他什麼時候會生氣，就像我之前所說的，我認為自己知道如何處理憤怒。雖然這聽來有點可笑——我嫁給一名發狂的瘋子，心中其實怕得要死，卻又不斷說服自己能控制對方的憤怒！嗯，我原本真的自認可以，但事情卻完全失去控制，我也受到了打擊。我所做的每件事，像是撫慰、道歉、溫存，似乎都使他更加生氣，而我卻完全不懂到底是哪裡出了差錯？

麗茲花了大部分時間琢磨如何與他人相處，其中很重要的一點是，現在這個社會尊重那些能控制脾氣的人。麗茲溫柔的聲音、態度和處事方法，成功地幫她遠離憤怒，以至於她錯認自己是不會恐懼憤怒的人，因為她知道如何化解。曾經有很長的一段時間，她認為只要自己保持平靜，麥可便會變好，也就可以和他講道理。所以她告訴自己，生氣沒有意義，即使麥可擺明要欺負她，她也仍會設法訴諸於理。

然而，當麗茲發現那個她熟悉的技巧在麥可身上並不管用的時候，她有種無計可施的挫折感。面對麥可不斷對她施加壓力和威脅，隱藏在心中那些充滿憤怒和衝突的童年經驗，開始影響到麗茲的認知。她小時候就下定決心不要去碰觸那些早已怒髮衝冠的人，否則就會傷害到自己，她甚至會選擇離開。「千萬不可惹惱別人」的想法限制了麗茲的選擇，讓她從來沒有適當地表達過憤怒。一旦她唯一的策略失敗後，麗茲的憤怒與挫折便會跟著釋放出來，危機也因而形成。

除非她能重新審視自己對憤怒的感覺，並且找出其他的解決方法，否則永遠會受到麥可這種人的傷害，而她自己受到壓抑的情感也會快速崩潰。

憤怒的另一面

還記得第一章提到的文學教授海倫嗎？她自認找到了一位最合適的男友。因為海倫對憤怒很敏感，所以她有計畫地挑選那些她想相處的人，尤其是伴侶。

我絕不想跟會對我大聲吼叫的人在一起，因為我父母在我小時候相處的情況，已給了我充分的示範。我父親波普是很叛逆的人，並不適合軍隊的生活，所以升遷緩慢，入伍二十多年都只是一名文書處理員，但他又無法忍受嘲諷。據他說，那些比他早升遷的人只是因為很會順應上意。所以，他常充滿挫折地回家對媽亂吼亂叫，而我母親也會和他爭吵，接著他們就會用力甩上廚房的門，在裡面吵架、亂丟碗盤瓶罐。這真的嚇壞我們小孩子了，我不知道接下來會發生什麼事，而哥哥會跑到他房間大哭，我們會一起推他的床頂住門，不讓外面的吵鬧聲跑進來。情況更糟時，父親會離家幾天再回來。這雖然沒對我造成什麼真正傷害，但我真的不希望這樣的事情再度重演，一下這樣、一下那樣，這早已使我精疲力竭了。

因此，當海倫長大後，她避免憤怒的方法是盡量不和會生氣的人相處，而這也呼應了她小時候處理這類事件的方法：跑開、躲起來，直到事情過去。但她失算的是，憤怒是人的天性，無論她如何努力，還是沒辦法找到一個沒有憤怒的地方、不會憤怒的人。

當我第一次見到吉姆時，我以為自己在作夢，他是那麼安靜、溫柔，常常寫些小紙條給我或為我做幾首歌，這正是我要的浪漫感覺。我甚至無法想像他生氣的樣子，於是我告訴自己就是他了。但俗話說得好：「別說絕對不要，可能來的就是這一款。」唉！現在我總算了解這句話的意思了。

或許大家會認為要讓我屈服的方法就是大吼，因為這聽來滿合理的。但吉姆的行為卻正好相反，他生氣時會變得更安靜，不說到底發生了什麼事——事實上，他完全不發一語。我甚至希望他能對我大叫，這樣我才能知道到底哪一點讓他不滿。但情況卻一發不可收拾，他的態度冷淡，完全無法溝通，而我就像是在北極上漂流的一塊浮冰，無依無靠。

我實在無法忍受他生氣時那麼安靜冷淡，因此就算我要離開他獨立自主，我也要將他從象牙塔中拉出來。

就像一再發生的情況一樣，她不得不向情緒勒索者妥協。

我幫海倫重新評估她處置憤怒的方式，接著將重點放在如何從生活中找到可以宣洩情緒的時機，這使海倫得以改善和吉姆的關係。詳細過程我在下一章會做進一步說明。

沒有人喜歡憤怒，但如果我們認為自己總是得想盡辦法來弭平爭端，那麼，我們面對憤怒所能採取的行動範圍，便如同一條繃緊的繩子般無法伸縮，而這同時也告訴了情緒勒索者，他們將能對我們予取予求。

自責者

我鼓勵人們為所作所為負起責任，但很多人卻認為還必須替不是自己引起的爭執，或是周圍的人所遭遇的問題負責，即使他們和這些問題一點關係也沒有。而情緒勒索者便善加利用這種想法——事實上，他們還會要求我們同意接受以下的情境：一旦他們不高興，我們就是問題所在，而且只有一切順從他們，才能解決問題。

莫名的遷怒

伊芙的生活，因為艾略特在爭吵後服下過量藥劑而變得支離破碎。艾略特在醫院觀察了幾星期後回到家，便開始責怪是伊芙帶給他這些痛苦、問題和恐懼。

艾略特變得好陰沉，一直責怪我，說一切都是我的錯。他說：「妳看，現在他們要把我送到精神病院去了，接下來我會自殺的，這下你可高興了吧！現在我有這種紀錄，大家都會排斥我了。」這一切真是太恐怖了，似乎真是因為我才使得他必須承受這些痛苦。

無論由任何客觀標準來看，艾略特的行為都是十分荒唐滑稽的，而他的指控更是牽強附會。但是像伊芙這樣聰明的年輕女子，竟將他的話奉為圭臬，才更令人難以置信。但事實是，她的確深信不移，她相信所有他指控的事都會發生，而所有的錯都是她造成的。

當我問到為何她會相信這種責難時，她便立刻談到她與父親的關係。她說：「父親常把死亡的話題掛在嘴邊，我想他可能為這件事深感困擾吧！」接著，伊芙描述一段在她八歲時所發生的故事。

我永遠忘不了那天，父親開著家裡那款舊龐帝克汽車載我，開著開著，便停在一個十字路口前。我看著窗外其他小孩在院子裡玩耍，父親卻突然轉過頭對我說：「妳知道什麼事最重要嗎？」

我疑惑地望著他，他又說：「如果我現在突然心臟病發，妳知道該做些什麼嗎？不知道吧？妳不知道該怎麼辦，但我卻會在妳面前死去。」說完他繼續開車，接下來我們倆都沒再開口說話，我低著頭數著裙子上的小花點，並盡量不讓自己去想任何事。

當然，那時的伊芙的確在想，父親的指責是在暗示或引導她什麼嗎？那似乎是說她已經八歲了，應該可以救她父親，但她有能力這樣做嗎？萬一父親死了，伊芙是否要因此受到責難？對她而言，家庭是生命的全部，如果家庭破裂，那整個世界也就失去意義了。

她說：「過去在家中最重要的事是，如果不對父親好些，他就會死去，而我對此也深信不疑。」伊芙父親的行為看來十分怪異，對小孩而言更是嚇人。然而在伊芙將如此怪異的行為視為理所當然後，她又怎能客觀評斷艾略特的行為呢？

她和父親相處的經驗在她心中種下了接受責難的種子，進而影響到她現在的生活。雖然我們不能總是將幼時經驗與成年後面對責難的態度直接扯上關係，但在伊芙的例子中，這樣的相關性卻是很明顯的。

亞特拉斯症候群

有亞特拉斯症候群的人，總是深信他們必須獨自解決所有問題，並把自己的需求放在最後。就像希臘神話中反抗宙斯失敗而受到懲罰的亞特拉斯一樣，他們將世界的責任全扛在肩上，並且要求自己配合其他人的感覺和行動，希望為過去或未來的罪過贖罪。

再來談談之前我們提到過的凱倫，她在年輕時就有亞特拉斯症候群的症狀，而這起因於父母的離異。

當父親離開後，母親似乎陷入完全的孤獨，因此我必須負起所有的責任。因為母親的家人都在紐約，而我們住在加州，而且她只有一、兩個密友，所以我們總是相依為命。

我記得事情大約發生在我十五歲時，那個除夕夜我正好有個難得的出遊機會，但之前母親和我早已計畫當晚要一起吃晚餐、看部電影。因此在聖誕節那天，當好友邀我一同出遊時，雖然我很興奮，但卻覺得有點罪惡感。於是我把這情形跟一位阿姨討論，她說如果母親知道我有這麼好的一個機會，一定不會叫我放棄的，叫我放心去約會。

後來我鼓起勇氣向母親說當晚我要去約會，雖然她傷心地含著眼淚說，她那夜不知該如何度過，但最後我還是去了，而我也玩得很盡興。但是當我回家，看到母親頭疼得躺在床上呻吟時，一股罪惡感頓時湧上心頭，我知道如果我沒出去的話，就不會發生這種事。雖然我並不想犧牲自己的生活，但更不想像現在一樣再傷害我媽。

雖然凱倫只有十五歲，但她卻必須讓母親依靠她，因為如果她不照顧母親，還有誰會照顧她？正因如此，她從未想過要好好照顧自己。而且，假如凱倫沒達到母親的標準而使她生氣或受到傷害，她可能也會離開凱倫。

起初，我真的不知道該為母親做些什麼，但有天我突然想到有件事或許會有幫助，我拿起筆寫下一封信：「我在此對母親承諾，等我長大後會使她生活愉快，並且幫她認識許多有趣的朋友，愛妳的凱倫敬上。」當天下午我把信拿給她看，終於讓她露出久違的笑容，還說我是個好女孩。

我們許多人都擔負著責任要維持其他人的好心情，這是一項很重大的任務，不過卻得不到對等的回報。幸好凱倫找到她的力量，知道要如何使母親快樂，進而保證她的生活不會崩潰。

亞特拉斯傾向是顯而易見的，因而凱倫的女兒梅蘭妮在看到母親如何回應祖母和其他人後，也不斷提醒母親多年前那場車禍帶給她的痛苦，向她母親發出情緒勒索的信號，而這也是梅蘭妮會引發責任情緒鍵的關鍵。

梅蘭妮和我非常親密，所以我非常了解，要和她冷靜地討論這個計畫是很困難的。如果不是因為這場車禍所造成的創傷，我相信她會是更堅強的人；我是一名護士，很了解痛苦的感覺是什麼，我希望能使她遠離痛苦。但是既然我做不到，我就只好保護她，這是我身為母親的職責。我不喜歡她加在我身上的壓力，但又希望她能擁有我所沒有的事物，我非常愛她以及孫子。但妳能想像當她生氣時，竟然會威脅不讓我見他們嗎？我們這個家庭必須團聚在一起，而如果我是那個能整合家族的靈魂人物，我會盡力去做到最好。

就像其他具有亞特拉斯症候群的人一樣，凱倫不知道她對其他人應負的責任也該有一定的範圍，因為長期以來，她一直認為自己該為所有人負起全部的責任。

但是「責任」和「責難」常一併出現，要分辨兩者間的界線其實不太容易。我試著和凱倫研究要如何不再反射性地回應其他人，不要再說「妳是對的，一切都是我的錯，我應該補償妳」這類話。這是她第一次嘗試在生活中挪出一些時間來滿足自己的需求，進而正確地認知她該對其他人的事負多少責任。

濫用同情心

憐憫和同情會激發人的善良本性，甚至是高貴的行為，因此對於缺乏這些特質的人，我們也經常不假辭色。一般人很難想像，其實這些特質會帶來一些麻煩的。因為同情心會轉變為無可救藥的憐憫，讓我們為了其他人而放棄自己的利益。想想看，我們是不是常說「因為我覺得對他有虧欠，所以離不開他」，或「一看到她眼淚滑落臉龐，我就無法拒絕她」，甚至是「一想到她曾經歷過那種可怕的生活，我總是會先退讓」這類的話？我們會盡力了解別人情緒上的需求，並盡力協助。

但是，到底是什麼力量會讓某些人同情他人的問題和遭遇，並適時伸出援手，而有些濫好人卻會不顧一切阻止痛苦的發生，即使必須犧牲自我尊嚴和健康？到目前為止，我們知道根本原因是有一個情緒鍵在運作，我們才會有一股主動回應和採取行動的衝動。

憐憫的力量

我們在第二章中提到的佩蒂，從小她的家庭就沒有太多歡樂，而且她母親甚至經歷過一段相當沮喪消沉的生活，常獨自一人關在房中好幾個小時甚至幾天。佩蒂常半開玩笑的說，在她童年時，母親幾乎都在睡覺。但她也記得，自己一直有意識到母親的存在，並且盡量保持安靜不去打擾她：

我的個性相當獨立，但我仍然很擔心她，畢竟別人的母親不會一天到晚都在生病，可是似乎最輕微的打擊都會對我母親造成傷害。長期下來，只要在她房門外聽著裡面的聲音，我就知道她是睡著或醒著，甚至能知道她睡得好不好。如果她睡得好，我就會探頭進去看看她，然後聽聽她的呼吸聲，確定她真的沒事。這就是父親不在時我最重要的例行工作。

對濫好人而言，這是相當典型的情境。當我們接近那些有生理或情緒需求的親人或朋友時，我們便會對那些小線索相當敏感，無論是睡眠、微笑、語調的改變等，都變得深具意義。而我們也很容易像佩蒂一樣，學習能分辨沉睡者呼吸聲的差別。然而，像佩蒂這樣一位小女孩，在面對這種情境時是難以做出什麼改變的。

正如之前提到的，許多成年人在處理事情時的態度跟小孩差不多，而且也常見到有人套用孩提時的經驗，以確保行為的正當性。但現在我們有能力來重新修正這些經驗了。

妳知道那句俚語「嫁給跟父親一樣的人」嗎？而我嫁給了母親！事實上，喬並不像我母親那樣病懨懨的，我也因為他那充滿精力的樣子而愛上他，但他非常情緒化而且喜怒無常，當他心情不好回到房裡躺著嘆氣的樣子，就常讓我想到母親。每當他這樣做的時候，過去的種種便會重回眼前。因此喬總是說我善體人意，當他看似憂慮時，我總是能一眼看穿，或是一針見血地指出問題所在。當我們剛在一起時，我還滿喜歡那種契合的感覺，然而他卻漸漸要求我要完全了解他的心思。

和他相處就像跟小孩在玩具店一樣，你知道有些小孩總是在店裡拿著我們不想買而且又昂貴的玩具緊握在手上把玩，當你把東西放回架上時，他們的表情似乎在說你奪走了他們最好的朋友。但我卻會為了取悅小孩而買下那個該死的玩具，這是不是有點可悲呢？

要當一位濫好人，帶給受苦難的可憐人心靈快樂是不容易的，你得付出很大的代價；能將瀕臨絕望深淵的人救回生命的岸邊，那更是奇蹟。幫助其他人的愉悅，常使人們忽略那些引起同情的行為，經常是經過巧妙安排的；彷彿只要給那些悲情者想要的事物，他們就會得救。

因此，即使一些善良的人願意答應某些悲情型情緒勒索者的請求，但是於此同時，他們卻會感到更無助，因為他們完全忽視了自己的需求。

好女孩症候群

當柔依回想成長過程中可能形成情緒鍵的時期，她並沒發現什麼異常，因為根據她的說法，她的童年非常愉快，家庭也很和樂。

我唯一的缺點就是我不像其他女孩般文靜，我相當有競爭心，喜歡勝利的感覺，但這點卻常惹惱我父母。當我在學校表現不錯時，他們便會說我愛表現，這使得姊姊學會不要太顯露自我，但我就是克制不住，雖然家人總說以我為榮，但他們也認為我過度引人注意，實在不是一個淑女該有的行為。

因此柔依這些年來一直保持低調，試著不在這個女權意識不健全的環境中表現得太過搶眼，但她的工作表現卻仍令人印象深刻。雖然她從不期望自己能成為經理，但現在已有十個人在她手下工作。

對女人而言，這條路走來備感艱辛，對我來說更是如此，因為我曾發誓要做一些不一樣的事。不過我相信，在這個充滿競爭的世界中仍有親切感和同情心存在。我總是要求員工把我當成朋友，因為我無意表現得位高權重，或對員工炫耀我的成就。畢竟我們是同事，不是主僕關係，誰規定當你高昇時一定要變得冷酷無情？

柔依總是以在可能的範圍內幫助他人為榮，這讓她覺得自在，也讓她有「高貴」「具同情心」「難得的好友」等稱號。她心甘情願地扮演一個濫好人的角色，而且她也不願捨棄那些在她奮鬥過程中具有的特質。

她決定當個好老闆，和員工交朋友，特別是泰絲。這兩個女人也常一起吃晚餐、看電影。因為這樣，在泰絲面前她很難維持老闆的樣子，因此也無法拒絕她所說的任何事。就像查爾斯和雪莉一樣，就算不為愛情而是友情，一旦公私不分，關係通常都會變得非常複雜，也常沒有什麼好結果，尤其有一方位居上位時，更是如此。

在查爾斯和雪莉的例子中，老闆是情緒勒索者，這是一個典型的情境。但在柔依的例子中，老闆有著敏感的情緒鍵，卻使她輕易地成為被員工情緒勒索的對象。

她總是不斷要我讓她獨挑大梁，她說既然我們都是朋友了，我又怎能拒絕她呢？當我試著和她表達我應該秉公無私時，她總是說我太注重權力關係，這樣下去會變得自大、獨裁。唉，這論調對我來說太熟悉了，我不希望別人怕我或認為我不通情理，但這樣下去快把我逼瘋了！

柔依並未將內心衝突的兩部分做適當處理，以至於她一方面追求成就感，另一方面卻又太在意她關心的人。柔依深受「好女孩症候群」之擾——這個問題也困擾許多現代女性；她們一方面希望自己能擁有並且發揮那些使她們成功、握有權力的特質，另一方面卻仍希望被人喜歡，不希望遭他人排斥。正因為柔依無所適從，所以她對情緒勒索者毫無戒備，也讓泰絲得以趁虛而入。

柔依對泰絲而言是一個情緒垃圾桶，因為她能容忍泰絲喋喋不休的抱怨。當柔依有要事而無法照顧泰絲的需求時，泰絲便會說：「可是這件事只有妳能幫我，沒有妳，我一定辦不到。」這句話對柔依很管用，因為這是柔依獲得別人關愛的方法：細心且溫柔地照顧別人，並在別人需要時隨時伸出援手。然而對排斥情緒勒索者的人而言，這種話非常刺耳。我們的結論是：柔依應該要把自己也納入需要同情的範圍內才是。

自我懷疑者

能認知到人非聖賢，難免會犯點小錯，但這樣健康的自我評價常會變成自我貶抑。

在面對他人的批評時，剛開始我們總會加以否認，但漸漸地我們會覺得，是不是自己的感覺或標準需要加以修正。畢竟，如果是一位重要的人在批評我們，我們怎麼可能加以反駁呢？因此我們常不相信自己所見、所體驗的，而且對自己的想法、感覺，以及洞察力也會多少打點折扣，反而依賴他人的意見來決定自己該怎麼做。

這種情形經常發生在我們和權威人士的互動之中，尤其是父母，因為「父母總是懂得比你多」。但若戀人或朋友中有情緒勒索者的存在，這種情形也常發生在他們的關係裡。我們賦予這些人權力、智慧，並且相信他們比較聰明，能做得比我們好。我們或許不怎麼欣賞他們的行為，而且他們或許也老是要求我們做這做那的，但由於缺乏自信，所以我們習慣屈服，從不質疑他們需求的真實性。（這特別適用於那些受到早期觀念影響，而自認是受情感控制、無法分辨事情輕重的女性，因為她們總認為男性比較理智，善於思考。）

如果我們一直不相信自己，總是認為他人比我們有智慧、更聰明，那他們便會很容易使我們自我懷疑，因為情緒勒索者總是知道該在哪裡大做文章。

自覺危險

自我懷疑論者常會說：「我所知有限，沒辦法弄懂所有事。」當我們覺得不舒服或是受威脅，而且覺得無法改變現況時，我們就會認為自己無法面對必須的改變。

對芮貝塔而言，將事情藏在心中是非常痛苦而且困難的，因為她曾遭受父親非常嚴重的毆打，家中又不准她將家醜外揚。她說：「大家都說是我不對，萬一他們說的都是真的，那我該如何是好？只有我認為自己是對的！但如果這一切都只是我的想像呢？只是我誇大其詞罷了？」

暴力受害者常藉著自我懷疑來將自己和過去的痛苦隔絕，常見的說辭有：「或許事情沒我想的那麼糟」「或許是我反應過度了」「或許一切根本沒發生過，這只是一場夢」等。芮貝塔需要重回現實。

> 我不能因為這樣而失去家庭，我一生都希望能做些對家人重要的事，讓他們能注意到我，但一切卻徒勞無功。哥哥是父母的心肝寶貝，因為他是第一個兒子。而我出生時卻是個小胖妞，我父親對此完全無法接受，他從來都不喜歡我，我所做的事都是錯的，而且根本沒有人相信我。我只是做我自己罷了，但他們卻因此而恨我，再這樣下去我一定會瘋掉。或許他們說的都是對的。

在家庭的壓力下，芮貝塔必須決定是要宣布這個家醜，或是繼續遭受家人的排擠，現在她的生活已經完全被扭曲了，因為她成了家族的代罪羔羊。

在家族中有一個格格不入的成員是常有的事，芮貝塔成了家中反對和祕密的聚集地，她也必須接受隨之而來的責難、緊張和罪惡感，來確保家族中其他人的心態平衡。因為這樣，家族其他成員才不用面對自己不健康的行為和態度。

當你所愛的人說你瘋了、你錯了，或是你有病的時候，你很難相信自己的感覺才是正確的。但是，經由鼓勵和努力，芮貝塔終於找到勇氣堅持自己的立場。相反地，如果她一直無法擺脫自我懷疑的態度，她是不可能辦到的。就像我們觀察到的許多行為模式一樣，這些行為會讓你有安全感，卻也可能將你束縛其中。

每個人堅持自我認知或了解自我知覺中心的過程，或許不會像芮貝塔那麼戲劇化，但這過程的每個小細節都是很重要的。對芮貝塔而言，能擁有真實的自我就像心靈得到一種救贖一樣。對我們而言，這也是終結情緒勒索者的唯一方法。

平衡問題

我們看到的各種行為模式都是意圖確保自身安全的生存機制，但問題是，大多數的觀念都早已過時，而我們也從未複習或更新這些觀念。如果這些行為模式能與其他行為保持平衡，你就不會成為情緒勒索的必然受害者。避免衝突、保持和平，甚至有一些自我懷疑，都不會傷害你，只要別讓這些情緒成了你抗拒其他感受時的擋箭牌就行了。如果你不擅處理衝突場面，但在面臨他人的強烈要求時，你也不會輕易妥協，這就不會造成問題。但如果你一直讓自己的特質顯露出來，你就會掉入情緒勒索的漩渦中。

你正在訓練情緒勒索者

情緒勒索是需要訓練和練習的，但又是誰在提供機會呢？答案就是你自己。除了你，又有誰能清楚、精準地傳達以下這些訊息給情緒勒索者：就是這些力量在影響我、就是這些壓力讓我不得不退讓、這會觸發我最脆弱的部分。

你或許不記得自己曾經訓練過情緒勒索者，但他們卻能從我們對其的所作所為中找到些許線索。下列要點會幫助你了解自己是否在生活中給了情緒勒索者可乘之機。

當你面臨情緒勒索者的壓力時，你會不會：

- 道歉。
- 辯解。
- 爭吵。
- 辯護。
- 改變或取消重要計畫或約會。

• 提出讓步且希望這是最後一次。
• 投降。

你是否認為下列事項是困難或不可能的？
• 堅持自我的原則。
• 面對壓力。
• 設限。
• 讓情緒勒索者知道他們的行為是不可取的。

如果上述有任何一項答案是肯定的，你就是在為情緒勒索鋪路了。每一天，我們都希望別人知道該怎麼對待我們，知道我們所有的喜怒與愛好。或許有人認為只要祭出「忽視」或「不置可否」的對應方式，就可以避免一些麻煩的行為。但是，不直接反對的態度只會告訴別人：我的行為有效了，我可以再試一次。

一切都從小事開始

一般人都不明白情緒勒索是由一連串測試所形成的，如果在小事上成功，我們便可以馬上在更大規模的事件中看到它的蹤影。因此當我們向壓力或他人不舒服的情緒屈服後，正是給了其正面的鼓勵。每次你讓某人削弱你的尊嚴和完整自我時，你就是在幫助他們傷害自己。

生活在一個情緒勒索迅速增加的環境中，情緒勒索從四面八方不斷猛烈地向我們襲來，我們常會自問：「為什麼別人變臉像翻書一樣？」「事情怎麼一下子就被扭曲成那樣？」雖然有時候受到情緒勒索是很突然的，但是多半都是因為你的默許而逐漸建構起情緒勒索的版圖。

麗茲藉由描述麥可的處罰對她有多可怕，開始談論她和麥可之間的問題。但當她回顧往事時，她卻發現在這個大問題發生之前，她已經容忍麥可無數次類似情緒勒索的小插曲。

麥可總是要求完美，他就是那種和你約好時間，如果你遲到五分鐘就會離開的人——這只是要讓你知道，你必須準時。早在他整理桌上的雜誌，並且抱怨它們不整齊時我就該想到了。他對每一件事都有自己的規則，而這些規則就是造成我們關係緊張的主要關鍵，即使雙胞胎寶貝出生後也一樣，他還是要求家中一塵不染。麥可永遠看不清現實，他不斷提醒我要維持家裡一定的秩序，而他也自有一套方法可以讓我知道他的想法。

我記得某天我忘了把碗筷放入洗碗機中，當我回家時，麥可竟然將它們全摔在地上，我不敢相信，但我什麼也沒說，只是強忍眼淚默默地將碎片撿起來。

麗茲認為這是她的錯，而且甘心接受麥可的懲罰，但她才是造成情緒勒索的人，因為她的行為使麥可更深信懲罰的功用。

現在我回想起來，他總是有辦法改正我的行為。有一次我忘了關車庫門，結果麥可關了電動門的開關，讓我得下車自己去打開。這就像是父母在教訓你、讓你永遠記得的懲罰方式。他讓我覺得自己是愚蠢、不負責任，而且是一位不好的母親，我也深感罪惡地不斷道歉。

像麥可這樣的懲罰方式剝奪了人們的尊嚴和權力，讓我們像是被打了一巴掌，而且被貶低成一個需要教導的壞小孩。像麗茲的感覺一樣，我們會感到很有罪惡感，而且認為：「我不乖，所以應該受罰。」

當情緒鍵開始運作時，麗茲甚至沒想過讓麥可了解自己有多難過，而且也從未有過想反對他的念頭。但是，隱藏情感的結果卻是讓麥可變本加厲懲罰她的行為，以確保她不會出錯。情緒勒索者藉由觀察我們容忍的限度，來決定他們行為的強度。雖然我們不知道如果麗茲一開始就阻止麥可這種行為的話，會有什麼結果，但可以確定的是，麗茲讓麥可覺得如果他辱罵或威脅她，就能達到自己的目的。於是，麥可的懲罰行為一再重演，甚至擴大，最後還威脅麗茲如果想離開的話，就要斷絕她的經濟來源和帶走小孩。這種懲罰已經是麗茲痛苦和恐懼的極限了。

表面上看來，車庫事件似乎和後來更大的懲罰沒有太大關聯，但就像小感冒會引起肺炎一樣，忽視它不加以處理才是危險的。

就像所有受害者指出的，對情緒勒索而言，一開始的一切會深深影響未來的發展。今日之因會造成明日之果。

自我勒索

姑且不論本章的標題，有時情緒勒索只需要一個人就可達成。我們可以輕易地建立各種情緒勒索所需的要素，從請求到反抗、壓力和威脅，我們都可以一人分飾兩角。在極度恐懼他人的負面情緒，而且自身想像力又相當豐富時，這種情況就會發生。若我們自認所追求、想要的事物，可能會招致他人的反對、退出或生氣，但我們又得保護自己，便可能連自問「如果我這樣做，你會不會覺得……」這樣的問題都不敢。

讓我解釋一下。

我的朋友蕾斯莉想去義大利旅行已經很久了，也已經開始和朋友安排行程、買好劇院的票。但六個月前，她女兒艾蓮娜離婚了，因此蕾斯莉得借錢給女兒，並且幫她帶小孩。母女倆度過一段艱苦的時期，卻變得更親密，而蕾斯莉也對她們關係的進展感到高興。

「我不可能做出任何破壞目前狀況的事情，而且我也知道如果我去旅行的話，她不但會生氣，還會認為我很自私，我怎能在她有困難時出外旅行呢？」假如蕾斯莉向女兒解釋這狀況，她也許能諒解，但蕾斯莉卻拒絕驗證這項假設，而寧願延後一個安排已久的假期。

我們到底有多常因為擔心他人的反應，而取消那些合理且符合自身利益的事呢？有些人將自己的夢想和計畫束之高閣，只因為「深信」他人會反對，但他們卻甚至連試都沒試過。假如你想要達成某些願望，卻自我設限，藉由相信負面結果來壓迫自我，以至於你一直阻止自己做些想做的事，這就是自我勒索。

或許我們會根據與他人交往的經驗，來為自己的理解和認知辯護，但我們卻經常做出完全錯誤的假設。我們甚至會因為他人的看法，放棄去做那些他們不了解的事，卻小心翼翼地看顧著自身的情緒鍵，將自己鎖在一個適合自我勒索的安全模式中。

最後叮嚀

千萬別將本章拿來做為打擊自己的工具，到目前為止，你已經盡力做好該做的了。你曾經和多數人一樣，總是讓自我行為成形於意識之前。現在，請你認真思索自己過去到底是怎麼樣的一個人，並利用本章更深入地了解情緒勒索，正確認知你在其中扮演的角色。

第七章　情緒勒索的影響

所謂的「情緒勒索」也許不會威脅我們的生命，但卻會奪走我們非常珍貴的一項資產——自我完整性。自我價值及自我評量全奠基於此項要素，我們也依此來辨別是非。雖然自我完整與誠實可以相提並論，但它的重要性不只於此。從字面上來看，它有「整體」之意，許多人相信「我們的個人本質、信仰、行為都與此密切相關，它可以說是一項行為準則。」

大部分的人都能列出自己「有所為」和「有所不為」的一張表，作為引導自我行為的準則。但要將這些準則融入生活中，並在情緒勒索的強大壓力下捍衛這些原則，可就難上加難了。因此，很多時候我們只能屈服與妥協，喪失了所謂的「自我完整性」。

到底何謂「自我完整」？你可以看看以下的列表，大聲念出來也行，順便想想看，自己是不是也是這樣。

- 我堅守立場。

- 我不讓恐懼主宰生活。
- 我敢跟傷害我的人據理力爭。
- 我可以決定自己的道路，不必他人插手。
- 我信守對自己的承諾。
- 我保持身體和心理的健康。
- 我不會出賣別人。
- 我說實話。

以上這些都是我們會做出的一些有力宣示。在真實反應我們生活方式的前提下，這些原則給了我們一個平衡點，讓我們不至於因為持續不斷的壓力而違背自我意願。但是，當我們開始向情緒勒索屈服退讓，我們就會一個個刪除這張清單上的所有堅持，也逐漸遺忘到底什麼才是正確的。每次，這樣的退讓都會使我們一點一滴犧牲掉自我的完整性。

當我們違背以上的堅持，也就失去了生命中清楚的指標，與自己漸行漸遠。

對自尊的影響

不斷屈服於情緒勒索者的我們，怎麼描述自己的窘境？軟腳蝦、懦夫、失敗者，或是瘋子？在忍受情緒勒索者布下「迷霧陣」的同時，其實自我判斷也變得模糊不清：「如果我有點骨氣就好了，就不會那麼輕易退讓。」我們會對自己說，「我是不是真的這麼沒用？我到底是怎麼了？」

如果只是在一些小事上讓步的人，大可不必對自我如此嚴厲地批判。大部分人都了解，做出妥協是常有的事，而且即使因為壓力不得不做出這樣的決定，大多時候也沒那麼嚴重。但是，如果你掉入了這個不斷妥協的模式中，將會對你的自我形象產生傷害。就算是要讓步也該有所謂的底線，超過這個底線就違反了你的原則及信仰。

讓自己失望

對瑪麗亞來說，假裝這個底線並不存在，竟讓她付出越來越高的代價。在我們開始諮商治療幾個月後，她在一次碰面中異常沉默，與原先開朗外向的個性很不一樣。在詢問之下，她才娓娓道出這段故事。

我對很多事情都不滿意，這其中當然也包括傑的所作所為。但是，最讓我心煩的卻是自己。我知道我們已經強調家庭的重要性很多次，還有該如何將諮商結果落實在生活中。但是當我攬鏡自照，卻怎麼也看不到一名尊敬自己的妻子對丈夫直接說出：「我不會讓你的不忠玷汙我的人格，還有我的婚姻。」我覺得對自己徹底失望了。我無法堅定地說出立場，只能任人宰割。

我跟瑪麗亞說，她其實還有一段很長的路要走，她必須努力認清自己的需求並抵禦周遭的壓力。目前瑪麗亞感受到的強烈自責感，可能是來自於這麼多年她第一次看清自己的處境，所以她得更努力建構出強烈及明確的價值感，來保護長久以來被忽視的權利。

惡性循環

尊重與保護「自我完整性」並不容易。情緒勒索會以混亂喧嘩擾亂我們的指導原則，讓我們無法釐清真正的需求，只能在被迫妥協的狀況下，徒留悔恨。

被丈夫喬硬逼，向生病住院的姑媽借錢的佩蒂，就是在壓力下被迫讓步的典型例子。

那是個兩難的局面。如果我不打電話，我就會讓喬失望，成為一個罪不可赦的人。畢竟他是一家之主，只不過要我幫他個小忙而已，這滿合理的呀！但我照做之後，卻覺得這一切令我感到痛苦、可怕，而且毫無意義。我覺得自己被利用了，我真是沒有骨氣！

佩蒂陷入了「進退兩難」的困境，這讓很多受害者遭到心理上的自我譴責。一旦她接受了喬的指令，認為他的急迫需求不過是「一個小忙」，她就會一切照做。即使她真正的想法是：「我不是那種人，有哪個正常人會向剛出院的人借錢啊？」

佩蒂並沒有失去是非判斷的能力，但為了息事寧人，她卻照著喬的吩咐去做，而這也讓她十分後悔和自責。

這樣的狀況造成了一種惡性循環。一方面在壓力下，我們會做出違反良知的行為；另一方面在震驚與懷疑中，我們卻又認為自己的所作所為不過是順應情緒勒索者的需求罷了。因此，在失去自尊之後，我們會更心甘情願地照著情緒勒索者的「指示」去做，因為我們急需他們的「肯定」，證明自己不是個壞人。我們也許不能堅持自我的原則，但至少我們還可以迎合情緒勒索者！就像佩蒂說的：

我害怕如果不打電話借錢，喬就不再愛我了，因為我不是聽話的老婆。可是我需要他。如果我讓他失望，他就不會再愛我了。

所以，即使佩蒂覺得這個時候打電話給姑媽借錢很不合理，但總比忤逆喬要好得多了。要佩蒂在違背自我是非標準，和成為不聽話的太太間作選擇，她選的一定是前者。

合理化與正當化

要保持自我完整並不容易，一路走來讓人膽戰心驚，而且有些孤單；有時甚至會引發周遭親朋好友的反彈，打壞彼此關係。因此想要抓住卡爾的心，瑪格麗特就得做出抉擇：是要對得起自己的良心，還是要屈服情緒勒索者的要求。

瑪格麗特會試著替卡爾的要求找到一些「好理由」。她告訴自己，集體做愛其實沒什麼大不了的，都是自己太ＬＫＫ了，畢竟卡爾不管在哪一方面看來，都是名好丈夫。為行為尋求合理化的過程，正說明她目前的行為已超出自我認知中真實和健康的範疇了。

要讓自己接受原先無法接受的行為或觀念，是需要生理和心理極大的調適。一場關係著自我完整性與情緒勒索壓力的戰爭即將開打，而且免不了有損失與傷亡。瑪格麗特就付出了慘痛的代價，我們現在必須幫她重新建立自尊，停止自怨自艾，並能重新以自我的行為準則來行事。

無論對周遭的人際互動關係感到多麼困惑、不解，我們仍要傾聽內心的聲音，因為它是不會說謊的。也許事實並不一定都很美好，我們也常對這股內心之聲置之不理，但絕對不要忽視它的存在。只要我們願意傾聽，它就能引導我們發現智慧、健康與寬容。就是它，為我們守護著一個完整的自我。

伊芙已經報名一些能提升工作技能的課程，同時也獲得了財務協助。但是在艾略特的壓力之下，她的計畫卻全泡湯了。

我只是想要學習一些技能，好讓自己別老是依賴別人。我想，我可以學些電腦繪圖，這樣總比坐在家裡等好事上門要好。但是，艾略特真的、真的很不喜歡我這樣。有一天，當我要去參加電腦考試的時候，他竟然威脅說他要吞藥。我真的嚇呆了，我害怕的惡夢終究還是躲不掉。他就坐在那裡，拿著一瓶酒和一罐藥，這時候我怎麼還能去學校？儘管我告訴自己：「不要理他，去學校吧！」但是，我還是屈服了。我想，算了，別管學校的考試了！

就像許多情緒勒索的受制者一樣，伊芙無法信守對自己很重要的承諾。因為一旦與艾略特施加的壓力權衡之下，「艾略特不能失去她」的想法已凌駕一切。

艾略特的威脅排山倒海般逼近，讓伊芙束手無策。但即使情況並非如此急迫，許多情緒勒索的被害人也會選擇屈服。情緒勒索最重要的一個影響，就是讓我們的世界顯得更形狹隘。為了要取悅情緒勒索者，我們有時就得放棄所愛的朋友及活動，尤其在情緒勒索者具備掌控性格或是依賴心極重時，更是如此。

因此，你每放棄一堂想修習的課程、放棄追求感興趣的事，或取消和關心的人見面的機會，就只為了讓情緒勒索者高興時，你就等於放棄了自我中重要的一部分，你的完整自我也正一點一滴消逝中。

對健康的影響

「情緒勒索」常讓人陷入有苦說不出的景況。就像佩蒂一樣，雖然她對喬多所怨言——這是再自然不過的事——卻無法充分表達出氣憤和挫折感。因此，大部分受制者都有隱藏不快感受，卻以痛苦形式表現出來的傾向，如沮喪、憂慮、暴飲暴食、頭痛欲裂等。情緒勒索的受制者會轉而以身體和心理的不舒服，來取代直接說出感受的方式。

當凱瑟琳的治療師強迫她去參加另一個團體時，她真的快氣死了，不但氣這個治療師，還氣那位介紹她來的朋友。

我的朋友已經在那個團體了，她也不斷逼我加入。之後，我發現竟然是朗達示意她可以對我施加一點壓力的，我真的很氣她們。但是我不敢直接表達出我的氣憤——事實上，我甚至不知道我有沒有權利生氣，這讓我覺得更沮喪。這整件事實在讓我很痛苦。

朗達的確對我造成了很大的傷害，她讓我覺得自己軟弱、不堪一擊，但是感謝老天爺，我還有智慧看清這個事實，並且抽身逃離。

很多情緒勒索中的受制者都像凱瑟琳一樣，質疑自己到底有沒有權利表達感受，尤其是氣憤的感覺。他們可能會將情緒內化，轉成沮喪情緒的來源；或者是將狀況合理化，以壓抑自己的憤怒。這一點凱瑟琳就幸運多了。她拋開了所有的沮喪和自我懷疑，成功跳脫出這個讓人不悅的情境。

賠上你的心理健康

伊芙深陷在一種極具破壞性的關係中不可自拔，甚至讓她覺得自己的心理也連帶受到威脅。

我知道我給自己惹上麻煩了，我好疲憊，深陷在泥沼中無法抽身。我真的得坐在搖椅上休息一下，我已經全身無力，怕自己沒辦法和艾略特保持距離了。這真是一種混合氣憤、愛情和罪惡感的可怕感受。

當情緒勒索的力量劇烈壓迫著我們，就會造成一股很強勢的力量，讓我們認為自己可能「快瘋了」。我假設伊芙就是把一些強烈情緒與瘋狂因子搞混了，我們應該有辦法幫她消除這些恐懼。基本上她的看法是對的——在她能有效、冷靜地處理目前宛如荒謬肥皂劇的生活之前，她的確需要學習掌握一些情緒上的分際，而這點我們可以一起努力。

就像伊芙的狀況，情緒勒索可能會對心理健康造成傷害，甚至連你的身體也不放過——當你想要不顧一切取悅情緒勒索者時，情況就會更嚴重。

身體疼痛的警訊

我們前面提過的那位雜誌編輯金，她拚命地工作來取悅上司。然而，某天夜半時分，她被肩膀到手腕的一陣劇烈疼痛驚醒了。

我害怕的事情還是發生了，即使這不是第一次，但每次碰到還是會讓我心驚膽跳。我總是不知道自己為何無法拒絕：「我的手臂又開始痛了，我得放慢一點，不要再給我兩、三個人的工作量。」但是，我彷佛聽到老闆的聲音在耳邊響起，說米蘭達以前有多棒，這時我就得向他證明現在的我也一樣很棒。那個老闆就是知道怎麼讓我屈服，而且最令人害怕的是，是我讓自己陷入這種窘境的！

當我們不好好保護身體，它就會用疼痛來提醒我們。對金來說，連續的劇烈疼痛就是她不斷超時工作的結果。

在金面臨的情況中，因果關係是很明顯的。龐大的工作量、超時工作和讓人喘不過氣的巨大壓力不斷地折磨著她，讓身體最終向她提出抗議。

我當然不是說每種疾病都與心理上的焦慮感有關，但卻有明顯的證據顯示：心理、情緒與身體是緊密相關的。情緒低落可能會導致頭痛、肌肉痙攣、腸胃問題、呼吸失調及其他疾病。我相信，伴隨著情緒勒索而來的壓力和緊張，在缺乏其他宣洩出口的情況下，將會以生理病癥顯現出來。

以背叛換取安撫

我們都知道向情緒勒索退讓屈服，等於出賣了自我的完整，但我們卻忽略了一點，在安撫情緒勒索者或是避免雙方起衝突的同時，我們也出賣了最關心自己的親朋好友。

在本書中，我們已經看到了許多情緒勒索如何影響周遭親朋好友的例子。喬許背叛了貝絲，向父母證明他們不再見面，卻深深傷害了貝絲。她覺得自己不被重視，而且她知道終究要面對東窗事發的一天，屆時只怕會引起更大的波瀾。

凱倫發現自己陷入一種兩難局面，夾在母親與女兒之間進退不得，傷害其中一方將在所難免。

我正在籌備媽媽七十五歲生日的慶祝派對，媽問我有哪些人要來，於是我列了一張清單。但是當我寫下梅蘭妮的名字時，媽媽竟對我說：「我不要她來。我知道她是妳的女兒，但是她最近對我很不友善——應該說很不尊敬。我上次打電話給她時，她忙得根本沒時間跟我說話。只有在有求於我的時候，她才會表現得乖巧可人。」

我試著安撫母親，告訴她梅蘭妮最近很忙才會這樣，但媽媽怎麼也無法接受。「如果妳讓她來，那我就不要辦派對了。或者你可以辦一個沒有壽星的生日派對，反正我以前生日都是自己過的，今年自己過也無妨。」因此，我得親口告訴女兒，她外婆不歡迎她出現在生日派對上。

凱倫讓自己陷入了母親與梅蘭妮的衝突之中，也讓自己成了兩個成年人傳達彼此厭惡的信差。就像大部分人一樣，凱倫不知道怎麼處理這種狀況，而且她認定自己只有兩種選擇：聽母親的話讓女兒難堪；或是不為所動，冒著忤逆母親的危險——這可是一個兩敗俱傷的局面。

很多人都不想面臨這種情況——被要求在兩個關心的人之間做一個痛苦的抉擇。「看你要兒子還是要我」，就是艾利斯要茱莉做的選擇，因為他認為兒子奪走老婆太多的注意力了。

另一個熟悉的場景則有許多不同的家庭成員，某些成員會脅迫另一個家庭中的某個人選擇支持哪一邊，尤其是在離婚之後。如果雙方沒有好聚好散的話，就會發生這種狀況，「如果你再和你爸爸說話，就不要再來找我，我已經對你無話可說了。」這真是個兩難，無論選擇了哪一邊，另一邊都會受到傷害，而讓我們背負了更深的罪惡感和自責。

對親密關係的影響

情緒勒索讓任何親密關係都不再安全可靠。我所謂的「安全」，指的是善意及信任——這兩個要素讓我們可以盡情表現自我，並且獲得體貼的關心。沒有了這些要素，剩下的只是一段空泛的關係，更別提完全釋放自我這檔事了。

不再安全的親密關係只會讓我們處處提防情緒勒索者，甚至越來越無法與他們坦然相處。我們不再相信他們會付出真心，也不認為他們會說實話。換言之，我們已不再像從前那般親密了。

好景不再

伊芙談起她和艾略特之間的親密關係轉變。

我知道他讓人覺得很怪，甚至瘋狂，但剛開始他不是這樣的。我們在一起的第一年是非常單純而且浪漫的。他是個很開朗、才華洋溢的人，我們彼此很相愛。但是在我搬去跟他一起住之後，他才露出不為人知的一面。

現在的情況讓人有點喘不過氣來，但我無法用適當的言語描述。這有點像是你很氣某個人，但他現在生了重病，你雖然依舊很關心他，但完全沒有親密感了——我不是指身體的親密接觸，而是親密的感受。我已經無法向艾略特傾吐自己的真正感受，因為他好脆弱。我無法說出自己的夢想或計畫，因為他會感受到很大的威脅。對他來說，這些話題都是禁忌。於是，當你得小心說出的每句話，親密關係便已不復存在了。

正因為遭受情緒勒索的人，已經對負面評價、反對意見、壓力以及反應過度等習以為常了，所以他們不會再和情緒勒索者分享生命中的重要時刻。因此，彼此的對話中將出現以下轉變：

- 不再與情緒勒索者分享一些愚蠢或丟臉的事，因為他們可能會揶揄我們一番。
- 不談一些悲傷、令人驚嚇，或是不安的感受，因為情緒勒索者可能會以此要脅我們遂其所願。
- 不談願望、夢想、計畫、目標，或是幻想的事，因為情緒勒索者可能會加以阻撓，或以此指責我們有多自私。
- 不談不愉快的生活經驗或是艱苦的童年，不讓情緒勒索者有藉口指責我們的缺乏定性或能力不足。
- 不透露出自己正在尋求改變的事實，因為情緒勒索者會說我們沒事找事做。

如果我們得一直戰戰兢兢，那這段關係還剩下什麼？是敷衍了事的對話？令人窒息的沉默？還是瀰漫的緊張氣氛？在看似平靜的表面下，其實正有一個裂痕不斷擴張著。

凱倫的母親老纏著她，好讓她能多陪陪自己，但她們之間卻不再親密了，目前的情勢也不容許凱倫釋放真正的自我。這就像有一條繩子將母女兩人隔開，在一端的母親老是怪這怪那的，而另一端的女兒只好努力保護自己免被流彈波及。

令人驚訝的是，在避免談及某些可能招致情緒勒索的話題時，我們表現得像是如履薄冰般小心翼翼。我們一面過馬路一面閒聊，卻小心地避免談到某些話題，以免遭來一頓指責，就像柔依描述的這樣。

我甚至不用問泰絲最近好不好，因為她會自己告訴我，還會叫我想辦法幫她。我知道我們可以談天氣、紐約道奇隊、梅爾吉布遜或是喜劇電影，總之就是閒聊，我不想再引起爭端。

一旦牽扯進情緒勒索，我們與朋友、另一半以及家人的親密關係，將從緊密相關，逐漸變得淡薄。

艾倫就深刻體認到自己必須凡事小心翼翼，因為裘可是依賴心很重，而且常常反應過度的人。

我不能告訴裘自己也有害怕或不安的情緒，畢竟我是家中的支柱。但是她是我的妻子，我偶爾也想與她分享最近生活中的點點滴滴。像我的生意近來有點問題，我得加強某部分投資以平衡收支。我知道在聖荷西有一間小工廠，我想去看看，因為他們現在正商討一個新合約，而那很可能救我一命。但我壓根兒不想告訴她我得離家幾天，因為她可能會非常擔心。我現在也不能告訴她實情，因為她會驚慌失措。天啊，這是個什麼樣的夫妻關係？根本就是我一個人在獨撐！

艾倫總是告誡自己，別談些裘「無法承受」的話題，因此，即使兩人住在一起，但他卻覺得孤單，缺少了那股能共享喜怒哀樂的親密感——他們的婚姻已經遇到情緒阻礙了。

情感付出的限制

情緒勒索中最弔詭之處就是，情緒勒索者越強加需索我們的時間、注意力或是情感，我們越無法對他們付出。因為我們常常得壓抑情感，以免被情緒勒索者誤認我們願意屈服在壓迫之下，所以我們成了吝嗇付出情感的小氣鬼，不想一再滿足情緒勒索者的希望和幻想。

那位編劇羅傑早就跟我提過這自相矛盾的地方，在他和愛麗絲的關係還沒十分穩固前，他就想到這個問題了。

愛麗絲跟我曾共度了許多美好時光，我並不吝於訴說我十分欣賞她，而且她實在是位很棒的女人。但是我不會把話說得太甜蜜，因為我怕她會覺得我想跟她求婚，或者又讓她開始想要生個小孩。我原本是個感情很豐富的人，但現在我卻發現自己不斷在壓抑，因為我不想誤導她。不能盡情表達感受讓我覺得自己很沒用，而且我知道愛麗絲能感覺到我對她有點抗拒。

在他們當時的親密關係中，羅傑無法表達出所有感受——即使都是些好話——因為他知道此舉將會引起愛麗絲無謂的期待，甚至可能被轉化成情緒勒索的有利武器。

我們常常得壓抑自己不要表達出快樂的情緒，除非你也能讓情緒勒索者感到愉悅，否則最好不要輕易洩露出正面的情緒。像賈許就無法將快樂與父母分享，因為父親很反對他與貝絲交往，這樣做可能不太保險。

「我爸爸根本不想聽我的事，我好像不應該有自己的生活。他說他愛我，但這一切又算什麼？」賈許問，「他根本不想了解我是個什麼樣的人。」

賈許的父親自認為與兒子之間不存在親密關係，他心目中孝順的賈許也不存在。唯一真實的是，賈許與貝絲在一起時擁有的幸福甜蜜，但這卻是賈許父親不知道的。這對父子的關係其實空洞得很不真實，很多人與情緒勒索者間的長期關係也逃不過這個結局。

當一段關係已不再穩固、親密時，我們就會開始以各種方式來粉飾太平。即使不高興，我們卻假裝自己很快樂；即使很興奮，我們也會壓抑自己的情緒；我們會假裝愛著那些壓迫我們的人，即使我們對他們早已厭倦了。於是，以前那些關懷與親密便成了虛偽的敷衍，每個人都隱藏了最真實的自我。

如果你想要展開行動，有效地應付情緒勒索以及那些情緒勒索者，現在正是時候。你會很驚訝地發現，你將能迅速重拾一個完整自我，並大幅改善與情緒勒索者的關係。

第二部

化知識為行動

雖然情緒勒索者已從心智及知識兩方面，
掌控了我們對信念、感受，及行為的緊密連結，保持著控制我們反應的優勢。
但是，從現在開始，你已經加入戰場了。

接下來，我將要傳授你一些方法，
讓你能將所有的準備工作及知識，轉化為有效的行為策略，
善用非防禦性溝通技巧、改變敵對關係成為盟友、交換條件，以及運用幽默感，
對你與情緒勒索者相處的既定模式，進行一次徹底的改變。

說在前面

改變的時刻到了

有個故事我很喜歡。男人在路上開車，忽然看見有名女子趴在路旁的街燈下，他想她一定遇上麻煩了，所以停下了車。

「怎麼了？」男人問，「妳看起來需要幫忙。」

「謝謝你，」女人回答，「我在找鑰匙。」

男人幫忙找了一會後問，「妳知道鑰匙掉在哪嗎？」

「知道啊，」她回答，「在這條路的兩公里外。」

男人不解地問，「那為什麼我們要在這裡找？」

女人回答，「因為這裡我比較熟，而且燈也比較亮啊！」

很多人都以為要解決情緒勒索的問題，只要從熟悉的行為中逐一爬梳，就能找到出路。於是，我們默許情緒勒索者的控訴、承擔他們的指責、不停地道歉，對他們言聽計從。這有一套固定邏輯——我們知道該如何回應，只要妥協就能換得耳根清淨。如果我們一直堅持應有的回應方式，真正的鑰匙卻其實在兩公里外，那麼我們永遠也找不到結束情緒勒索的關鍵。現在，我要教你非防禦性的行為，找出應對情緒勒索更正確的方式

重要的是，你要從舒適、照明良好的例行回應區，移動到改變行為的非舒適區。現在，你已經了解情緒勒索的方式以及原因，但紙上談兵沒用的，如果你無法身體力行終結情緒勒索的現況，一切都是空談。改變需要資訊，但光蒐集資訊沒有用，我們必須知道該做什麼，然後**身體力**行。很多原因讓我們走到這一步的時候遲疑了，我們害怕嘗試及失敗。我們擔心如果沒改善，反而破壞彼此關係中還不錯的部分，不就得不償失了？其實我們日常生活過得還不錯，所以經常不願改變例行的行為模式，還以聽來極具正當性的理由，強調自己不該貿然進行改變。

所以，一直要等到感覺沒那麼憂慮、也不會那麼擔心受怕的時候，我們才願意學習全新的行為模式。然而，這個時候，情緒勒索的狀況已經越演越烈了。好消息是，如果你願意採取行動，具備自信心與能力，還是可以終結情緒勒索的劣境。壞消息是，到這個當下，即使你心存恐懼，還是只能靠你自己，才能開啟這段改變的歷程。

行動步驟

如果想有效地處理情緒勒索，你必須要學習一些不同的回應方式以及溝通技巧。你說出的話要不一樣，要換成另一種全新的回應與表達方式。你回應的情感調性必須煥然一新。你必須改變以往不由自主回應的方式，不要再走消極抵抗、充滿壓力與立刻投降的老路。

在本書第二部，我要帶你走過一段全新進程，讓你一步步從現在的窘境，轉而能以全新的回應方式，應對下一次的情緒勒索。我會教你有力的非防禦性溝通技巧，並藉由視覺化、問題列表以及寫作練習，來引導你快速改變行為模式。

我們將循兩條路徑前進：第一條是行為路徑，你幾乎可以立即開始運用。剛開始你會覺得自己內心沒什麼改變——因為當情緒勒索者對你施加壓力時，你還是感到有罪惡感、得負起責任，或感到恐懼。但隨後，你會知道自己該如何更有效地行動，而且一旦行為改變了，你們彼此的關係也隨之產生變化。你看到的結果將更能鼓舞你自己。

同時，我們要共同在情感路上努力，這是一條較費時的路徑。我們將改變你的內心世界，消除你的舊情緒鍵。以及，在造成你易屈服於情緒勒索的傷口和錯誤的信仰系統中，下些功夫。

也許從一個已有幾十年心理治療經驗的人口中聽到這些話，會讓你覺得有點奇怪，但其實以上大部分工作你都可以獨立完成。如果你正處於一個扭曲的關係中，或是深陷重度沮喪、憂慮、自我厭惡，或是缺乏自信心等窘境無法自拔，你都可以利用本書中的眾多資源，或是把本書當作一對一治療、團體治療或是個人成長座談會的附件。然而，大部分案例中需要的，其實只有勇氣和決心。

過去，在面對情緒勒索時，你都以一種自動、可預測的方式來回應。你曾經與對方爭論過，試圖解釋自己的立場，也主動或被動地抵制。只是最後，你還是放棄了。現在，是時候換另一種方法了。你要以一種更尊重自我、更有效，而且更有力的技巧來回應對方。經過練習後——你要願意不斷使用這些技巧，直到能運用自如為止——就能終結一直困住自己的情緒勒索。

待讀完接下來這些章節之後，你就有機會在面對情緒勒索時，使用這些學到的新技巧。立刻實踐吧！當你發現自己以一種更有自覺的方式回應情緒勒索者的壓力時，我保證你會感受到從未體驗過的全新巨變。

一旦你不再擔心害怕，不再被恐懼、責任感和罪惡感牽著鼻子走，你就會知道自己其實有很多不同的選擇。你可以選擇要跟誰關係更親密，要為別人的生活負多少責任，還有你真正想要安排時間、關愛和能量的方式。

要對自己有耐心，而且要堅持下去。有些人可能一開始就覺得，自尊和自我完整性已經被破壞殆盡並消逝到一去不復返了。但是，我要你用「錯置」而不是「消逝」這個詞，來以全新的行為模式找回自我。讓我們一起來做這項工作，重現及重建被情緒勒索折損的內心及雙方關係。我要為你鼓掌，因為你願意真正開始行動，從生命中消除掉情緒勒索的羈絆。

第八章　前置作業

你可能聽過以下這則笑話。有位遊客在紐約街頭攔下一個腋下挾著小提琴的男子，問他去卡內基演奏廳的路怎麼走。「你想知道怎麼到卡內基演奏廳嗎？」小提琴家說，「就是練習、練習，不斷地練習。」

我們對這些指引都很熟悉，也知道人生中「練習」與「熟稔」之間的關係。你可能還記得剛開始學騎腳踏車時搖搖晃晃的過程，還有學打字時，手指生硬笨拙地敲打在鍵盤上的情形。

然而，當我們決定在生活上做些重大改變時，我們往往希望有立竿見影的效果。不過，學習新技能需要練習，在你能將新技能運用自如之前，的確需要一段時間。就像我們在適應新鞋前，也要來回走好幾趟才會漸漸合腳。所以，在你立下誓約，決定將自己從情緒勒索中解放出來的第一天，雖然無法立即有成效，但成果很快就會顯現出來。記住，這個誓約是對你自己的承諾，請務必要遵守。

第一步

在思考如何與情緒勒索者相處之前，你必須先做一些改變。在每星期的最後一天，我希望你能空出一段私人時間，好好運用這三項非常簡單的工具：一份合約、一個有力的聲明、一組自我肯定的措辭。一天最多只花十五分鐘，在這段時間，我希望你能把手機關機，把自己從干擾中移除，專注在「你自己」身上。無論你是泡在浴缸時才能享受獨處的時間，或在開車時、吃午餐時，都沒關係，你可以在任何地方做這個工作。

我希望你做的第一件事，是與自己簽下一份「寫下承諾」合約，為這個過程打好基礎。你可能嚴重質疑自己是否有能力遵守這些承諾，特別是你曾嘗試擺脫情緒勒索，卻屢嘗敗果時尤其如此。但是，從現在起，把這些不快拋在腦後，用新認知和新技巧來展開以下一連串步驟。

這份合約是一個有力的象徵，它能讓改變的意願成為具體的形式，也能幫助你釐清目標。

有些人認為用手寫這份合約，成效最好；或者你也可以寫在專為這練習準備的筆記本上；如果你願意將自己的觀察與情感記錄下來，那也很好。

總之，無論你是另外謄寫一份，或是直接簽在本書所附的合約上，都請你每天對自己大聲地念出來。

然後，練習說出一個有力的聲明。也就是當情緒勒索者對你造成壓力時，可以支持自己的簡短句子。

有力聲明：**我承受得住**。

這五個字或許看似平凡，但如果運用正確的話，卻可以成為你對抗情緒勒索最有力的武器。我們經常覺得自己一定受不了壓力，這個聲明將會有效反轉我們屈服於情緒勒索者的念頭。

與自己立約

我，＿＿＿＿＿＿，是一個有選擇權的成年人。我答應自己，要積極地將情緒勒索趕出人際關係與生活中。為了達成這個目標，我立下這些承諾：

- 我答應自己，不再讓恐懼、責任、罪惡感左右我的決定。
- 我答應自己，要學習本書的策略，並在生活中實踐。
- 我答應自己，如果我退步、失敗，或回到過去的模式，也不能拿任何的失誤做為逃避的藉口。如果把失敗當做是學習的一種方式，失敗就不算是失敗了。

- 我答應自己，在將情緒勒索趕出生活的過程中，要好好照顧自己。
- 我答應自己，要感謝自己採取了正確的步驟，不論它們有多微不足道。

立誓人：＿＿＿＿＿＿

日　期：＿＿＿＿＿＿

- 我不能忍受自己傷害他的情感。
- 我不能忍受她對我說那些話。
- 我不能忍受我的罪惡感。
- 我不能忍受這樣的焦慮。
- 我不能忍受她哭。
- 我不能忍受他的脾氣。

我們常常對自己說出以上這些話。一旦你打從心底相信自己真的不能忍受的話——不論是情緒勒索者的眼淚、臉紅脖子粗的怒吼、強調你欠他多少人情的「溫和」提醒——

你都只能聽其擺布，別無他法。為了維持場面和平，你就得放棄自己原有的想法，跟勒索者妥協，並同意他的意見，這種想法無疑是傷害情緒勒索受制者的基本陷阱。我們習慣將「我不能忍受」當成是符咒，但事實上，這不過是自我洗腦罷了。即使你現在不相信我的說法，但你總得相信自己要比想像中堅強多了。你一定承受得住那些壓力，而第一步就是要先趕走那些負面的想法。

藉由不斷複誦「我承受得住」這句話，可以讓這個新訊息進入你的意識與潛意識中。在接下來這個星期，每當你想消除情緒勒索的威脅，感到害怕、憤怒、失去勇氣時，請你記得深呼吸，並對自己說：「我承受得住」，至少十次。

我建議，練習時想像你正與向你施壓的勒索者面對面。看過鎮暴警察用的壓克力盾牌吧？試著讓「我承受得住」這句話成為你抵擋情緒勒索者言語與肢體暴力的盾牌，大聲說出來！一開始，你可能會感到有點害羞，也不太相信它的效果；但是請持續練習，這會使你開始相信自己。覺得這個過程有點機械化？的確。讓你感覺有點不自在？可能。但是別忘了，你以前對待情緒勒索者的方式完全沒用，但我確信對自己說「我承受得住」，真的有效。

扭轉順從的行為模式

現在，我要用這個基本概念開展出一套新的信念，幫你發展出一組自我肯定的措辭，讓你能更平靜、堅強，有勇氣採取行動。首先，我們來瞧瞧以下這一連串形容受制者的感覺與行為的典型措辭。對你來說，這些措辭可能大部分都很真實；但這不是說你的人際關係就是如此，而是你面臨情緒勒索時產生的典型反應。

當我們和情緒勒索者交手時：

- 我會告訴自己，讓他一次沒什麼大不了的。
- 我會告訴自己，如果讓步可以讓他閉嘴，那也很值得。
- 我會告訴自己，我這樣的想法是不正確的。
- 我會告訴自己，不用因為這樣而引起糾紛吧！
- 我會告訴自己，退一步海闊天空。
- 我會告訴自己，讓步總比傷害別人來得好。
- 我會受不了自己。
- 我總是自動放棄自己的權利。

• 我老是取悅別人，卻忘了自己到底需要什麼。
• 我默許一切。
• 我放棄自己關心的人和事，以取悅情緒勒索者。

這些情況聽來都很無力，對不對？不過你不用不好意思，因為好幾年前我也是這樣。情緒勒索的情形非常普遍，我們很難倖免於難。現在仔細分析你對上列措辭的想法，並運用以下列表協助你精確抨擊這些行為衍生的感覺。請圈選符合你感覺的字眼，並隨時加入我沒填上的。

我向情緒勒索者屈服時的感覺如何？
難為情／受挫／被犧牲
受傷害／麻木／憂慮
丟臉／難過／受驚
生氣／無力／憤恨
虛脫／自憐／受害
沮喪／無助

即使你選了「生氣」我也不奇怪，為自己的不爭氣而發怒是正常的，甚至因為我提醒你極力想忘記的行為，可能還讓我被憤怒情緒波及。不過，這種不舒服的感覺，倒是可以讓你知道自己必須多加注意哪方面的行為。

現在，與你以往的措辭相比，試著將它改為相反的想法。例如：

把「我告訴自己，我想要的是錯的。」

改為：「我要得到我想要的，即使會激怒情緒勒索者也在所不惜。」

把「我現在妥協，是因為稍晚我會表達立場。」

改為：「我堅持我的立場，而且現在就表達我的意見。」

把「我做取悅別人的事，卻對我真正想要做的事感到困惑。」

改為：「我和別人一樣要做讓自己開心的事，而且很清楚我要的是什麼。」

或者，你也可以這樣說：「我過去曾經……，但我現在不要這樣了。」例如：「我過去認為無論我想要什麼都是錯的，但現在我不這麼想了。」

試試這兩種方法，看哪一種最適合你。然後大聲複誦新的措辭，就像在形容自己一樣。雖然對現在的你來說，新的措辭並不符合事實，但是它能讓你體會從恐懼、責任及罪惡感中釋放出來的感受。第二種措辭，把事情說得好像已經發生了，或是用一種正面的方式重新敘述，能釋放話中蘊藏的力量，再回注於你身上。有些人發現對著鏡子聲明新措辭最有效，因為它提供你一個正面嚴格審視自己的方式。

試著猜想，如果你採取這種方式，自己會有什麼感覺。請用下列這些詞語幫助你描述自己的感覺。

堅強的／驕傲的／有自信的／無畏的

情緒高昂的／成功的／興奮的／有希望的

自我肯定的／有力量的／有能力的

這些形容詞將有助於你想像自己如何自信地與情緒勒索者相處。改變往往源於願景，因此，在嘗試努力達成目標之前，先給自己一個清晰的心靈圖像是很重要的。再來，就如同我們的工作一樣，你可以用行動強化願景，一步步邁向目標，並寫下對此願景的聲明：

「我可以承受得住情緒勒索，而且感到堅強、自信、驕傲和愉快。」

當你私下評估最近或過去和情緒勒索者的相處情形時，請你每天瀏覽一次這些形容詞，持續一個禮拜，並隨手記下你的感覺。你可能會注意到自己的感受逐漸有所不同，使用以往措辭的機會越來越少，能想像對抗情緒勒索者的情景則越來越容易。

經過一個星期的練習，你應該更能集中心神，這時就可以開始準備直接處理現實的情境。不論你有多麼急切想開始進行，還是要有充分的時間做這些練習。畢竟你有的是時間，因為想要對你遂行情緒勒索的人，以及情緒勒索的情境，隨處都有。

發出求救訊號

在回應情緒勒索者的需求之前，我要教你的第一步是一個遊戲式策略。這很容易記住，**當你覺得快要被情緒勒索的壓力淹沒時，就發出求救訊號**。

你無需懂得摩斯電碼或旗語，只要在改變過程中，記得這三個簡單的ＳＯＳ三大步驟：停下來、冷靜觀察、擬定策略。（ＳＯＳ：Stop, Observe, Strategize）在本章我們先詳述前兩個步驟，並於下一章全面探討你可以運用的工具與對策。千萬別省略任一步驟——讓你的策略擁有穩固的基礎是重要且必需的。

步驟一：停下來

當我告訴佩蒂，對付情緒勒索的首要工作就是「什麼事都別做」時，她有些困惑。我的意思是，**你不必回應情緒勒索者的任何要求**。這聽起來很簡單，做起來卻頗為棘手，特別是對方要求你給予答覆，還施加了緊迫的壓力時更是如此。隨時激勵自己，並且做好心理準備就變得很重要了。

也許你一開始會覺得很困窘，試著告訴自己這沒關係，還是要堅持下去。

到底要如何「什麼都不做」呢？首先，你最需要的是遠離壓力，給自己一段時間來思考。為了爭取時間，你必須學會拖延回應時機的戰術。

不論情緒勒索者的要求是什麼，你可以先利用下列幾句話回應對方：

- 我現在不能給你任何答案，我需要一些時間思考。
- 這件事非同小可，我不能輕易下決定，讓我想一想。
- 我不想現在就做決定。
- 我不太確定對你的要求有什麼看法，我們稍後再談好嗎？

一旦情緒勒索者對你提出要求，你可以使用拖延戰術，如果他們一再施壓，你還是可以用同樣的話回應，以不變應萬變。那麼到底該拖多久？很明顯地，越難做決定或影響越大的事情，就越需要時間。你可以很快就決定要去哪兒度假、去哪買電腦，因為即使你的決定不怎麼高明，也不會有太大損失。但如果是人生中相當重要的決定，如婚姻、兒女、工作等，你就必須有足夠時間做充分的思考。

此外，當情緒勒索者在一些平大不小的事上不斷對你施加壓力時，你也可以告訴他們，你需要至少二十四小時來考慮。你可以利用這些時間下決定，並且更加堅定自己的想法。

是誰的時間表

情緒勒索的不同之處，就是會讓人覺得背後彷彿有個時鐘，不斷地滴答響著，催促我們。勒索者的要求被列在時間表上，到了某個特定的點，你就得立即回應。許多情緒勒索者施加的壓力在於他們認為已經沒有時間可以浪費了，這與驚悚片或懸疑片中與時間競賽的錯覺是一樣的。我們會被劇情吸引，根本不會質疑它的真實性；但如果退一步想，你會發現大部分的情況並沒有那麼緊急。

因此，當你一不留神踏入情緒勒索者精心安排的思考模式中，被告知「這是最後關頭，要馬上採取行動」，你的壓力也將隨之而來，拖延戰術能讓你關掉時鐘急迫的滴答聲，引導你從局外人的立場來觀看事情的發展。電腦和汽車特賣或許只到這個星期天為止，但總會有別的特賣活動；情緒勒索者或許要趕上某個重要期限，但那可不是你的期限。

你雖然擁有情緒勒索者想要的東西，但時間是站在你這邊的。你使出拖延戰術，不過是想好好考慮一下，這是每個講理的人都可以認同的，當然對方也會願意給你一點時間。然而，有些情緒勒索者根本不吃這套，而這也是佩蒂最擔心的。

「妳說的都沒錯，」當我們第一次練習拖延戰術時，她說：「但是妳不了解喬！只要我說需要時間想一想，他就會噘起嘴來，不高興地說：『妳明明知道特賣會這個禮拜就結束了，時間不是我們可以掌控的，妳還在猶豫什麼？』」

「那妳會怎麼回答？」我問。

「我會試著說：『我不想現在就做決定。』但是我知道他一定會右耳進、左耳出，使出他的纏功逼問我：『那妳要想多久？到底要想多久？』」

「這時妳應該重複說：『該想多久，就想多久。』」我告訴她。情緒勒索者可能會因為想知道你要花多久時間考慮而不高興，還可能會噘著嘴，或以其他方式對你施加壓力。因此，你應該一再強調自己的立場，才足以向對方表達：你是真的很認真在思考這件事。

換新舞步

拖延戰術可能會激怒或困擾情緒勒索者，畢竟你改變了以往主動投降的做法，不照他希望的腳本演出。這好比你們倆正在跳探戈，你卻突然開始改跳華爾茲。對方可能會將你忽然變慢的舞步解讀為抵抗或拒絕，而馬上對你施壓，因此結局常常是一團糟。雖然只要說「我需要時間」，便可以轉變原先雙方之間的力量分配，把情緒勒索者逼至只能枯等你決定的情境，讓他們扮演較弱勢的角色。

但是你也要有所準備，因為情緒勒索者會試圖再度施壓以奪回主導地位。他們必然會想沿襲熟悉的模式，但你要堅持新的回應方式，不斷地在心中默念：「我承受得住。」

老習慣與情緒勒索者純熟的施壓技巧，會讓你對使出拖延戰術的過程缺乏信心。施暴者不喜歡在人際關係中放棄任何程度的控制，這點在堅持反抗拖延戰術的情緒勒索者身上也是一樣，因此，說明你的動機是很重要的。你可以這麼說：

- 這不是一場權力鬥爭。
- 我並不是試圖要掌控你。
- 我只是需要多一點時間去思考你的要求。

如果他是明理的人，你說這些話就顯得顧慮周全，而且對消除緊張氣氛也有所幫助。

雖然做對事，卻感覺很糟？

因為多要求一點時間、重申自己的立場並不是你習慣扮演的角色，所以即使你做得對，卻老是會覺得搞砸了什麼，但這沒有什麼好大驚小怪的。以下是柔依的經驗之談：

你想知道發生什麼事嗎？那實在太可怕了！泰絲硬要我額外給她一個大客户，因為公司合夥人一個禮拜之內就會來紐約，她想給他們一個好印象。其中她最重視的是戴爾，因為她認為戴爾將主宰她的升遷。還有不到一星期他們就會來了，因此她想現在就得到這個客户。她用盡了各種方法，比方她會說：「如果妳不答應我的話，我一定會被炒魷魚。如果妳不幫我，我真的不知道該怎麼辦？我也不喜歡這樣逼妳，但我真的現在就需要妳的幫助。」說完後她的眼眶還微微泛著淚光。

我照妳的話做了。我說：「我很抱歉，但我真的沒辦法馬上做這樣重大的決定。」而她隨即回話：「可是妳知道這對我來說有多重要嗎？我真的需要妳的幫忙。難道我們不是朋友嗎？妳不信任我嗎？妳應該知道我會做好這份工作，我會為了妳把它做好。」

這時候我又心軟了，我跟自己說：「老天！我必須幫她。這非常緊急。她說的沒錯，如果我現在不幫忙，她麻煩就大了。我必須做點什麼。」我可以感覺到自己心跳開始加速，呼吸也急促了起來，我試著放慢下來，在心裡跟自己說了好幾次「我承受得住」。然後我說：「我知道你希望我現在就做決定，但我真的需要時間想想看。我們明天再談好嗎？」

結果她很生氣地瞪著我說：「我以為我們除了上司與下屬的關係之外，也是朋友。我還以為我們的友誼對你有點意義。」然後她就走出去了。我覺得很不是滋味，因為我讓她失望。我原以為這樣做會讓我好過些，但我卻覺得非常痛苦。

「恭喜妳，」我跟柔依說，「這表示妳已經打破了以往的處理模式。」在事情變得更糟之前，放任不管其實還滿自在的。拖延戰術或許不太容易，但只要你持續下去，就會感到越來越心安。就像我跟柔依說的，你做的不過是延緩一個決定——除了把情緒勒索者的要求放到你的時間表之外，你什麼也沒做。

但是，當你不斷地使用這種拖延戰術之後，可能會讓情緒勒索者越發沮喪，進而要求：「快點答應我，現在就答應。」

學著不在意這種不悅的情緒反應，是每個人在「改變」的過程中都必須經歷的艱難任務。過去，這種不快通常出現在妥協的情緒之前，但現在的情況不一樣了，它隨時都有可能忽然出現。剛開始你或許會覺得心裡不太踏實，甚至還有些擔心，這些反應都很正常。漸漸地，心理上的反應還可能延伸至生理變化，所以如果你說覺得有點暈眩、虛弱，我一點也不覺得奇怪。

不過，千萬別讓這種不快的感覺阻礙你改變的歷程。

與不安對話

柔依要求能有多一點時間，但卻益發感覺不安。雖然泰絲不再堅持，但每次都是一副鬱鬱寡歡的樣子。而她越仔細思考泰絲的要求，就越清楚自己絕不能屈服——但這卻讓她的罪惡感日益加劇。

> 我覺得自己好像是個沒心肝的罪犯，感覺越來越差。雖然我什麼都沒做，但卻覺得快要被撕裂了。這個方法真的能奏效嗎？

內心浮現的那股不安是延續我們改變的最大阻礙之一，而我們通常也會將其視為漫天野火急欲撲滅，因為我們根本還沒學會如何應付這股隨「改變」而來的自然趨勢。我們會抗拒它、消滅它，不讓它有生存的可能，但這同時也否決了最有效率的方法。大部分人都不願意徹底檢視這種不快的感覺，只是片面盲目地界定它的意義。

我告訴柔依，想要尋求完整自我的方式之一，便是正面迎擊這股不安，並且學著看清它真實的一面。下一步我要求柔依在家裡挑一樣東西，來代表她心中的不安——可以是一件令她發癢的毛衣、一張不太好看的照片，或是一雙太緊的鞋子——希望藉此能多了解那股令她恐懼的感受。

結果柔依帶來了一雙不合腳，而且不太好看的高跟鞋來，放在她面前的空椅子上。她要把這雙鞋子當成是那股讓她不舒服的感覺，並且還要像在面對一個人那樣對這雙鞋子說話。之後，她還要角色互換，讓那雙鞋子也對她說說話。

柔依以前從來沒做過這種事，所以她有點遲疑。但是我跟她解釋，這對她將有很大的幫助，我要她親身體驗一下，自在地釋放自己的感覺。重點是要說出你真正的感受，想問它問題也行。

柔依熱身了一下，以下是她的練習內容。

> 不安，你知不知道你真是個燙手山芋。你總是陰魂不散，我真是受夠你了。我曾經讓你權力高漲，但是請注意，從現在開始不會再這樣了。我原本以為你力量比較強大，而且

也許你懂得比我多，但是當我直視你的時候，我卻發現你根本不算什麼，你只是個既醜陋又愛惹禍的東西。事實上，當你掌權時，我便只能當個懦夫，但是我真的受夠你了。難道我不該對你置之不理嗎？

我問柔依做完這件事後有什麼感覺。

剛開始覺得自己很蠢，但是當我抓到要領後，我知道自己已經掌控大權了。我的某一部分彷彿變身為一隻兩百多公斤的大猩猩，我知道自己面臨的處境就像這些不合腳的鞋子一樣，它們根本不該存在於我的生活裡，我早該丟掉它們了。

下一個練習是，柔依要和那雙鞋子角色互換，回應剛才的那番話。

妳不理我？這真是個天大笑話。告訴妳，我哪兒都不會去，我不會輕易離開這裡的。畢竟這裡還挺不錯的——我只要使出些雕蟲小技，妳就會乖乖就範了。

藉由這種練習，柔依開始以嶄新的眼光來看待自己喪失主控權以及每況愈下的處境。

但是我告訴她，這樣的覺醒無法在一夜之間改變什麼。雖然現在柔依可以找出一些關鍵點，但她遭逢的不安感並不會就此消失無蹤。因此，從現在開始，只要一有這種不安的感受，柔依就必須在行為上做些改變，還要持續探討會引起這種感受的要素——要以平常心看待「不安」這種感覺，不要老是覺得它難以忍受。

我希望你們能試試這樣的練習。你可以試著對某樣物體說說話，或者寫封信表達自己的感覺。有些人還會以對話的方式進行練習，先向「不安」說些話，然後對它提出問題，要它回答。

儘管你的用詞和練習的效果未必會和柔依完全相同，但我倒是可以確定你一定會獲得很珍貴的資訊。這項練習的要點是要你將不安釋放出來，正視這股感受，並學習操控它。當你勇於面對它的存在時，你就會發現，它的力量已經迅速萎縮，甚至對你的威脅感也少了一大半。

讓事情單純化

如果你身陷兩方人馬的衝突中，或是有第三者想對你施行情緒勒索的手段以圖利他人時，不妨試試這個「什麼都不做」的策略：抽身走人。

對夾在母親與女兒之間的凱倫來說，這是處理三個女人衝突的契機。她是這麼說的：

當我媽媽說「如果梅蘭妮來的話，我就要取消派對」時，我可以用妳教的那招拖延技巧，告訴她，我現在無法做決定，待會再回電給她。然後呢？妳覺得我該怎麼辦？

「妳可以打電話告訴妳母親，妳決定什麼都不做，那是妳母親和妳女兒之間的事。妳也知道，想拉開兩個打架者的和事佬會有什麼下場，他一定會挨揍。所以妳必須趕快抽身，請妳母親自己去告訴梅蘭妮，要她別出現在派對裡吧！妳是不會幫這個忙的，反正還有很多時間可以取消這個派對。看看結果會是如何。」

如預期一樣，凱倫的母親不斷地低聲咒罵、抱怨，要凱倫替她打這個電話。但是當她發現凱倫毫無反應，果真自己撥電話給梅蘭妮，說出自己對這個孫女有多感冒。然而意外的是，這卻使這對祖孫開始誠實地溝通，還將彼此的不爽一掃而空，而成就了一段更誠懇的親密關係。同時，這也對凱倫與母親的關係造成正面效應，因為她了解到凱倫並不會在壓力下屈服。這一切都肇因於凱倫「什麼都沒有做」。

因此，當你捲入了周圍兩位朋友或家人的爭端中，讓自己遠離暴風圈的方法，就是不要為任何一方傳話或是自願當調停者。這很重要，因為如果無法抽身，你一定會捲入這兩人的爭執中，反而對情況一點幫助也沒有。

在瑪麗亞的情況中，她的公公婆婆就插手要瑪麗亞負起身為太太的責任，不要離開他們的兒子。但是瑪麗亞已經告訴傑，她需要時間好好思考這個問題，所以儘管傑要瑪麗亞盡快下決定，她仍不為所動。然而，她公公婆婆的加入卻讓事情更難以解決。

我知道這對他們傷害很大，他們不該受到這種待遇的。他們人很好，也沒做錯什麼事。但我知道，假如我跟傑離婚，他們一定很不好受。我婆婆幾乎每天都打電話給我，說我如果能和傑重修舊好的話，他們會有多高興。

我告訴瑪麗亞，她也該學著如何來個置之不理，不要在乎婆婆的電話轟炸，也不用跟局外人一直討論這個問題。以下是我給瑪麗亞的建議，希望可以有助於她擺脫來自第三者的壓力。

瑪麗亞的婆婆：「弗烈德和我都快受不了了，我們不知道你們現在到底怎麼了。我們很擔心你們倆和我們的孫女，你們要多久才會決定離婚的事。」

瑪麗亞：「媽，我還沒決定。」

瑪麗亞的婆婆：「那妳到底要多久才能決定？」

瑪麗亞：「媽，一旦時候到了，一切就會塵埃落定了，我們談談別的吧！」

只要回答你還沒決定，時候到了自然會有結果，然後就換個話題。有人會問我們很多問題，而我們也覺得自己好像得馬上回答，但其實根本不用這樣。回答「我不知道」沒什麼不對；「等我做了決定就會告訴你」這答案也不錯。如果壓力仍然存在，也可以試試堅持談論另一個話題的方法。即使讓你備感壓力的人並不是情緒勒索者，甚至你還滿喜歡並且尊敬他的，你還是要以自己的時間表為主，千萬別急著做出決定。

留點空間

多爭取一點時間可以讓你仔細思考自己的想法、事情的先後順序以及感受，這點你必須謹記在心。也許你會覺得自己像個破唱盤似的，不斷重複播放著「我還沒決定」這些話，但你要堅持這樣做，而且這一定會有效果的。

然而，如果你還是憂心忡忡，並且被壓得喘不過氣來，試試「離開現場」這招。我不是要你轉身一走了之，而是要你找些藉口離開現場，去別的房間稍微喘口氣。你可以說「我得喝杯水」或是「我要去洗手間，馬上就回來」。如果你真的需要安靜一會兒，就說「我要喝杯水而且需要用一下洗手間」。

順道一提，你可以在家裡、在餐廳、在辦公室、在飛機上用這個方法。事實上，這個方法到哪裡都可以用。一旦你和情緒勒索者之間有了一段距離，一或兩個房間也行，就可以讓你不用那麼急著做出決定，也可以藉此與勒索者保持一些情緒距離。

所謂的情緒距離是指讓你的感覺冷卻一下。當你與情緒勒索面對面時，自身的感受或許會強烈到讓你無法思考、無法判斷、無法分析自己的選擇到底是什麼。這時，遭受情緒勒索的反應完全寫在你臉上：激動、充滿壓力、斤斤計較，全是些不安的情緒表徵，讓你陷入了混亂的狀況中。你此刻的反應是很情緒化的，但你需要更知性、更能就事論事的態度。給自己幾分鐘平靜一下，重複「我承受得住」這句話，讓自己有多一點的時間想想。

步驟二：化身旁觀者

一旦你能從情緒勒索的戲碼中抽身，就該是蒐集資訊以決定如何回應情緒勒索者的時候了。你必須化身為一位旁觀者，觀察自己及對方之後，做出你的決定。

運用想像力

為了讓你達成以上目標，我要你做做看以下的想像力練習。想像有一座五十層高的觀景塔，它的電梯停在一樓。接著你進入這座電梯，但是當電梯開始上升時，你卻很難看到什麼東西，因為有一點霧氣籠罩著。有時候這層霧會散開一些，讓你可以看到一些人和一些物體的大概輪廓，但都不太清楚，若隱若現的。這個階段屬於「情緒階段」，也就是情緒勒索者對我們最具影響力的時刻。

電梯繼續往上，這時你脫離了霧氣籠罩的範圍，有了更寬廣的視野。到達頂樓之後，你更可以鳥瞰周遭地區，你會發現剛才的濃霧不過籠罩在山谷那頭而已；原先感覺範圍廣大的濃霧，其實就只籠罩著那麼一個小區域罷了。這座電梯帶領你進入了不同的境界，那是一個依賴理智、觀察力，以及客觀性做判斷的新領域。現在，你可以踏出這座電梯，享受觀景塔上的寧靜和清澈。謹記，你絕對可以到達這種境界的。

當你迫於情緒勒索者的壓力之下，便很容易屈服於恐懼、責任與罪惡感，而失去了仔細思考的能力，因此以上方法會很管用。我並不是要求你揚棄自己的感受，而是要你加點觀察力和理智進去，以免被感覺牽著鼻子走。理智與感情對我們很有用處，但我們應該在其中取得平衡，同時兼顧理智與情感，別只讓情緒左右你的決定。因此，當情緒勒索甚囂塵上時，你需要一座觀景塔，好好澄清自己的覺察力。

到底發生了什麼事？

花點時間想想情緒勒索者的要求，讓自己化身成一位旁觀者。雖然你的感受不會消失，但你必須專注在整個情勢上。試著問問自己：到底發生了什麼事？把答案寫下來是個好主意，可以讓你保持頭腦清晰。不然的話，你把答案記在腦中也行。不管哪種方法，請依順序回答以下問題，這將有助於釐清整個情況。

首先。往後退一步，先看看情緒勒索者的要求：

一、對方到底想要什麼？

二、對方如何提出這樣的要求？是嬌嗔幾句、語帶威脅，還是很不耐煩？具體寫下當時的狀況。

三、如果你並沒有馬上妥協，那麼情緒勒索者的反應又是如何？你想想他的臉部表情、語調、肢體語言，盡量描述仔細。情緒勒索者的眼神看來如何？他的手放在哪裡？跟你說話時他站在哪裡？有沒有使用什麼手勢？語調聽起來如何？整體的情緒看來怎麼樣？盡量把你想到的都寫下來。

以下是佩蒂描述喬的樣子。

他看來很消沉、很沮喪，甚至還有點鬱鬱寡歡。他的姿勢和肢體語言都表現出他有多難過和失望。他雙手交叉在胸前，而且根本不看我；嘆了一大口氣，拉了拉毛衣上的絨毛，說話時還唉聲嘆氣的。然後他起身，關上臥室的門，在房間內打開了收音機。

接下來，讓我們想想自己的反應。

一、你怎麼想？

寫下你腦中的想法，尤其是那些不斷浮現的念頭，我們可以由此看出你多年來的信念。以下是我歸納出，情緒勒索中受制者的一些想法。

- 對他多一點讓步也沒關係。
- 如果我愛他，就要讓他快樂。
- 善良可愛的人就該讓別人也快快樂樂的。
- 如果我表達了自己真正的想法，對方一定會覺得我很自私。

- 我覺得遭到拒絕是最慘的一件事。
- 如果沒人能解決這個問題，那就由我來負責。
- 我從沒爭贏過這個人。
- 對方比我聰明、有力多了。
- 這樣做又不會要我的命，況且他們真的很需要我。
- 他們的需求和感受比我的重要得多。

以上哪種情況跟你遇到的很類似？不妨問問自己：我是在哪裡學到這種看法的？我對這種看法深信不疑有多久了？

以上的看法其實「都不真確」，但我們卻對此深信不疑，因為幾十年來我們都是這樣被教導的。就像我之前提到的，我們認為自己「選擇」了某些信念，但事實上是，我們在很多階段都被部分有力人士灌輸了一些概念——如父母、老師、導師、密友等。因此，在這些信念以情緒勒索的面貌出現之前，我們有必要先確立自己到底相信什麼，因為你的所有感受將奠基於這些信念之上。

感覺並不像我們想的那樣短暫、突如其來，因為它是我們思想的具體呈現。我們因為情緒勒索而產生的所有憂慮、難過、恐懼或是罪惡感，都是因為我們對於自己該對別人負擔的範圍、是否受到歡迎，以及責任感有著負面的認知，而我們之後的行為常是為了撫平心中因此產生的不安。底線是，為了改變這種自我貶抑的行為模式，我們得從根本著手——就從我們的信念開始。

當伊芙因為艾略特不高興而放棄課業時，她抱持的信念是「他的感受比我自己的還重要」，而這代表的意義就是：對方比我重要，我想要的東西根本微不足道。結果從這種信念衍生出來的感受就是：罪惡感、責任感以及同情對方，所以伊芙最後採取的行動就是放棄課業。

我們的情緒深受腦部的化學變化以及周遭的事件所影響。但是，有許多人因為持續的沮喪及憂慮失調所導致的生化失衡，讓信念影響感受的情況不斷惡化。因此，發掘出你最深層的信念，將有助於釐清自己的感受。一旦了解這層關係，就會知道「信念」與「感覺」如何造成一味對他人妥協與屈服的行為模式了。

二、你的感覺如何？

再次回想你和情緒勒索者交手的過程，你有什麼感覺？把你的感覺寫下來，可以參考下列這些情緒字眼。

氣憤／受到威脅／受到傷害／有罪惡感
惱火／不安全感／挫敗感／失望透頂
錯誤／力不從心／命中註定／嚇得要死
憂心忡忡／不夠貼心／痛心疾首／目瞪口呆
中了圈套／困惑不已

以上列表有點像是在為你的情緒把脈，方法雖然簡單，卻是重要的診斷工具。記住，感覺是一種情緒狀態，可以用一個詞或是兩個詞表達出來。在你說出「我覺得……」的時候，就是在描述自己認為或相信的事實。因為我們要試著分辨信念與感受之間的不同，並找出兩者間的關係，所以必須做些釐清。

例如，「我覺得我丈夫老是取得優勢」是一種想法。至於感覺的部分，你可能會這樣說：「我相信我老公總是取得優勢，這讓我覺得挺沮喪的。」

現在看看你的身體反應。

當你看著以上列表時，哪些情緒會激起你生理上的反應？害你的胃部翻騰不已？無言以對？背脊不自覺挺直？或是讓你臉頰發燙？請注意你的身體對這些情緒的反應。

有時候，我們的身體會出現一些明顯的徵兆。我們嘴上說一點都不擔心，卻汗如雨下；說一切都沒問題，胃卻會緊張地打結。畢竟生理反應不會進行否認及合理化的動作，只會老老實實透露出最真實的感受。要謹記一點，當你在分辨自己到底是氣憤還是憎恨時，你可能就在被迫接受一項最不符合自身利益的要求。

三、**什麼是你的爆發點？**

情緒勒索者所使用的字眼及肢體動作，會在我們心中激起一種很特別的回響，這也是判斷我們個人極限的重要依據。臉部表情、語調、姿勢、字眼，甚至味道，都可能啟動我們內心的信念與感覺系統，而讓我們對這些要求做出讓步。這些要素直指我們的痛處，除非對它們有更深的了解，我們才有可能脫離它們的宰制。

仔細觀察自己，並想想過去所遭遇的情緒勒索經驗，列出有哪些行為最能逼你就範。

以下是我觀察到的一些方式：

- 大吼大叫。
- 用力甩門。
- 使用一些特定的字眼（如自私）而讓我們不太高興。
- 哭哭啼啼。

• 唉聲嘆氣。
• 氣憤的表情，如：臉紅脖子粗、皺眉頭等。
• 一言不發。

然後，把這些行為與你的感覺連在一起：「當情緒勒索者＿＿＿＿，我就覺得＿＿＿＿。」

當我要賈許做這樣的練習時，他發現他父親只用表情，就會讓他的心情七上八下。

「蘇珊，我列好表後，發現只要父親一臉紅脖子粗，根本不用說話，就快把我給嚇死了。我找遍了所有的形容詞，想要找一個比『嚇得要死』好聽一點的詞，但是卻發現還是它最能描寫我的心情。恐懼對我來說，就意味著反抗或是逃避——而我只是照著自己的生物本能反應而已。」

當你在觀察時，最重要的就是要對自己坦誠。不要去評斷感覺的好壞，也不要去評定它的用處，或是去認定自己這樣對不對。

我發現以下句子能幫助觀察順利進行：

• 這樣不是很有趣嗎？

• 我正開始注意到……
• 我從來不知道……
• 我現在才發現……

當賈許用以上方式來描述自我觀察的結果後，他發現自己的防衛心態和憂慮減輕了不少。「當我發現自己在父親開始臉紅脖子粗時，就會感到非常害怕。這不是很有趣嗎？」比起「父親一臉紅脖子粗，我就會非常害怕。」的句子，前者不是看來更深思熟慮，而且更客觀嗎？這種客觀的態度將有助於你保持理性，並脫離自我批評的深淵。「當我對自己說：『這不是很有趣嗎？』我便覺得自己不再像個小孩或是懦夫了。」賈許這麼說。

「這不是很有趣嗎？」讓賈許接收到的是客觀的觀察結果，並能和心中那位習慣批評我們反應的裁判保持一些距離。

在你能真正跟自己的信念、感受，及行為連上線前，不能鬆懈「觀察」這個動作。雖然情緒勒索者已從心智及知識兩方面掌控了以上三要素的緊密連結，保持著控制我們反應的優勢。但是，從現在開始，你已經加入戰場了，以前那些屬於「內部消息」的重要資訊，現在你也拿得到。接下來，我將要傳授你一些方法，讓你能將所有的準備工作及知識轉化為有效的行為策略，對你與情緒勒索者相處的既定模式進行一次徹底的改變。

第九章　做決定的時候到了

過去，對於別人急欲達成的需求及欲望，我們總是主動地提出妥協——這幾乎是面臨壓力時的一種自動反應。但是，現在你已經知道如何多爭取一點時間，以便好好考慮「自己」到底要什麼。雖然我不能替你做決定，但是我可以幫你提出一些深入的問題，讓你能以客觀立場檢視別人對你的要求，並仔細思考自己要妥協還是拒絕。接著，我還會告訴你一些方法，讓你在向情緒勒索者表達出最後決定及處理他們的反應時，能更加得心應手。

「要求」三態

首先，讓我們先回到別人對你的要求上。請你回答一些問題，並把答案寫下來。不要對自己太嚴苛，也不用一輩子對這些答案負起全責。如果你改變心意或是想到別的答案，也可以回頭換一個答案或做些詳細的說明。

- 對方提出的這個要求，哪一部分讓我覺得很不舒服？
- 這個要求的哪些部分我可以接受？哪些不能？
- 對方的要求會傷害我嗎？
- 這個要求會傷害別人嗎？
- 對方所提出的要求，有考慮我的需求和感受嗎？
- 這個要求本身或表現方式讓我覺得恐懼、得負些責任，或有罪惡感嗎？是哪個部分讓我有這種感覺？
- 這個要求對我來說代表什麼？

你可能會注意到，如果仔細檢視對方所提出的要求，會發現其實除了一小部分外，大體上自己倒是都可以接受。例如，你丈夫強迫你跟他一起跑遍國內各地拜訪他的朋友時，雖然你很願意去，但現在你的工作正忙得不可開交，他挑這個時候提出要求就會讓你很不高興。這時，重要的第一步就是要描繪出你具體的感受。

當你允諾了這樣的要求時，同時也可能警覺到有人會因此受到傷害。這時你體內的「完整自我氣壓計」已經在警告你：山雨欲來風滿樓！

在檢視你的回答時，你會發現大部分的要求其實都不脫以下三種形態：

一、這要求沒啥大不了的。
二、這要求不但牽涉到一些重要事件，而且也已經影響到你的完整自我了。
三、這要求牽涉到一個重大決定，一旦讓步，將會對你或別人造成傷害。

在每種不同的情境下，自然得有不同的決定與回應方式。因此，在接下來的章節，我將告訴你在每種情況下的不同應對方式。

沒啥大不了的

在我們的日常生活中，有一些不大不小的決定不斷地在上演著，其中不外是決定時間與花費，例如到哪裡去度假，花多少時間跟某人相處，如何在事業、家庭與朋友間取得平衡點等。這些決定不會重大到關係我們的生死，而且就算有些爭執發生，也是很平常的事。不管怎樣，都不會有人受到嚴重的傷害，頂多可能是對方的態度讓你不太高興，至於要求本身倒沒什麼大不了。也正因為如此，有些人一遇到這些問題就會「自動讓步」，因為他們認為這真的只是小意思，沒什麼大不了的。

但是請注意，在與情緒勒索者交手的過程中，我希望你不要用到「自動讓步」這招。無論事情有多微不足道，請你先檢視整個情況，尤其在你被迫要做出決定的情況下更是如此。一旦有任何讓你覺得困擾的地方，就要把事情好好弄個清楚，並了解這個決定對你們的關係將有什麼影響。

檢視過程

股票經紀人琳恩的母親愛倫，老是給她些負面的評比，讓琳恩不論在工作上或只是想到過幾天要和母親一起吃晚飯，都會忐忑不安。我要她重新想想事情發生的經過。

「哦，不會吧！」她說，「這太誇張了，我只是太累了，畢竟吃頓晚飯並沒什麼大不了，又不會害我送命。」

「說一下嘛，」我告訴她，「或許我們會發現什麼也不一定。」

「好吧，」她不太情願的答應了，「我很快講一下。要陪媽媽一起出去吃晚飯唯一讓我覺得困擾的是，只要我一說自己很累，她就會開始說以前卡洛琳都會花時間陪她。我當然願意跟她一起外出用餐，這樣並不會對任何人造成傷害。但母親關心我的感受嗎？我並不這麼認為，但這只是一頓晚餐而已啊！我幹嘛要為這個斤斤計較？她讓我覺得害怕嗎？不會。我會覺得要負起責任嗎？有一點。有罪惡感嗎？有一些。但這又怎麼樣？我還是會跟她一起外出，而且我很高興自己這麼做了——不管你相不相信，我們很喜歡一起消磨時間。對我來說，我會盡力讓她覺得快樂，而我也很喜歡這麼做。」

我向琳恩詢問，為什麼回答這些問題會覺得有壓力？

「我想可能是我太小題大作了。」她覺得是自己做了些讓母親不太高興的事，才讓母親似乎不太關心她。

跟前面第五章提到的那些反應過度情緒勒索者相較之下，很多受制者就顯得低調多了，他們常常不把自己的感受當一回事，對造成困擾的因素也一概否認，還用理智說服自己沒有理由去拒絕別人的要求。

我向琳恩建議，在她檢視母親一些要求的同時，也可以利用幾個問題來探討自己習以為常的回應方式。我當然不是說每個人都得錙銖必較，我們沒必要過度分析每件事，而你的處事方式當然也不用全面翻新，但是，如果你經歷過情緒勒索的情況，你更要仔細檢視自我行為。如果你認為自己也有琳恩那種低調處理的傾向，我建議你問問自己下列這些問題：

- 你們之間有固定的相處模式嗎？
- 你習慣說「這沒有什麼」「沒問題」「我沒什麼特別偏好」，或是「我不在乎」這類的話嗎？

- 如果事情要你全權做主，你會怎麼做？
- 雖然你嘴上答應了，但生理上卻會有截然不同的反應嗎？例如，你心裡想：「這不過是場電影嘛，即使我不喜歡看，不過我還是會去。」但卻覺得今天胃酸讓你感到特別不舒服。

如果對以上問題你的答案都是肯定的話，現在就是你表達自己真正看法的時候了。在你說「沒問題」的同時，更應該分辨出這個要求讓你困擾的一些要素，並且把它說出來。給自己機會說出「我不要」或「我不想」，不用多解釋什麼。不要低估了自己說「不」的權利。一旦我們能在小事上堅守立場，就不怕面對更艱辛的狀況了。

你要謹記，有時候當下情況讓我們不得不說出拒絕的話語時，往往不是著眼在這個「要求」本身，而是對方提出這項要求的態度。像琳恩就這麼說：

我「真的」願意帶媽媽出去走走，但讓我不高興的是她要我一定得答應她的態度。還有，我討厭被拿來跟卡洛琳比，如果她不要再這樣做，我會很高興。

情緒勒索者施加在我們身上的壓力會讓我們覺得被侮辱、被瞧不起，因此我們不能認為那只是芝麻綠豆大的小事，就低估或忽視它所造成的影響。就拿琳恩的例子來說，她應該要打電話告訴母親，自己有多討厭老是被拿來跟卡洛琳相比。沒錯，琳恩可以帶母親出去吃個晚餐，這一點都不成問題，但問題是，她得向母親解釋，其實母親根本不用依靠情緒勒索的手段來提出要求，因為琳恩是非常願意抽點時間陪陪她的。

有意識的讓步

假如在仔細思考過對方的要求，並考量過自我的想法、感受、喜好之後，你才做出讓步，這就叫做「有意識的讓步」。如果運用得當的話，有意識的讓步會是達成你所希望結果的最好方式。但是，你一定得經過一段縝密的自我反省過程，才能達成這樣的目標。這個過程將遵循我前面提過的SOS三大步驟：停下來、冷靜觀察，以及擬定策略。

在以下情況中，有意識的讓步將會是一個好選擇：

- 在檢視對方的要求之後，你發現這不會有任何負面影響。也許這個要求讓你不太高興，但情形並不特別糟糕，而且你們也不會陷入情緒勒索的泥淖中。對方的要求也許讓你覺得無聊，卻不會傷害到別人。這時你可以答應他的要求，因為你們之間的關係還不錯，或是就當作表現你的慷慨也行。

- 在檢視對方的要求之後，你發現，即使得和情緒勒索者進行「交易」，但這並不會產生負面效應。假如這次你讓步，那麼下一次就是對方妥協。比方說，假如今年是我選擇度假地點，那明年就換你選。我並不建議你跟朋友、同事，或是所愛的人談交換條件：「我讓你兩次，你只還我一次，所以你還欠我一次！」但是回想一下最近你與對方的「交易」，是不是都是你讓步比較多？如果真是如此，那麼權力不平衡的狀況已經開始發酵了。在這種情況越演越烈之前，你得表示些自己的意見。
- 在檢視對方的要求之後，你發現即使答應了也不會傷害到任何人，但是你只願意答應其中的某些部分。這時候，這種情況便牽涉到討價還價——你只對部分要求說「YES」，然後做為交換條件，你可以要求情緒勒索者刪去那些讓你感到困擾的要素。
- 在檢視對方的要求之後，你決定這次說「YES」——這是一個策略。你知道自己答應這項要求的原因，而且心中也有了計畫，要去改變原先你根本無法接受的情況。

在以上四種情況中，前兩者的情況比較單純；在觀察整個情況後，你決定妥協，這其中沒有不快、沒有心機、沒有權利不平衡、也沒有衝突。如果你承諾讓步——這次是你，下次就換對方——那是因為你相信對方會尊重這項遊戲規則。

至於後兩者的情況則較為複雜，我們得更深入探討。

有條件的「YES」

當琳恩考慮如何讓她和母親的晚餐別對自己造成太大壓力時，她才發現自己除了跟母親吃頓晚餐，並花上整個晚上陪她之外，根本別無選擇。

我問琳恩，如果妳老實地告訴母親可以跟她出去吃飯，但飯後妳得早點回家休息時，會不會有很嚴重的後果？

「我真的可以這樣做嗎？」琳恩問。

「當然可以，」我回答，「妳只要告訴她，妳這個禮拜真的忙壞了，因此，雖然妳很願意跟她一起吃頓晚餐，但沒辦法陪她整個晚上。」接著是更重要的，妳必須這樣說：「媽，請妳別再拿我跟卡洛琳比較了，尤其是當我沒辦法順從妳的時候。這樣的比較很傷人，而且讓我覺得很不舒服，也不太想陪妳了。我現在正式跟妳說明，只要妳再這樣做，我一定會馬上制止妳。一言為定，好嗎？」

解決方案就是這麼簡單，但琳恩卻從未察覺到。正因為與情緒勒索者溝通時，模糊不清的互動方式往往讓我們對解決方法視而不見，所以我們一定得慢慢來，並且用心觀察。如此，在你一直習於對情緒勒索者的要求做出讓步時，你才有可能了解每一個妥協之外可能造成的影響。如果在回應情緒勒索者的要求之前，你能對自己的決定了解得更透徹的話，你便會發現，所謂「雙贏的妥協」是存在的。

危機升高

當我們仔細檢視對方對我們所提出的要求時，不難發現「許下承諾」還真是一個重大的決定。雖然承諾未必會造成重大的危機，卻有可能違背了自我的行事標準、是非觀念及自尊。這時，即使大腦還未能判讀出這樣的訊息，但我們心中的不快卻會急速升高，而讓我們不太自在。畢竟有些要求已經超過我們的能力範圍了，我們是不會輕易妥協的。

和大部分的人一樣，柔依也很擅長理性分析自己拒絕別人的理由，以及造成心裡不痛快的原因。但是，當她仔細思考泰絲所提出的要求時，她才發現泰絲的論點根本站不住腳。

雖然她說自己可以做得到，但我知道她根本沒能力擔當這個重責大任。然而站在朋友以及上司的立場，我又想要給她一次機會——這就讓我進退兩難了。一方面我不想讓她失望，但我又不放心把這個大客户交給她，畢竟這可是公司非常重要的客户。我想我可能有點完美主義者的傾向，但現在這個客户是絕對不能交給新手來負責的。重點是，我到底要怎麼做才不會傷害到任何人？如果我們不能滿足這個新客户的需求，我會很不好過，同時更會波及到其他人。

在評估情緒勒索者的要求時，即使是像「答應他的話，會傷害到我或其他人嗎？」這樣一個簡單的問題，都能幫助你更了解真實的狀況。因此，柔依了解到，她無法在違背自我專業及良心的情況下，答應泰絲的請求，因為她有自己的立場。

金錢並非萬能

珍幾乎要被姊姊提出的優渥條件給說動了！只要她給卡蘿一千元，卡蘿就跟她交換她夢寐以求的家庭溫暖。

妳知道的，只要我借她這筆錢就有可能讓我們恢復以往的親密，這是很值得的。雖然我跟卡蘿以前有過很多不愉快的事，但也許她已經變了，說不定這次我借她錢就可以改變我們的關係。況且我也願意幫助她的孩子，反正我最多就是給她一千元，這不算什麼。

對珍來說，一千元其實是很大的數目，但她卻願意付出，即使她知道這筆錢收不回來也無所謂。但是，她忘了要維護完整的自我。「我現在就得做出決定，別跟我談什麼自我完整性。」她大叫，「卡蘿告訴我，她們可能就要流落街頭了。而且這次我們沒有衝突，我不覺得這跟我的完整自我有任何關係。」

「我知道在壓力下，妳會覺得這兩件事好像毫無關聯。」我告訴珍，「但是聽我的話，請妳先回答以下的問題，再看看兩者之間到底有沒有關聯。」

為了替珍釐清「完整自我」與「幫助卡蘿脫離困境」兩者間的關係，我請珍回答以下的問題。同樣地，當你對某人的要求有些疑慮，但又說不出是哪裡不對勁，或是想評估應允這項要求需付出的代價時，這些問題對你將會很有幫助。

如果我答應了某人的要求：

• 我是否仍然能堅持自己的原則？

- 我是否會讓恐懼宰制了生活？
- 我會和傷害我的人起衝突嗎？
- 我能決定自己的行為準則嗎？還是得聽別人的命令行事。
- 我仍然能遵守對自己的承諾嗎？
- 我能保持身體和心理上的健康嗎？
- 我出賣了別人嗎？
- 我說實話了嗎？

你也許注意到，以上這些問題都牽涉到所謂的「完整自我」。一旦我們無法對自己誠實，這些問題便會透露出一些訊息，珍就發現了幾個值得深思的問題。

「我會和傷害我的人起衝突嗎？」這個問題對我來說有如一記當頭棒喝。卡蘿過去的確對我造成很嚴重的傷害，而且很多人也被她傷害過，但這些都沒有人告訴過她。而我仍然能遵守對自己的承諾嗎？事實上，在我們上次的嚴重衝突之後，我曾發誓再也不會受她的擺布了。更何況只要一談到錢，她就一點都不值得信任。最後，最嚴重的問題就是：我說實話了嗎？對我來說，卡蘿一直都沒變，而我的家人也是如此。因此我不可能像變魔術一樣，只要寫張支票，大家就會變得和樂融融。但如果我答應了這項要求，我就出賣了任何人嗎？是的，我出賣了自己。

珍靜默了幾分鐘，然後她問：

要怎麼把這些事情輕鬆地丟開，假裝一切都沒發生過？這比把一千元丟進馬桶裡還讓我難過啊！

講到借錢，問題就來了。你曾借錢給這個人過嗎？這個人值不值得信任？但如果牽涉到的是親密的家人或朋友，那錢的意義就不一樣了；它代表了感情、信任、能力，以及實力消長。比如說，飛黃騰達的朋友和親戚，就會對周遭一些不成材的親友十分感冒；另外，在家庭中，總會有一些財務狀況穩定的成員，或老是不負責任、不知檢討的年輕小伙子。

這種狀況以前也曾發生在珍的家庭中。但現在，她可以用一種嶄新的知識和覺醒來做出決定。這次，她決定要拒絕卡蘿的要求，因為她知道，假如屈服於卡蘿的情緒勒索，就等於想用錢買到一個根本不存在的情感；再者，她也會讓卡蘿將自己多年來的積蓄揮霍一空。（我提醒她，這類的情緒勒索狀況並非單一事件，很可能會引起一連串的連鎖反應。）最重要的是，她花上昂貴代價得來的結果可能不如她的想像，而且她打破了對自己的承諾，自尊可能也得丟到一旁。這一切對她完整自我的損害，將是無法估計的。

保存親密關係中的完整自我

在「性」的領域中，很多人都會因為期待不同或壓力，而嘗到失敗的苦果。在這個範疇裡，我們是最脆弱、最赤裸的，並且強烈希望自己被對方接受——同時也試著接受對方。因此，假如我們不能讓對方了解自己到底喜歡什麼、討厭什麼、什麼最能撩起我們的欲望、什麼讓我們覺得很不舒服，也就不能得到真正的親密感。但是，我們並不想局限於某些原則，因為對於「性」這檔事，每個人都會有不同的感受。我們也知道，「性」對於吸引他人有很大的力量，一旦掌握了這股力量，便很容易對他人予取予求。因此，如果我們不小心使用這股力量，便可能將「性」用在錯誤的用途上，只為了證明：有人在乎我、我可以自己作主、對方拜倒在我的石榴裙下，甚至把它當作一種處罰手段或是藉此擺脫情緒勒索者的「迷霧陣」。

如果在這種情況下，你要如何做決定？這可沒有絕對的法則，只要你和對方同意就算。你必須清楚自己的需求，也得要了解對方的需要。接著，你得仔細評估這些要求對自我完整性的影響，再決定自己想不想這樣做。雖然有關「性」方面的問題十分細微，似乎沒辦法用理性的方法來分析，但接下來你可以看到，這方面的問題仍然可以透過一些步驟來檢驗，你也可以這樣來運用。

這真的是愛？

「性愛」其實也牽涉到施與受的概念，如果是為了取悅對方，有時候做點讓步也未嘗不可。比方說，男人一大早就想做愛做的事，但太太卻還在睡夢中，而且也不一定有心情，然而她還是願意配合老公——除非老公經常有這樣的要求，而女方也總是不得不妥協，否則她並沒有什麼損失。在兩情相悅的男女關係中，偶爾讓步應該不會傷害到自我，除非這已經成了一種義務或是苦差事。同樣地，當女人要求另一半「穿上牛仔靴」好滿足她的遐想時，即使對方覺得這有些滑稽，但在一段親密關係之中，絕對容許取悅對方的些微讓步。

但是，假如對方的要求太過火，而讓我們覺得受到傷害，那麼我們就應該採取保護措施。海倫就談到她與吉姆共處一晚後有多麼不愉快，因為吉姆對她似乎已經沒有感情了。「這對我來說真的很不好過，」海倫說，「我已經很努力在取悅他了，但他卻讓我覺得如果我再繼續下去，無異是自取其辱。我喜歡性愛，但是上次做愛一點樂趣也沒有。我覺得自己在不知不覺中被利用了。」

我提醒海倫，即使很努力地讓對方感到愉悅，但除非你是真心的，否則在被迫的情況下，性愛的品質也會很不同，海倫馬上體會到這兩者之間的差別。「雖然我愛吉姆，但我已經決定了，」她說，「我不會再讓同樣的事發生第二次了。」海倫尋求我的協助，因此，我也將在下一章中告訴大家在這種情形下，該以何種方式回應。

當對方一點都不想做，但你卻祭出強迫手段時，可是會讓人很不愉快的。假如遇到這種情況，你應該捫心自問：這真的是愛嗎？或者只是力量、控制欲、宰制權的一番角力？如果這真的是愛，對方應該也會重視你的感受。如果不是的話，護衛自尊與完整自我，就該是你的第一要務了。

重大決定：小心處理

當情緒勒索者的要求引發的危機日益升高之際，我鼓勵你擴大下決定前的思考範圍，仔細地考慮每種選擇對你的生活與自我將產生何種影響，尤其是在做一些重大決定時更是如此，例如：

- 決定一段婚姻或親密關係的未來。
- 結束與父母或親友之間的親密關係。
- 決定是否繼續留在一個不愉快的工作環境。
- 巨額的花費與投資。

如果情緒勒索者願意和你達成妥協，藉由妥協方案不但能保住這段親密關係，同時也能去除那些讓你不痛快的要素，那就太完美了。你的目標應該不是要求「完全聽我的，不然就滾蛋」，而是把情緒勒索者所缺乏的「施與受」觀念加進你們的關係之中。

給自己一點時間好好思考情緒勒索者的要求，以及自己可能採取的對應方案，但以下狀況除外：

- 對方對你進行人身攻擊或威脅要攻擊你。
- 對方酗酒、嗑藥、賭博或欠債不還，而且不承認或拒絕接受治療。
- 對方的行為牽涉不法。

以上情況是不容你再多加考慮的，這時你得迅速做出決定並採取行動。

以不變應萬變

我們前面提到那位在法庭工作的莎拉，一直想和男友法蘭克結婚，但是他對莎拉不斷的測試，讓她不由得感到遲疑。當我要求她檢視自己做出決定的過程時，她才發現在快快樂樂地嫁給法蘭克之前，她自己得先做些改變。

我給莎拉一份作業，要她列出兩張表，一張寫明自己對法蘭克的期許，另一張則寫下法蘭克可以接受和不能接受她哪些行為。「我可以做兩種表嗎？一張是『你這個大白痴，你以為你是誰啊？』，另一張才是真正的。」莎拉問：「我覺得自己需要發洩一下。」

如果你也有這樣的感覺，或許你也想這麼做，或是找些其他無害的方法來發洩一下自己的挫折感。雖然仔細思量自己的需求能讓你保持冷靜和理智，但事實上，很多情緒勒索的受制者早已恨得牙癢癢的，幾乎要瀕臨爆發了。

我提供一個宣洩情緒的有效方法，在你面前放一張空椅子，想像那個讓你氣得要死的人就坐在椅子上面（放上那個人的照片也可以），然後大聲地把你對他的想法和感覺說出來。不用當著他的面，卻能宣洩出對情緒勒索者的氣憤，對減輕積怨和獲得心理上的平衡很有幫助。如果你當面對著情緒勒索者大發脾氣，不但對事情毫無幫助，甚至可能使你們之間的不睦氣氛更加嚴重。

因此，莎拉也依樣畫葫蘆了。

法蘭克，我不知道我們之間到底怎麼了。剛開始你不是對我很好嗎？我還以為自己對你很重要。但愛情不是考試。我是你的朋友、你的情人，也許將來還會成為你的另一半，這樣的愛居然還得經過測試，這讓我覺得很氣。你說什麼？就因為我不肯幫你妹妹照顧小孩，你就不能娶我？愛情是不能拿來交易的，法蘭克，我不想用這樣的方式來得到你的愛。你把我當成什麼了？你真是個混蛋！住手，不要再這樣對待我了！

當莎拉說完這段話以後，她吸了一大口氣，然後微笑著轉身告訴我：「好了，現在我可以開始列清單了。」

我告訴莎拉，我們之所以要把自己對這段親密關係的需求列出來，並不是為了要獲得整個情勢的掌控權，而是為了要表達自己的願望：「希望這段親密關係能更接近我的理想」。

以下便是莎拉完成的列表。

一、不要再測試我對你的感情了，不管你想不想跟我結婚，你都沒權利這麼做。我愛你，而且我想要嫁給你，但是我不想再勉強自己去證明這點了。如果你對我的感覺還是不確定，請你跟我說，讓我們一起來解決。

二、我愛你，但我也想要擴展我的事業，這兩件事其實可以並行不悖的。但如果你不這麼認為，那就代表我們之間有些問題需要溝通，而且事不宜遲。

三、希望你別再把我的不讓步，解讀成我根本不想聽你的。這兩者之間根本毫無關聯。

四、如果你要我為你做些什麼，就請你說出來，只要在不損及我利益的情況下，我都願意去做。但是，如果我拒絕了你的某些要求，也請你別把我當成犯了滔天大罪的犯人那樣看待。

「感覺真好，」莎拉說，「但是現在我反倒有點擔心了。如果法蘭克笑我怎麼辦？或者他就是不讓我這樣做，那又該怎麼辦？」

「總之，妳要試了之後才知道。」我告訴莎拉，「妳可以先預演一下，看要怎樣才能很自然地告訴他，然後再觀察他的反應。妳要記住，現在還只是妳蒐集資料的階段，不要有任何假設，只要隨時注意事態發展就好。現在妳得做兩個決定，一是告訴法蘭克妳的需求，二是觀看法蘭克的反應後，再決定你們倆的關係該如何發展。」

解除婚姻危機

麗茲已經忍氣吞聲好些年了，因此當麥可又對她想要重返職場的要求不太高興時，她就一股腦地全爆發出來了，而且兩人都採取了威脅的手段——麗茲威脅要離家出走，麥可則威脅要把雙胞胎小孩帶走，而且讓麗茲身無分文。當麗茲重新檢視麥可要她「留在家裡帶小孩」的要求時，她知道自己一旦答應，便表示著放棄一些對自我重要的意義。

於是我建議麗茲寫封信給麥可，來陳述自己的感受，並再次說明自己的需求。如果她認為需要表示歉意的話，她也可以道歉，同時我也建議她使用莎拉的方法，以一種平和的語氣，來表達自己的看法。

在你和情緒勒索者之間的衝突越演越烈之際，寫封信向他表達自我看法是一種安全的做法。這樣你既不用擔心自己因為太過緊張而忘了想說的話，也能確保自己的確表明了心中最重要的想法。

以下是麗茲寫給麥可的一封信：

親愛的麥可，

我之所以決定寫信告訴你我的想法和感受，而不選擇用面對面的方式，是有理由的。最重要的原因是，我怕你又跟往常一樣，只要一討論到我們之間的問題，就會大發雷霆。

現在，如果我決定跟你離婚，你又用一些更可怕的下場來威脅我，這會讓我更加害怕。這些日子以來，我的頭腦總是一片混亂，以至於我根本無法清楚思考。我知道自己從未清楚地表達過立場，但其中一個原因是只要你一聽到不想聽的，就會馬上打斷我的話。所以現在我只能藉著把看法寫下來，才能稍稍組織一下自己的想法，而且將它們清楚表達出來。

我希望在你讀完這封信之後，我們能平心靜氣地坐下來好好談一談，不要每次似乎都要拚個你死我活。

麥可，如果我們之間的關係能夠改善，變得更健全、更可愛、更平等的話，那我實在不願意離開你。即使過去這幾年來你做了那麼多傷害我的事，但我仍然深愛著你，而且我知道你也依然愛著我。你可以說是世界上最棒的男人，但如果要我留下，我希望你能為過去的錯誤負一半的責任，也請你與我共同努力，讓我們的生活重新步上軌道。

我發誓會付出同樣的努力。事實上，我現在就開始在做了。我知道在你對我重回學校上課這件事感到不太高興時，我有點反應過度；我也知道因為我說要離婚而且還找了律師，你才會大發雷霆並口出威脅。之所以會造成今天的結果，我們兩個都有責任，但我們卻沒有表達自我感受的機會。我原本只是想讓你知道你不能宰制我的生活，但卻搞成今天這種局面，我真的很抱歉。

其實我原本並不曉得到底為什麼我們會變成這樣，直到我接受蘇珊的諮商治療之後才恍然大悟。這種情況就叫做「情緒勒索」，而它存在於我們之間也有好一段時日了。你以前就常會施行一些「小懲罰」的手段，比如說，故意把車庫鎖隨便亂放，雖然這樣的行為十分幼稚，讓人有些氣不過，但和我們一起共享的那段快樂時光相比，根本不算什麼。然而現在我知道，自己該對情況演變至此負上一半的責任，因為我沒有讓你知道你的行為有多折磨人，也沒能告訴你這樣的要求我根本無法接受。不過，現在情緒勒索已經逼得我沒有退路了；因此，除非能有所改變，否則我是絕對無法再繼續這段婚姻的。

我現在正努力地接受諮商治療，以重建我的自尊，並且試著去了解自己到底為什麼能忍受情緒勒索這麼多年。但我無法孤軍奮戰。我知道你重視的是解決方案，因此現在我就告訴你，如果你真的有心要挽回我們的婚姻，那麼你應該做些什麼：

一、你必須立刻停止責罵和威脅我，這點不准討價還價。我知道你不可能把錢和孩子都帶走，所以省省吧！如果你很氣我，或是擔心我真的會離開你，可以親口告訴我。但是，我不會讓你把我當小孩般任意處罰，而且如果你繼續這樣做的話，必要時我會離開。（麥可，我不知道你可不可以獨自完成這個任務，但如果你能去尋求一些專業協助，並學著控制自己的憤怒，我不知道會有多高興。）

二、我希望在每天晚上孩子睡了以後，我們能有一段獨處的時間，好好談談。我們都有滿腹牢騷，雖然我並不期待事情能在一夜之間圓滿解決，但我們可以把問題說出來，一起尋求折衷方案及解決辦法。

三、我知道你有潔癖，而我卻總是丟三落四的。我會試著把東西收好，但你也要稍微降低你的高標準，讓我和孩子能稍微喘口氣。也許只要你不再老是祭出懲罰的手段，就是幫我個大忙了。

四、不要再對我大吼大叫。這不但會造成我的心靈創傷，還會讓我想起父親及過去的不愉快回憶。

我衷心期望你能接受以上的請求，而且我也願意和你一起努力。蘇珊建議我們可以給彼此六十天的時間試試看，我覺得這個提議不錯，到時候我們可以再重新評估整個狀況，以及彼此的感受。現在的我雖然很害怕，卻也充滿期待，因為我認為這是讓我們婚姻回春的好機會。

——麗茲

麥可一直對麗茲祭出懲罰和情緒虐待的手段，他會如何回應麗茲這封說明需求與希望的信，很難預測。然而，不論如何，這封信對麗茲來說，已經是個正面的起步了。

工作危機

當情緒勒索的狀況發生在工作上，尤其牽涉到上司時，問題看來就不太好解決了。雖說「來自地獄的上司」聽來有點誇張，但糟糕的是，這種狀況往往都會有嚴重的權力失衡現象。通常遇到這種情況時，我們都會體認到，這個情緒勒索者主宰了我們的生計，我們是不會跟付薪水的人過不去的。然而，就像談戀愛一樣，我們並不會特別注意這種職場上的情緒勒索，除非決定辭職，所有的問題才會浮上檯面。

你可以有選擇

以雜誌編輯金為例，她覺得自己已經快不行了。

我整天都坐在辦公桌前不停地打電腦和打電話，累得快要不能思考了，但我老闆肯恩卻還是老在我旁邊囉囉嗦嗦的，而且他給我訂下的標準根本是「不可能的任務」。我可不像一些同事是十足的工作狂，但如果我稍有懈怠，就會被列入黑名單——公司一旦縮編，我一定是第一個捲鋪蓋走路的。

想要脫離這種狀況，除了另謀他就之外別無他法。我早已工作到精疲力竭的地步，回家後唯一能做的就是要控制自己別嚎啕大哭，也別遷怒在不相干的人身上。但是我不能辭職，因為我需要錢。以前我從不相信有地獄，現在我相信了。

很明顯地，金需要改變。她的工作已經危害到她生理及心理上的健康了，但她卻做了這個決定——以不變應萬變，這完全扼殺了她可能有的其他機會。為了不讓情況繼續惡化，金得找出自己的需求以改變現狀；即使這改變可能微不足道，她也絕不能放棄。

我們先來檢視老闆肯恩對金的需求。

「我不知道該怎麼做，」金說，「他不只要求一樣東西，他的要求是永無止境的。他覺得我可以整天不停地工作，但我辦不到。」

「所以妳覺得他的要求是什麼？」我問。

「有點像『一切照我的話去做』這類的。」

「還有呢？」

「他會說：『否則我就開除妳，我就說嘛，妳還是比不上米蘭達，她可是我們這裡出過最好的編輯人才。』這讓我覺得自己好像不是很重要，隨時都可以被取代。」

「我們之前就談過老闆老拿妳跟米蘭達做些很不公平的比較，但妳為什麼認為只要沒達到老闆的要求，工作就會不保？」我問，「難道他曾經暗示過什麼嗎？」

「其實他也沒說什麼！」金回答，「但我看得出來老闆不太喜歡我。其他人也都這麼認為。」

「你曾經跟老闆談過因為妳工作太辛苦，所以手臂和脖子都不太舒服嗎？」

「妳在開什麼玩笑？」金說，「我們不過是小職員罷了！」

我告訴金，她似乎是以某些未經證實的假設來回應老闆的要求。我要她描述一下肯恩對她的要求到底怎麼樣才算合理。

一旦能確定合理的標準，才能找出什麼是不合理的要求，也才能檢視其對自身及他人的影響。

「對我這個職位的人來說，超時工作可以說是見怪不怪——平均一個星期得工作五十個小時，再加上週末還得讀一大堆的資料。」金說，「雖然我很了解這情況，也願意接受，但我的工作量已遠遠超過了以上的標準。現在我每週得工作六十到六十五個小時，週末還要上班。老實說，我真的很討厭壓力，更討厭被拿來跟別人比較。這不但無法激勵我，反而會讓我覺得恐懼和怨恨。」

最後，我要求金說出自己的需求。「我想要有人分擔我的工作，也希望老闆能對我們一視同仁。」金說，「他對我要求太多了，而且他老是拿我跟過去的編輯比較，讓我覺得壓力很大，我希望他別再這樣做了。我希望老闆直接告訴我，他要什麼，而不要把我弄得這樣慘兮兮的。」

「妳談了很多關於妳老闆的事，但妳又是如何定位自己在這整件事中的角色呢？」

金開始思考起自己應負的責任：「事情變成這步田地，我真的很難過。我知道當我覺得疲累、不舒服，或是想擁有自己的生活時，就要學著說『不』；或者如果我別老是把事情往壞處想，可能也會有點幫助。」

在金思考自我處境的同時，她發現自己所感受到的壓力大部分都是來自於內心。如果金提出放慢工作腳步的要求，肯恩真的就會開除她嗎？這點他可能想都沒想過。然而，因為以前金只會對老闆的要求逆來順受，卻從沒跟老闆提過，再這樣辛苦工作下去，她的健康就要亮起紅燈了。但是，她現在體力已經大不如前了。因此，不斷超時工作的結果便是讓自己精疲力竭。這時她才發現以往認為的唯一選擇——維持辛苦工作的現狀——其實她並不喜歡。

雖然金現在不太敢接近老闆，但我們還是要不斷練習她應有的回應方式。在下一章，我將會告訴大家，金應該如何向老闆表達自己的看法，同時不破壞她與老闆之間和諧的相處模式。

策略運用

如果你的經驗告訴你，一旦你試著靠攏或反抗老闆的意見，將會有一些令人不快的結果發生，只要你的身心健康不受到損害，你也可以選擇暫時按兵不動。

如果你的老闆是情緒勒索者，或是十分不理性的人，你又要如何找出與他共事的方式？大部分的人不可能因此而改變自己的個性——雖然這似乎是唯一的方法。我們知道自己得脫離目前的窘境，但如果我們銀行沒有積蓄，而且目前也沒有更好的工作機會，我們根本無計可施。

因此，現在唯一的對策就是**調整你的行為策略，而不只是屈服或讓步**；這樣，你的受害感和無助感將會大幅減輕。「策略」指的是你選擇一種對自己最有利的方案，而它也應該讓你得到最大的益處。因此，把妥協當作是一種逃避的方法並沒什麼不對，那只是一種自我保護的方式。

策略性行為模式的指導原則如下：

一、不容許任何對你健康有害的事物進入你的生活。這是自保的重要原則之一：不要讓你的身心遭到危害。

二、重新定位工作對你的意義。不要把你的工作場所想成是一個「鹽礦」，彷彿它是你唯一的選擇。你可以這樣告訴自己：「在找到穩定的財務來源之前，我選擇維持現狀。」如果你才剛開始這份工作，你可以把所有的精力放在學習新事物上，或把握獲得正規訓練的機會並向同事學習，將你對目前工作的不滿轉化為脫離目前狀況的新契機。

三、訂定一個時間表和計畫。我並不是建議你繼續忍受目前艱難的工作環境。你應該採取什麼行動以改變現況？要找新工作嗎？上課進修？想辦法獲得升職？存錢嗎？要存多少或多久存一次？對自己的需求再想得更仔細些，並且試著制定出一個具體計畫。

四、採取一些行動以改善現況。雖然你沒必要跟不理性或有暴君性格的老闆發生衝突，尤其在你認為目前的工作情況已不太穩定時更是如此，但你可以做些小嘗試測試對方的反應。就拿金來說，她可以改變自己對老闆唯唯諾諾的一貫態度，讓老闆知道她也有重要的事要做，不可能隨時在他身邊待命。或許她會很驚訝地發現，老闆竟然願意與她好好共事。因此，如果你能堅定立場並且為自己的權益奮戰，有時平常看來毫不讓步的上級長官們可能會有所改變，而且弔詭的是，他們可能會更尊敬你。

只要你能看清在這樣艱難的環境下能獲得什麼，壓力就會減輕。請謹記一點，唯有藉著關心自己，以及做出清楚卻非出於恐懼的回應方式，你才能保住完整的自我。

知所當知

有時候我們的努力未必會有成果。我們一直試著對他人設定限制以及表達自我的需求，但卻發現情況一點也沒有改善。

瑪麗亞試了好幾個月想和傑重修舊好，但一切卻徒勞無功。

妳知道的，我已經給他很多機會了。我們針對這件事不斷地進行討論，而且我也要求他和我一起接受諮商，但他卻只配合過那麼一次。他甚至還答應要和我一起去見牧師，但這全是謊言。

有時，一段親密的關係就像一瓶牛奶，你可以把它冰在冰箱裡一段時間，但如果放太久牛奶可能就會發酸。一旦發酸，你就得把它丟掉了。我問瑪麗亞，她和傑之間的關係是不是就像這樣。

我很害怕情況會變成這樣，但我不會讓他這樣對我。何況在這種情況下，連孩子都會受到影響，當我決定與傑分手時，我能感覺到孩子也贊成我這樣做。畢竟有一個不快樂的母親已經夠糟了，再加上一個會說謊和玩女人的父親，小孩怎麼可能不受影響？

蘇珊，我不會對妳說謊，我已經試過各種方法來維繫這個家庭了。要採取這個最後步驟我自己也很難過，這有如砍斷自己手臂一樣痛苦。但我知道，以長遠觀點來看，這是對小孩最好的做法——不但能改善我的生活，而且小孩的生活也會隨之改善。冷靜下來之後，我知道對孩子最壞的做法就是讓他們繼續跟著傑這樣的父親，以及跟一個痛苦、不快樂的母親住在一起。我們都得脫離目前的景況，這是唯一對大家都好的方法。

我請瑪麗亞放心，從我以往的家庭諮商經驗中看來，她無疑是選擇了一個對孩子最好的方式。父母們通常都認為，「為了孩子」他們絕不能離婚，但對於每天都得面對父母親之間充滿敵意及絕望的孩子們來說，這更是不堪，父母親還不如離婚算了。

瑪麗亞已經找出能平靜內心的智慧了，現在她得堅持自己的決定。

堅定信念

芮貝塔也認為「轉身離開」是必須的。她不想和這樣的家庭繼續有聯繫了。

我要他們接受並相信我說的這個事實——父親在我小的時候虐待過我，我沒有必要隱瞞事實。因為我跟他們相處了好些年，所以我知道他們會採取什麼措施。他們不會接受這項事實，而且除非我遵從他們的說法，不然他們就會說我瘋了。蘇珊，妳自己也見過他們，知道他們是沆瀣一氣。我當然不能同意他們的說法，尤其他們竟然說我是個瘋子。我猜這就是妳常常告訴我的——要聽他們的還是要顧自己的健康，而我選擇了後者。

芮貝塔決定於那場和我在醫院的會面中，讓家人知道她的決定。醫院對她來說是個很安全的地方，她曾經在醫院工作過，而我的在場和整個她熟悉的環境，也有助於她度過這段難熬的時光。當她和家人說明決定之後，即使她家人並不諒解，但她卻覺得自己更有希望、更自由，而且頭腦更清楚了。

如果你也像芮貝塔一樣正在處理這樣的問題，也決定不再和家人維持關係，有個後援系統是很重要的。如果你沒有一位心理治療師幫助你，那也必須要有位真正值得信任的人給你支持，如你的另一半、好朋友，或是兄弟姐妹都行。告訴這些人你的決定，並且讓他們知道，在這個重要的時刻，你非常需要他們的協助與支持。

此外，在做出這個重大決定的同時，你會感受到巨大的壓力。這時你會覺得矛盾、不確定、自我懷疑，並且極度憂慮。但是記得提醒自己，現在是你掌握了主動優勢。如此，壓力自然就會減輕。

不斷唸出那句有力的聲明——「我承受得住」，並且讓自己逐漸抽離目前紛亂的環境，進而成為一位旁觀者。這兩種技巧都有助於你在此艱難時刻，獲得平靜與鎮定。此外，還有幾種減壓的運動也很有幫助，如沉思、瑜伽、舞蹈，及各種運動，或是多花點時間和讓你覺得輕鬆自在的人相處，都會讓你覺得更快樂，也更能消弭原先不快的感受。當然，如果你需要其他協助，也有些專業的資源可供利用。

不論你的決定為何，都可以利用本章所提供的技巧來減輕所遭受的壓力，並且好好觀察一下周遭環境以及別人對你提出的一些要求。當你根據自身的需求，而不是依照情緒勒索者的要求來下決定，你就已經給「情緒勒索」重重的一擊了。現在，開始將你的決定付諸行動吧！

第十章　策略

你做過的所有準備，正逐漸引領你走向重要時刻：向情緒勒索者告知你的決定。但我知道，隨著改變行為而帶來的不安、憂慮、焦躁等衝擊性的情緒，仍然在你心中徘徊不去。

現在我想要提供你一些有用的策略，不管對方如何回應，這些策略都能幫你陳述事實並固守立場。當你反覆練習並實際使用這些策略之後，我保證你將能改變人際關係中的權力失衡狀態。這些策略包括：非防禦性的溝通技巧、改變敵對關係成為合作盟友，以及幽默感的運用，都是終結情緒勒索最有效的方法。

當你告知情緒勒索者決定時，我多麼希望能在你身邊，但事實上我辦不到。我能做的就是告訴你一個學習要點，好讓你在面對情緒勒索者時，能堅持住原則。

請注意，當你和一些反覆無常、具有潛在危險的人住在一起，或有任何瓜葛時，千萬別讓他們知道你即將離開的消息，你必須保護自己的安全，並且從容離去。如果在過去這段關係中，你曾有過身體被侵犯或虐待的紀錄，此刻對你而言更是危險。找到一個安全的地方藏身並試著求助。即使不能從家中獲得幫助，也應該找一個避難所，千萬別落單！找一個救援機構來幫忙，並且好好保重身體，因為我不認為這些策略在習慣使用肢體暴力的人身上會管用。

策略一：非防禦性的溝通

以經驗看來，有些人總是藉吼叫、生氣、欺凌、威脅和責備等方式來遂其所願，而我們也總是盡其所能地配合回應，用盡各種合作方式來堆築一道道藩籬，以隔離這些行為在我們心中引起的恐懼、責任，和罪惡感。

- 我們會針對他們對於自己的描述加以反駁：「我並不自私，自私的人是你。你怎麼可以那樣說我？想當初我為了你付出一切……」
- 當他們在承受痛苦時，我們會嘗試去了解他們的心思。我們會說：「告訴我怎麼啦？我做了什麼事讓你不高興嗎？告訴我，我要怎麼做，你才會覺得舒服些？」
- 我們嘗試去獲得他們的認同，希望他們別因為我們而不高興。我們會說：「好吧！假如你真的那麼不高興，我可以改變我的計畫／不去上課／不去做那工作／不去看我的朋友……」

• 我們嘗試解釋、反駁、道歉，並試著讓他們以跟我們同樣的角度來看待事情。我們會說：「你為什麼不理性點？你不明白你錯了嗎？你的要求是多麼的可笑／瘋狂／不理性／無禮……」

問題是，這些反應是充滿防禦性的，只會讓氣氛更緊張。結果是，我們企圖保護自己卻反而火上加油。

但是，如果讓這些責難、威嚇，與負面批評像是零星火苗飄落在濕地一樣，那又會怎麼樣呢？若是你先別試著改變他人，而是先改變自己的口吻，又會有什麼樣的結果？若是你以下面說法來加以回應，情況又會如何？

• 我很遺憾你這麼不高興。
• 我能理解你看事情的角度。
• 這事滿有趣的。
• 真的嗎？
• 怒吼／威嚇／退縮／哭泣都沒有用，根本無法解決問題。

• 當你覺得心裡好過一些時，我們再來聊聊。

而最不具防禦性的一句話是：

• 你的確是對的（即使你並不這樣認為）。

這些例句是非防禦性溝通的精髓，請記住它們，並且增加一些你自己的非防禦性言語。大聲地反覆練習，直到你能應用自如。如果可以的話，也找位朋友一起練習。重要的是要能把這些句子融入你的語言習慣中，並且適時地使用。**記住，在回應壓力時，別為你自己以及你的決定提出辯護或解釋。**

我知道剛開始使用這些句子時，會覺得很突兀。畢竟只有極少數的人會用這麼短，而且毫無情緒的言語來面對他人的攻勢。因此，若你發現自己忍不住去修補或說明這些詞句時也別太在意——只要多加注意，盡量別這麼做就行了！

在處理情緒勒索時，非防禦性溝通不管對任何人或任何事都很有效。我已經把這技巧教給上千人了，並且在日常生活中也使用了好多年。但這並不表示我一開始就能輕鬆使用它，而且我也不是每次都能正確地使用。過去這樣做的時候我心中經常是七上八下，就像大部分人一樣。現在，我偶爾還是會有點緊張。但我向你保證，你越常使用這個策略，以及其他我即將要告訴你的一些方法，你就會覺得一次比一次輕鬆。

使用「非防禦性表達」說出你的決定

賈許知道若要重拾自尊、挽救他和貝絲的愛情，並和父親維持正常關係，就必須停止偷偷摸摸的行徑，並告知父親他即將和貝絲結婚。我鼓勵他鐵下心，把要結婚的消息同時讓父母親知道，以確保母親是直接從他口中獲得第一手資訊，而非由父親的轉述來獲知消息。他說：「我喜歡這個主意──使用『非防禦性表達』說出自己的決定。但是請你幫我個忙，因為我不知道要如何起頭，這到底該怎麼說呢？」

我們可以先藉由一些基本法則來表達賈許的決定。「首先，」我告訴他，「你必須邁出第一步，盡可能讓自己覺得自在，對方才能成為一個願意傾聽的聽眾。」在對別人表達決定的時候，你若想取得優勢，就別選在對方覺得疲憊、有壓力，或屋子裡有小孩跑來跑去的時候討論事情。

和你的丈夫或伴侶一起找一個安靜、不被打攪的時間，讓他們知道你有事要談，也不要讓電話打擾你們。假如你沒和對方住在一起，那就約個時間和地點見面，並確定那地方是可以讓你感到自在的。記住，場所具有能量；別選擇一個充滿著過往不堪回憶的場所，也別選擇老讓你想起自己比對方矮上一截的地方。

「我可以打電話給他們，邀請他們某個晚上到我家來喝咖啡或吃宵夜。」賈許說，「但這會引起他們的爭執，他們有兩個人，但我卻只有一個人。如果改到父母親家，我其實也可以。」

我問賈許，他父母的家是否充滿著舊回憶，像是會勾起他童年記憶的照片或物品？「哦！不會。」他說，「我不是在那邊長大的，現在他們已經搬進公寓大樓了。那裡比較像是旅館，一點都不像我們的舊房子。況且他們並不會虐待我，只能說是有點心胸狹窄。」

一旦你選定了時間和地點，便得轉移注意力，決定屆時你會說些什麼。我建議賈許可以要求父母聽他說話時別打斷或反駁，等他說完了，他們要說什麼都行。如此，他就可以表達自己的決定了。我和賈許一起設想了以下的對話內容。

爸、媽，我需要你們坐下來聽完我要說的話。說出這件事對我而言並不容易。我已經反覆思索過好幾遍，因為我愛你們、尊敬你們，所以我希望能誠實面對你們，並且結束過去彼此之間的不愉快。我想要讓你們知道的是，我已經下定決心要和貝絲結婚了。對於過去這幾個月以來我一直瞞著你們，我覺得很羞愧。我不說出來是因為我怕你們，怕你們生氣或反對。現在，我心裡仍然很害怕！

賈許在開頭時頗有斬獲，因為他為這場會面營造了好的條件。他說出了自己的感受，包括對這件事情以及對會面當下的感受，並且承認了先前的不誠實以及希望不要再說謊了。他說出了自己的決定。

我要說的是，不管你們說什麼或做什麼，都無法更改我的決定。這是我的決定，也是我的人生。做出所謂正確的決定或完全照著你們的意思行事，難道比我們之間的關係重要？天啊！我但願答案是否定的！我很抱歉我沒有愛上一位天主教徒。不，其實我並不覺得抱歉！你們可以選擇接受我的決定並成為我新家庭的一部分，或者你們也可以選擇不接受。爸、媽，我愛你們，我希望你們花一些時間來決定你們到底要怎樣做。

賈許堅守了決定，並給了父母可以接受或不接受的選擇。最後他還提供了一個建議，他們不用立即回應，但是得仔細思索他的話。

期待他們的回應

我鼓勵賈許把自己當成演員背臺詞般地反覆練習要說的話。你也可以找個人練習，或對著空椅子或對方的照片說話也行。或許一開始你會覺得這很奇怪，但是練習的次數越多，一旦坐下來，真正和過去在你心目中代表專制與壓力形象的人面對面說話時，你將會越有自信。

如果你得和對方談好幾次，帶小抄筆記去參考也沒關係，重點是要讓對方知道你正在做的事。但請一定要大聲練習說臺詞，不要只是在腦中空想——這個準備將會帶給你驚人的士氣。

「我很樂於練習，」賈許說，「我並不擔心自己說了什麼，而是擔心他們將會說什麼。最糟的是，我將看著父親坐在桌子的另一邊，而他的情緒像開水般慢慢沸騰。」

我藉由角色扮演來舒緩賈許對於父母親反應的焦慮，並且讓他練習回答那些他最害怕的問題和批評。你也可以找個朋友一起或獨自做這樣的練習。

我問賈許：「哪種反應是你認為最難應付的？」

「我想我父親會說：『你知道，這表示我不能再給你經濟上的幫助了。』」

「那你會怎麼回答？」

「去你的！我才不需要你的錢。」

「我想，我們可以找些不那麼辛辣的詞句。」

「好吧！那如果我說『很遺憾你會這麼想，但我已經決定了。』呢？」

我們反覆練習了以上的過程，若你願意，也可以為對方的可能反應做預設性的回答。

蘇珊（扮演賈許的父親）說：「但我們沒辦法支持這段婚姻，我實在太傷心、太震驚了，你竟然欺騙了我們。」

賈許說：「爸爸，我也不想說謊！但我實在太害怕了。我並不想讓你難過，但是我還是會和貝絲結婚。」

蘇珊說：「那你母親會怎麼說？」

賈許說：「我敢打賭她說的第一件事一定是『如果你們有了小孩怎麼辦？他們會上天主教學校嗎？你們會讓教會陪伴他們成長嗎？』雖然我們還沒結婚，但母親總是想得很遠。」

蘇珊：「而你會告訴她……」

賈許：「媽！我們將以無盡的愛來陪伴他們成長，把他們教養成品行優良的好人。」

蘇珊（扮演賈許的母親）：「我要知道他們將會是天主教徒或基督徒。」

賈許：「那我就說：『媽！船到橋頭自然直，就讓小孩子自己去決定。此時此刻，那是我最不擔心的問題。』」

當賈許終於在父母面前述說決定時，他渾身顫抖，而且緊張得要死，但他仍完全按照腳本來進行，沒有讓自己說出那些防禦性的字眼。

過程沒有非常順利。我的心跳加劇，聲音大到我確定他們都聽得見，而且我覺得有點不舒服。我提醒自己調整呼吸，不停地告訴自己「我承受得住」。這頗有幫助，但做起來也不容易。我父親不放棄任何空檔。首先他說：「你為什麼要這樣對我們？你怎麼能這樣傷害我們？」我覺得他的話像是戳著我的心，但我只說：「爸！我很遺憾你會那麼想。」我的回應讓他非常驚訝，但他還是繼續說下去：「如果你娶了那個女孩，你就不再是這家裡的一份子了，你母親會承受不了這樣的結果。」然後他真的說了我已準備好回應的話：「我不敢相信你會欺騙我。」我的回答是：「我會這麼做是因為我怕你，而那是我希望我們能改變的現況。」

對他而言似乎說什麼都無效了，於是他開始轉移話題：「我和你母親為你付出了多少……」而我說：「爸，我很感激你們為我做的一切，但我不能讓你們決定我要娶誰。」他的最後一招是拿我和我哥比較——我哥娶了一位天主教徒，而且養了一堆天主教兒女。我說：「爸！我不可能凡事都像艾瑞克，因為我不是艾瑞克，我是我。」

講到這裡，我覺得父親已經無話可說了，所以我採取妳的建議，跟我父親說他可以花些時間考慮一下。

最後，父親說：「你要求我做的改變太大了。我固有的原則、價值和信仰對我非常重要，我還不知道是否能接受你的決定。」我起身離開，而他們送我上車後，我搖下車窗，父親對我說：「嗯，雖然我一直教你要捍衛自己的權益，但我沒料到這招會用在我身上。」他微笑著說完話後，我驅車離去。

賈許面對了最擔心的事，讓他的父母極為不悅。但結果是「也沒人怎樣嘛！」高樓沒有倒下，世界末日也沒有來。對他而言，這雖然不是一次愉快的經驗，卻釋放了他的壓力，讓他重新拾回自尊。

賈許告訴我：「我覺得自己長高了三公尺。」他重拾了一個完整的自我。

在現實世界中，牽涉了其他人的情緒和互動是十分複雜的，尤其在家庭中更是如此；好萊塢式的美好結局其實很少發生。我很想告訴大家賈許的家人最後決定要接納他的新娘，但事實並非如此。雖然賈許的父親不想失去兒子，但他還是無法真心接納及喜歡貝絲。賈許必須難過地體認到，儘管他並不想和雙親完全決裂，但仍然必須減少和他們共處的時間，因為緊張的關係依舊存在。他很希望能在某個時機軟化他們的態度——也許是當他們抱孫子的時候——而這也是我的期盼。但即使他們的態度並未軟化，賈許也已經做了健康而正確的事了。他的自尊和自我完整性並未受損，而他現在也過得自在多了，因為他不用再對父母撒謊，也不會背叛對貝絲的承諾。

有些時候，父母以及與我們關係親密的人會做出一些和我們息息相關的決定，但重要的是你自己做了什麼？尤其在需要堅守立場時，你到底又站在誰那邊？

掌握最普遍的反應

因為你很了解對方，所以在表達決定之後，不難預期他們會有什麼反應。但是，我們對這些非防禦性的溝通技巧並不熟練，因此無法很快地做出回應，尤其是當我們嘗試選擇某些能緩和彼此情緒的字眼時更是如此。因此，你不用擔心自己反應不夠快——你需要時間思索，在你回答之前，能有片刻安靜地沉澱對方的話也不失為一個好主意。重要的是，你要避免因為深覺焦慮、不知道該說些什麼，而使用了你習慣的那些舊句型。所以我想給你一些明確的句子來回應對方最普遍的反應。重要的是，你必須練熟這些句子，直到可以自然說出來為止。

如何回應對方的態度？

一、**對方預言你劫數難逃，並加以威脅**。「施暴者」或「自虐者」這兩種類型的人會嘗試藉由一些抨擊手段向你施壓，希望你改變決定。例如，恐嚇你一旦按照自己的決定去做，結果將十分糟糕。抵抗恐懼是相當不容易的事，尤其當他們砲轟的主力是「你慘了，這都是你的錯」時，你更要堅定立場。

當他們說：

- 假如你不照顧我，我就躺在醫院或死在馬路上／我就不去工作。
- 你再也看不到你的孩子。
- 你會毀了這個家。
- 我要和你斷絕父子／母子關係。
- 我不要你了。
- 我會因此病倒。
- 這件事沒有你，我辦不到。

- 我要你為此付出代價。
- 你會後悔的。

你可以說：

- 這是你的決定。
- 我希望你不要那麼做，但我心意已決。
- 我知道你現在很生氣。可能的話，希望你能再仔細想想，也許你會改變心意。
- 等你不那麼沮喪時，我們再談這件事好嗎？
- 這一次恐嚇／掙扎／哭泣沒有用了。
- 很遺憾你會這麼不高興。

二、**對方批判你、貼標籤，或給你負面評價**。當某人開始點名批判你時，你自然會想為自己辯護，但這卻可能讓你陷入類似「我才沒有！」「你也是！」這些無意義的對話中。這時你應該深呼吸，讓你的害怕、束縛和罪惡感隨著呼出的空氣散去，腦中也別再想這些事了。記住你的目標是表達並維護你的決定；重要的是你說了什麼，而不是你有什麼感覺。我們首先要改變的是你的回應方式，之後，我們再把焦點放到你的心情上。

當他們說：

- 我真不敢相信你這麼自私，這一點也不像你。
- 你光想到自己，從未顧慮到我的感受。
- 我原本認為你和我交往過的其他女人／男人截然不同，但我想我錯了。
- 那是我所聽過最愚蠢的事了。
- 每個人都知道小孩應該尊敬父母。
- 你怎麼那麼無情無義？
- 你簡直是個白痴。

你可以說：

- 你可以有你的看法。
- 我想，事情對你來說就是這樣。
- 可能真是如此。
- 也許你是對的。
- 如果你繼續攻擊我，事情將會毫無進展。

• 很遺憾你會這麼不高興。

三、**對方誘導你解釋和說明**。對方可能要求你解釋，以便知道你是依照什麼道理做出決定。這時你或許會認為這是你一吐為快的機會，可以讓對方知道你受到多大的傷害、他們是多麼的不體貼，以及你有多抓狂，因此決定不再繼續忍受下去了；而他們提供了一個適當機會讓你傾吐，並為自己辯解。不過，你可千萬別那麼做！

繼續集中焦點在你的目的上。你正在說明自己的決定——這是重點所在。如果你真想停止情緒勒索的過程，就別陷在那些爭論中。你為自己辯解的效果還不如去度個假或施個小惠給他人來得大，因為這樣一來，你便會陷入對方為了遂行己意，而使你在不知不覺中屈服的模式。為了破解這個模式，千萬別說明、別解釋、別爭辯，還有別在對方問你為什麼時，立刻回答因為如何如何……

相反地，當他們說：

• 你怎能這樣對我（在我為你做了所有的事之後）？
• 你為什麼要毀了我的生活？
• 你為什麼那麼固執／倔強／自私？

- 你是哪根筋不對了？
- 你怎麼會做出這種行為呢？
- 為什麼你要傷害我？
- 你幹嘛小題大作？

你可以說：

- 我知道這件事會讓你不高興，但事情非得這樣不可。
- 我們當中沒有人是壞人，只能說我們的需求有些不同。
- 我不想分擔超過一半的責任。
- 我知道你非常懊惱／生氣／沮喪，但這件事沒有商量餘地。
- 我們看事情的角度不一樣。
- 我就知道你會那麼想。
- 很遺憾你這麼不高興。

面對沉默

而我們又該如何面對以不發一語的慍怒和痛楚，展現出憤怒感受的情緒勒索者呢？當他們完全不表示意見時，你該說什麼？該怎麼辦？這種不聲不響的憤怒比言語攻擊更令人抓狂和火大。

對這類的情緒勒索者來說，做什麼似乎都沒用，有時甚至會讓人覺得束手無策。但是，假如你能謹守非防禦性溝通的原則，並記住以下這些該做和不該做的事，你便離成功不遠了。

在面對沉默的情緒勒索者時，不要：

- 期待他們會先採取行動以解決衝突。
- 懇求他們告訴你怎麼了。
- 央求他們有所回應（這只會使他們更緘默）。
- 批評、分析或解釋他們的動機、性格，或是無法直接給予回應的事實。
- 因為他們不高興，就心甘情願地接受責備，以便讓他們心情好些。
- 允許他們轉移話題。
- 被緊張與憤怒的氣氛嚇到。
- 讓你的不安造成自己口不擇言，說出非你本意的脅迫話語。（例如，『如果你不告訴我怎麼了，我就不再和你說話。』）

- 假想若最後他們道歉了，他們的行為也會跟著改變。
- 期待他們的個性有重大改變，即使他們承認自己的作為，並且願意努力去改善。切記：江山易改，本性難移。

而要使用以下的技巧：

- 記住你正和那些覺得無力與軟弱的人交涉，而且他們害怕你會傷害或遺棄他們。
- 在他們能夠聽進你的話時和他們見面，或者你也可以考慮寫封信，那會讓他們覺得不那麼受威脅。
- 再三保證他們可以告訴你為什麼生氣，而你也會聽他們說完，並且不會計較。
- 運用你熟練的技巧和手腕讓他們安心，表示你既不會揭露他們的弱點，也不會和他們相互攻擊。
- 說些讓他們安心的話，例如：「我知道你現在很生氣，也許等你做好準備，我們再來討論這件事。」然後讓他獨自安靜想一想——若不這樣做，他們恐怕會更退縮。
- 不要害怕告訴他們你對這些舉動感到懊惱，但是請以肯定句做為開頭。例如：「爸爸，我真的很在乎你，而且我想你是我認識最聰明的人了。但是只要每次我們一有爭執，你就會沉默，接著掉頭就走，這讓我非常困擾。你這樣做不但是在傷害我們的關係，而且也會讓我認為你根本不想和我討論這件事。」

- 把焦點放在讓你深感困擾的主題上。
- 當你發出不平之鳴時，要有會遭到反擊的心理準備，因為他們會將你的堅持視為對他們的攻擊。
- 告知他們，你知道他們很生氣，讓他們明白在這件事情上你願意幫忙。例如：「因為我不讓你那些親戚到市區時住在我們家，而讓你這麼不高興，我很抱歉。但我很樂意花時間為他們找一間好旅館，並幫他們負擔部分的旅費。」
- 你得接受這個事實，即使不是每一次，但多半你都必須主動跨出第一步。
- 有些事就先不管它吧！

當情緒勒索者使出了沉默和憤怒的典型反應模式時，這些技巧是破除此模式的唯一法寶。他們通常以沉默表示：「看我多不高興，這全都得怪你。現在你知道自己哪裡做錯了吧？我要你想辦法彌補我。」我了解在你明明想掐死對方時，卻仍必須充當雙方中保持理性的那位，是多麼令人為之氣結，但這卻是我知道唯一能改變現況的方法。對你而言，這工作最困難的部分在於堅守非防禦性原則，並設法說服以沉默表示憤怒的對方，不管他們有多生氣、花多久時間相信完全相反的事實。

氣極敗壞時仍需冷靜

我們談了許多關於如何處理情緒勒索者憤怒的方法，但當你自己怒不可遏時，又要如何堅守非防禦性原則呢？艾倫的前妻貝佛莉都以小孩做為懲罰性籌碼，讓艾倫在這段期間備受煎熬。

上星期我帶小孩去露營，當我送他們回家的時候，她竟然開始對我咆哮，說我讓他們玩得又髒又累。事實上，他們玩得非常高興，但她卻說我讓小孩玩得太凶了。接著她還說如果我不能把他們照顧好的話，她就要向法院申請取消我探望他們的權利。我簡直快被她氣炸了，結果我們就像瘋子似地互相咆哮；雖然我也知道這樣不對，但她實在令我抓狂。她怎能威脅不讓我探望孩子呢？我該如何是好？

對於某些情況，我們並沒有神奇的解決辦法。離婚使貝佛莉深受傷害，自從艾倫再婚之後，她對艾倫的不滿更是日益升高。很明顯地，艾倫認為唯有自己忍氣吞聲才能讓貝佛莉感覺好些，但事實上，他應該可以改變自己一直以來的一些作為，使雙方關係不至於更緊張。

「我知道你有多生氣！」我說，「但你必須學習如何緩和自己的情緒。你在面對裘時，把非防禦性溝通運用得相當好，為什麼不在貝佛莉身上如法炮製一番？在你氣到想要殺人時，卻還要保持冷靜雖然不容易，但我想你一定辦得到的。」

「蘇珊，是妳讓我變得訓練有素。」他笑著露出了牙齒。「我知道妳會說，我唯一能改變的人就是自己。」

「的確，」我回答，「基本上，你要做的就是，不管她有多不理性，都要把嘴閉上，再視當時情況說些像『很遺憾妳對露營這件事那麼不高興，但是他們真的玩得很開心。假如下次有類似活動，我會在出門之前向妳說明我們要做什麼，還有這個活動會學到什麼，這樣妳會不會覺得好些？』你上次也跟我說，每次你去貝佛莉那裡接小孩時，她總是拖拖拉拉的，有時甚至會說小孩不在家裡，這真的讓人生氣。但她既然是小孩的監護人，總是會有許多顧慮，你必須想辦法接受她無理的行為，否則你只會不斷地感到生氣和痛苦。

「我再強調一次，設法恢復冷靜，並使用些較委婉的言語吧！別光只是生氣；先做一次深呼吸，然後說：『貝佛莉，如果妳能在我接小孩前把他們都打點好，我真的會非常感激。另外，我能做什麼好讓妳覺得好過些嗎？』我不能預期她會有什麼反應，但我可以保證你不會再有那麼強烈的受害感。」

策略二：化敵為友

當情緒勒索陷入僵局時，藉由把對方拖進來一起解決問題以轉移談話方向，往往很有幫助。一旦你向對方求援，對方提供的建議或資訊將可以創造你從未想到的可能性；而且依據人性，他們一旦參與了你的決定，就會更樂意幫助你實現這個決定。如果面對對方時，你抱持的是求知欲和願意學習的態度，將可以快速改變這個開始惡化並充滿攻擊和辯護的對話基調。

以下問題將可以幫助你們減少仇恨和舒緩彼此緊張的關係：

- 你能不能讓我知道，為什麼這對你這麼重要？
- 你能不能提供一些建議，好讓我們來解決問題？
- 你能不能幫我想想可以一起做些什麼來改善彼此的關係？
- 你能不能讓我知道，為什麼你這麼生氣／不高興？

此外，我建議一種我稱為「好奇工具組」的方法，它聽起來像是應該被放在廣告傳單上的宣傳語，但它將能鼓勵對方跟你一起想像，該如何改變或是該如何解決問題。

我們可以拿以下例句做為「好奇工具組」的示範：

- 我很好奇，如果……會發生什麼事？
- 我很好奇你能幫我找到一個方法來……？
- 我很好奇我們要如何做得更好／有效地來完成工作？

和某個人一起預測事情的結果會激發出想像力，甚至會引發出一種好玩而且有趣的感覺——其中最令人愉悅的是它的非防禦性。人們不喜歡被攻擊，但往往樂意助人解決問題。

以傾聽找出解決之道

艾倫和裘彼此相愛，也想要在一起，因此艾倫和裘之間的問題並不像和貝佛莉相處時那麼複雜。但他為了尋找一個方法應付現任妻子的需求，仍然痛苦了一段時間，於是他嘗試花幾天編了一個藉口，說是要出差，得離開她一些日子。然後他跑來找我，希望我能幫他找個解決之道。

我不知道要怎樣做才能讓她不因我北上遠行而耍脾氣。我告訴她：「我不管妳怎麼想或有多麼生氣，我都得出門一趟。」但這樣說似乎沒什麼用，結果我不但要擔心這趟遠行，而且還得掛心如何才能安撫她。

我告訴艾倫，他應該能夠藉由詢問裘如何減低她獨處時的恐懼，來舒緩向她表達決定時的壓力；同時我提醒他，迎合裘或處理造成她如此依賴的早期心靈創傷並不是他的工作。裘必須要能成長，才能使他們的婚姻定位在伴侶關係上，而非父母與小孩的關係。同時，他還是要讓裘成為自己的盟友。我們藉由練習一些他應該可以用到的「我很好奇」和「我需要知道該怎麼做」的句型，讓裘參與並支持他的決定，而不是逼著他改變決定。

「好！」艾倫說，「這樣說可以嗎？『裘，我必須出門到舊金山幾天，在妳生氣之前，我很好奇妳能不能幫我了解，為什麼只要我離開一下子妳就那麼緊張兮兮？』」

「不行，艾倫。我們不是要給人貼上標籤，只是想獲得一些訊息。你之所以要問她，是因為她會提供一些可以改善情況的建議。試試看這麼說：『裘，我必須要北上出差幾天。我知道妳會為了和我分開而擔心、煩惱，但這次出差真的很重要，因此我很好奇要怎麼做，才能讓妳對我的遠行釋懷一些？』」

藉由呈現出自己的進退兩難，艾倫對裘的感受有了更深的了解，而且他既沒有點名批判她，也為自己留下了後路。

事情進行得比我想像中順利許多，我告訴她跟妳的討論，當我詢及要如何才能降低她對我即將遠行的焦慮時，她說：「帶我一塊兒去。」我說沒問題，但同時我也說清楚，這次出差是為了工作，而非度假，因此當我去參加許多大小會議的時候，她還是很有可能要自己獨處。起初她說沒關係，她喜歡待在旅館，可是不久之後，她說還是待在家裡比較舒服，所以她決定要留在家了，只要求我每天晚上打個電話回來。天呀！我終於鬆了一口氣。以前，我們從未以這種方式來解決事情——原來一切都可以沒事的，但我們卻總是鬧到不可開交。

事情改變了。原來艾倫總是單獨處理裘的情緒，後來卻變成他們一起攜手解決問題。一切都是因為他願意把裘當成盟友，而非互相對立，否則可能就會忽略，或是無法找出兩人都能接受的建議。

向老闆求援

金使用了各種非防禦性的技巧，讓老闆肯恩停止對她做負面的批評；另外她也希望老闆能顧及她的健康狀況，減低她的工作量。她尤其喜歡把老闆拉來當盟友的主意，因為她就是這麼做的。

我並不想漠視工作規範，一意孤行，但我一直都十分盡責，努力當一名優秀的團隊隊員。過去，不管是任何人的要求，我都會不惜任何代價盡力達成。但是，除了團隊合作之外，我也開始懂得為自己著想——我凡事盡力而為，而且在大家咬緊牙關努力工作時，我也熱情參與，但是為了我的身體健康著想，我偶爾也需要放鬆一下。

另外，金也想要終結肯恩以施壓為手段的技倆，我們來看看這個交涉方式。

肯恩，也許你自己並未察覺，但我注意到你經常拿我和米蘭達做比較。過去這的確能夠有效地影響我，讓我在工作上有進步或超越自己，但現在已經不管用了。我不想傷害自己的健康，但我還是會全心投入工作，因為我想這麼做，也因為我真的喜歡這份工作。我很高興你能尊重我，因為毫無疑問地，我也很尊重你。但是請你停止這種乖小孩和壞小孩的比較遊戲。你和我都是大人了，而且你又不是我爸，我也不是你女兒，況且我還比你大三歲呢！還有，米蘭達也不是我的姊妹，所以我要脫離這個莫名其妙的「家庭」。

對金來說，她跟許多人一樣能夠寫出一份流利講稿，但在面對面溝通時卻反而不能侃侃而談，因此反覆練習是絕對必要的。所以她找了一位朋友來聽她訴說、和她做角色扮演、在車上大聲練習，並且請先生協助，了解自己的語彙是否夠和緩而且平靜。

策略三：條件交換

當你希望另外一人改變行為時，你也要改變自己——這個交換條件是必須的。當我們還是小孩子的時候，都做過類似交易。拿兩本無敵超人的漫畫來換一本書，或是拿鮪魚三明治換花生醬果醬三明治。放棄某些東西來換等值的物品。這種以「條件交換」來降低情緒勒索的最大好處在於，它排除了只有一個人必須承受改變帶來的壓力這種認知。相反地，在條件交換中，沒有給予就沒有獲得，沒有人會是輸家。

我在麥特和艾美這對夫婦身上，見到「條件交換」把人們從情緒勒索中解困的力量。他們幾年前走進我的辦公室，因為艾美對於麥特的忽略和漠視感到抓狂。

他幾乎完全無視於我的存在。他起床、去工作、回家之後一語不發地吃晚飯，然後坐在電視機前直到上床睡覺。他好幾個禮拜沒碰我了，我這輩子從沒這麼孤單過。

麥特則說問題出在艾美的體重。

這不是我娶的那個女人。她的嗜好就是吃，你也看得出來，她很大隻，我不認為這有任何吸引力。她說我表現得像是對她一點都不感興趣，沒錯——我對她一點興趣都沒有。她這麼重怎麼能引起我的興趣？我不想假裝她的體重對我來說一點都沒影響。

麥特和艾美的關係惡化到這種程度，艾美認為「假如你不能找到一個愛我的方法，我就離開」，麥特則認為「如果妳不減重，我就繼續用退避三舍做為懲罰」。雖然他們並沒有說出這些對彼此的威脅，但他們的行為已經清楚地揭示彼此的感受，就像透過廣播系統在彼此咆哮一般。

艾美因為遭到漠視而暴飲暴食，而麥特則說他之所以忽視她，是因為她貪吃。他們彼此攻擊，指責對方是造成痛苦的主因，於是我提出了「條件交換」的建議。艾美從明天開始節食，而麥特每天下班回家後必須挪出半個小時和她說話，以重建雙方關係。當然，艾美並沒有在一夜之間就減重成功，麥特也沒有馬上變成「溝通先生」，但他們終於打破僵局——最後修補了彼此間的關係。

沒有人喜歡自己單方面退讓，而且我們討厭獨自解決問題，所以不願意首先採取行動解決爭執。但「條件交換」能創造雙贏局面，比較容易被接受，同時也消除了某種使我們排斥和他人討論問題的因素——那是一種感覺，因為對方傷害了我們，讓我們覺得氣憤，所以他們要付出代價。我們毫不相讓，因為對方應該接受更嚴重的懲罰。「條件交換」讓我們有從對方那裡獲得某些東西的感受，較容易使我們將仇恨擱置一旁。

條件交換是一種相當有效的方法，因為雙方皆能獲得想要的東西，不會像大部分發生衝突和爭執的人一樣，只會彼此指責、攻擊。

打破僵局

條件交換的方法制止了琳恩和傑夫繼續向彼此施壓。他們同意，在婚姻中難以解決的問題，根本上來自於彼此財務上的不平等，這尤其是琳恩無法接受的事情。但是當他們坐在我的辦公室裡展開交談，試著視對方為一個人而不是發怒的箭靶時，他們才終於能心平氣和，努力地使用非防禦性溝通技巧來解決問題。琳恩先開了口：

我知道關於錢這檔事，我得再加把勁來解決。我想這對我來說沒什麼問題，我們做個協議，當我們在一起時，我不會把錢扣得緊緊的，也不會像對小孩子討零用錢般地對待你。我會尊重這個協議。傑夫，我要的是你的保證，保證將來一旦你有什麼需要——比方說你要買貨車，我們會一起衡量一下經濟狀況，然後根據我們是否負擔得起來做決定。換句話說，即使你得不到想要的東西，也不會一聲不響地就這樣消失掉，讓我獨自承受壓力。你為什麼說離開就離開，沒留下隻字片語，你知道那會讓我發瘋的。

傑夫回答：

有時候，當我必須向妳乞求一件需要的東西時，我便會生氣到想離開家或是做一件讓自己後悔的事。我必須將情緒發洩出來，當我開始爆發，就不知多久之後才能平復——大部分的時間我甚至根本不知道自己正往哪兒去。

琳恩回答：

我知道自己對金錢的態度讓你有多生氣。我向你道歉，並且保證會改善。我知道只要我們繼續討論這件事——而不是累積我的感受再發洩在你身上——我們就能解決錢的這個問題。但是你至少要讓我知道你要出門，而不是賭氣就跑出去了，而我也要知道你大概什麼時候會回來。我知道要你每次都記得這麼做有點困難，但是請你試著做做看。或者當你突然想到了，也請你打電話告訴我你在哪裡，還有何時會回來。這樣會讓我覺得好過一些。

傑夫說：

妳知道我是愛妳的，而且我不會離開太久。不過既然妳覺得有需要，那我會告知妳我的去處，並讓妳知道我多久會回家。而且也該是我們重新思考家裡財務問題的時候了。我想和妳一起來管理——我對金錢的運用比妳想的好太多了——而且我知道可以做些什麼來賺錢。我已經蓄勢待發了，但是我對妳真的非常生氣，以至於我甚至不願意去提它。我認為自己不過是賺錢沒妳多，不應該就這樣永遠被妳看不起。

傑夫和琳恩仍然需要多加談論、傾聽，以及取得協議。不過藉由條件交換，他們已經有相當良好的溝通基礎，因此這些應該難不倒他們。

行動勝於空談

查爾斯是雪莉的老闆，也是情人。當雪莉提出分手時，他竟然恐嚇要解僱她。因此，雪莉決定提出對她和查爾斯雙方都有好處的條件交換，但無論如何她不會再和查爾斯上床，這件事關係到她的自我，也是她十分堅持的。但她建議查爾斯讓她繼續維持原職務直到完成手上企畫案為止，她會幫查爾斯找到人並完成工作交接。而做為條件交換的是，她要查爾斯為欺負她的事道歉，並且同意對他們之間的互動保持君子行為。

我很怕他會立即解僱我，但我已經練習好多次以確定自己知道該怎麼説，而且他很驚訝我竟然不怕他。一開始，他的意思似乎就是説：「不和我上床，妳就沒工作了」，但當我説這點我絕不會妥協時，他軟化了。他告訴我：「我不知道自己能不能禁得起每天面對妳，我也是有感情的——我們之間不是逢場作戲而已啊。」我説也許我們可以試試，看看結果會怎樣，他同意了。這讓我更容易提出我的要求，而不用馬上跟他攤牌。畢竟我手邊有一些工作是新接任的人不容易接手的，而我想他應該知道讓我留下來完成工作對他較有利，而不是立刻就把我解僱掉。

但是查爾斯卻違反了他和雪莉之間的約定。

事情變得很困難。查爾斯在客户面前對我百般挑剔，而且不錯過任何可以挖苦和貶損我的機會。他沒有遵守條件交換的約定，也沒有保持應有的風度，害我現在不知道該如何是好。

我告訴雪莉，要解決困境的唯一方法就是回去找查爾斯，讓他知道他沒有遵守承諾。光說是沒有用的，他必須以實際行動來支持他們的約定。要情緒勒索者道歉和承諾改變行為並不難，但是要實踐承諾就困難許多，所以適當地提醒是很重要的。你可以說：「你還記得我們有個約定吧，如果你能遵守條件交換中該遵守的那部分，我會非常感激。」

雪莉以一種有禮貌、非防禦性的方式來提醒查爾斯。

我告訴查爾斯：「也許你不知道你那些批評有多傷人，但我希望你能停止這種行為。」他當然沒問我是哪些批評——他知道我在說什麼。後來他似笑非笑地回說：「尋求諮詢治療之前的妳，好相處多了。」

在雪莉這樣的案例中，最終目的是要把自己從困境中解救出來，因此你得隨時保持警覺，並且在和對方相處時，要讓他能遵守約定。

策略四：運用幽默感

在一個還算良好的關係中，幽默感可以是一種向對方說明感受的有效工具。讓我舉一些例子來說明。

有一天，佩蒂向我抱怨有關喬的自虐傾向，當時她突然脫口說出：「天呀！什麼人來頒發一座奧斯卡給這個男人吧！他應該得到最佳苦旦獎的。」

我反問她：「妳為什麼不自己頒給他？」

她非常喜歡這個點子，所以到禮品店買了一座奧斯卡獎座的複製品。下次當她又看見喬一如往日在唉聲嘆氣時，她給了他一個超大笑容、大聲鼓掌地遞給他那個獎座。「我告訴他：『你演得真是太棒了！』我接著說：『我特別喜歡你結尾的那聲輕嘆。』」當時的情景超滑稽，於是他們倆當場大笑了起來；之後，喬就不再老是擺出那副苦瓜臉了。

莎拉和法蘭克一直都有摩擦，不過兩人的關係還算穩固，後來她決定運用幽默感來引起法蘭克的注意。她把原先擺在衣櫥內的呼拉圈拿出來，當下一次法蘭克又為他倆的結婚設定條件時，她便說：「你可以抓住這個讓我跳過去嗎？」

他問：「這要幹嘛？」

「喔！親愛的，」她說，「我發現你很喜歡設立障礙物讓我跳過去，好讓我證明對你的愛意。你覺得我們需要談一談嗎？」

法蘭克說：「妳在胡扯什麼呀！我才沒有這樣。」

「我知道你不明白自己在做什麼，而且我也知道你愛我，但是你的行為讓我覺得未來像是有無窮的考驗在等著我似的。」

「哦？」他說，「好！我們談談。」

接著，莎拉說：「他露出了我愛死的那個迷人笑容，說：『在我們正經討論事情之前，首先，妳真的能跳得過那個呼拉圈嗎？為了我？』這讓氣氛一下輕鬆了很多。」

再也沒有什麼比向某個人開個玩笑來得親密了。幽默感是人與人之間的一種默契，而回憶那些幽默的經驗則可以用來穩固關係。使用幽默感來和情緒勒索者溝通可以讓雙方感覺放鬆，回憶起彼此互相陪伴的親密關係，還能強烈地提醒雙方相處時的感受。這可以降低血壓，當你和感到麻煩的人相處時，它也能為潛藏的火爆場面降溫。

如果你能經常保持幽默感，而且能得心應手地運用，那也不失為一個表達自我的好方法。雖然我不能保證它每次都有用，但會讓你不再那麼恐懼害怕。

成果評估

除非你向對方表達了感受，同時界定了雙方關係中的底線，否則我們無法知道對方會有什麼反應。這些年來，我和許多帶著情緒勒索者同來做諮詢的個案一起解決問題，過程中我常對那些要求改變的人感到十分訝異。有時，那些外表看來似乎脾氣不太好、固執、刻薄，而讓我不敢抱持太多期望的人，竟然非常願意參與這種鞏固雙方關係的工作。相反地，那些看起來友善、處事圓融的人反倒十分自閉、具防禦性，而且對他人的需求毫無感覺。

正面的結果

麥可就是一個和我預期反應完全相反的戲劇化案例。雖然麗茲擔心自己向他說明情況時會有火爆場面，但是她最後卻完全被兩人真實的交心給震懾住了。

在我寫完信之後，一直不停地想再來應該怎麼做。我是應該把信交到他手上，離家一段時間？還是到他辦公室，把信留在那裡？抑或只要把信放在他可以看到的地方就可以了？最後我找到一種最令自己安心的方法，因為我並不怕他打我，所以我決定和他一起坐下來，把信讀給他聽，也請他耐心聽完。

當我在讀信的時候，有幾次他原本想要插話，但是信裡頭一定有某些內容感動了他，所以他非常安靜地注意傾聽。不久，我深愛的這個人不再盛氣凌人，他坐到我對面，並且顯得有些防禦心地說：「要不是妳威脅要離婚，這些事也不會發生。如果不是妳先那樣惹我，事情怎麼會走到這個地步？」我真想要反駁他的話，但卻只是說：「麥可，這件事我也有錯，但我不想獨自擔起大部分責任。」

他冷靜了一下繼續說：「我也不願意看見自己傷害你，但妳之前為什麼都不說呢？」我不是個盲目樂觀的人，我知道解決事情需要一點時間，但是令人感到開心的是麥可同意接受諮商治療。他那一觸即發的壞脾氣是個大問題，但他已經明白那種「凡事都得聽我的」的運作方式不再有用了。

如同許多情緒勒索者一樣，麥可非常訝異麗茲竟然受到那麼大的傷害，並且如此地擔驚受怕。我時常聽到那些訴諸情緒勒索手段的人說：「為什麼她不告訴我？」或是「早知道我的言行傷害他這麼深，我就會在事情惡化到這個地步之前及時挽救。」這可不是搪塞之詞。情緒勒索者通常不會意識到自己的言行和施壓手段有多讓人感到痛苦，因為受制者都太害怕、太生氣了，根本沒有勇氣告訴對方真相——而且他們相信說出來一點用都沒有。換句話說，他們喊痛喊得不夠大聲。

我們經常利用一些規範來約束自我的言行，例如「不要抱怨」或是「不要可憐自己」。有些人——尤其是男人——總希望自己看起來強壯、有自信，而且不容易感情用事。所以我們不習慣說出自己的感受。我們不向對方說：「你正在傷害我，請住手。」

因此，當對方驚訝於你的感受時，你也不必過於訝異。不管他們的反應為何，你都要堅持對話，誠實地運用非防禦性溝通技巧來表達感受。然後，仔細觀察在表達了感受之後，對方願意為你做些什麼？

光說抱歉是不夠的

就像我跟麗茲說的，在和對方坦率的溝通之後，能否妥善解決事情是需要時間的。「我知道妳現在充滿希望。」我告訴她，「我也為你感到高興，因為麥可答應接受諮商治療。我希望這不只是一個蜜月期。為了確定你們之間的互動模式能步入正軌，我們需要隨時評估事情的發展。」

許多時候我們會為對方剛開始的反應興奮不已，相信彼此間的衝突已獲得解決，因為對方在口頭上已同意我們的說法。但是我們仍要注意觀察對方會不會忘記承諾，進而故態復萌。雖然我們並不想成為雙方關係中的看門狗或記分員，隨時監視著對方，但我們仍得實際觀察事情的改變，以及情緒勒索者是否做到了彼此協議的行為。

因此，在你看清對方做了什麼改變之前，即使事情已經大有進展，也別輕易做出決定，這是非常重要的。當你要為未來雙方的關係下決定時，別忘了給對方時間——我建議是三十到六十天——以觀察他的言行。某些人只是會說：「我很抱歉，咱們別再討論這件事了吧！」這樣是不夠的。

那到底要怎樣才夠呢？

一、他們必須負起對你使用恐懼、責任、罪惡感等手段，以遂行其所願的責任。

二、認知到有其他方法可以讓他們表達想法，而他們也願意學習那些方法。

三、承認他們的技倆非但不是愛你的表現，還造成你的痛苦。

四、同意和你展開溝通，以使彼此關係更健全。另外，一旦發現你們仍無法解決彼此之間的問題時，立刻尋求外界的協助。

五、願意認同你有權利和他們想法、感覺、行為都不同，並且接受這些不同並不意味著「不對」或「不好」。

六、承諾放棄使用他們過去習慣讓你產生恐懼、責任和罪惡感的技倆。例如，別再拿你跟別人做負面的比較、當無法達到目的時別再威脅離開、別再隨便誣賴別人，或造成他人的罪惡感等。

改變過去的積習——包括情緒勒索者和你自己的——必須花上一段時間，也要費一番功夫。然而我相信，你和對方經過不斷地努力之後，必定會有豐碩的收穫。

你會更堅強

要你向對方說：「我就是這樣，這就是我想要的。」實在是一件令人提心吊膽的事。當我們要對方選擇接受或不接受我們的決定和彼此的差異時，即使是出於真實的自我，恐懼還是會從四面八方向我們包圍過來。這有點像是在向對方提出要求一樣，但是別忘了，我們提出的要求是完全合理的。我們希望對方停止操弄我們，更何況我們的要求並不會傷害任何人。

許多人會先不表達自己的決定，因為擔心會有不好的結果產生。但是請你回想一下並問問自己，最糟的狀況是什麼？通常，一般人會害怕和對方的關係發生變化。但是，你如果不趕快為自己爭取權益的話，事情恐怕會更糟，因為你將會人格分裂。一段時間之後，你就會越來越不清楚自己是誰、想要什麼，還有你的信念到底是什麼——到時候會像行屍走肉一般。

假如維繫一段關係的方法，在於讓情緒勒索者不斷地予取予求，那麼你就必須問問自己，這種關係有什麼值得留戀的。如果你一旦變得更堅強、更健康、更有自信，對方就不喜歡或不高興，那你極力維持的這段親密關係又有什麼品質可言？它是根據什麼基礎存在的？

在本章中，我們看到了一些漸入佳境的親密關係，以及一些最後不得不結束的關係。但是在每個案例中，當事人都能從情緒勒索中釋放出自己，並且更堅定地掌握住高貴無價的真實自我。當你嘗試改變時，的確沒有人可以預料到會發生什麼事，但我可以向你保證，一旦你使用這些策略勇敢地面對情緒勒索者，而不是選擇屈服或逃避。那麼，不管結果如何，你都會成為一個更堅強、更健康的人。

第十一章　衝出迷霧

如果你已經開始運用我在上一章提到的方法，你就等於踏上溝通與表達的新康莊大道了。現在，我就要告訴你如何擺脫「情緒鍵」的宰制。

過去你可能有成功抗拒人情壓力的經驗，並發現彼此關係也會因此產生變化；隨著你重新獲得完整自我的同時，你也嘗到了滿足感與權力感。然而，在享受實話實說帶來的快感時，你應該也注意到舊日熟悉的恐懼感竟再度出現，以往困擾自己的責任感與內疚，還是如影隨形。就像在舊房子地基上建起一座明亮的新屋，但那些不愉快的情緒與感覺，依舊像原有土地一樣存在著。

其實，這也沒什麼好煩惱的，畢竟「感覺」這東西不是想改變就能馬上改變的，況且這些不舒服的感覺已經跟著我們很長一段時間了。然而，經過幾年之後，它們就會轉變成你的情緒鍵，除非你主動對這些感覺宣戰，否則就無法擺脫它們。這是一場你必須要獲勝的戰役。現在，我要告訴你一個最直接、最有效的方法，讓你能迅速消除面對情緒勒索時的痛苦與負面感受。

請注意，雖然我提出的大部分策略都是取材於平日治療其他人的過程，但是成敗與否的關鍵還是取決於各位——你是否真的實地體驗、練習，並且身體力行。

面對舊感覺，做出新回應

對於熟悉我其他書籍的讀者來說，我在這章中提出的建議可能會讓你們感到驚訝，因為這次不像往常一樣，以回到讓你產生脆弱情緒的經驗為起點，反而是將注意力放在面對這些情緒時，你要如何改變自己的反應。當然，人人心中都有過去的印記，大部分人至少都還記得當初受到的傷害有多大，以及是誰傷了自己。因此，只要我們在自己身上下一番工夫，就能釐清情緒上的傷疤與人際互動間的關係。

某些人之所以在面對情緒勒索時毫無抵抗力，是因為他們「喜愛」受傷。我們常用讓步來面對情緒勒索，而不是學著去控制不舒服的感覺，而讓自己因此受到傷害。這就像是扭傷腳踝的人在復原後還是會跛行一陣子，因為他會害怕如果像以前一樣正常行走，很可能會再度引起疼痛。我會提出如我在前幾章提到的一些童年經驗，以幫助你們現在面對人情壓力下引發的舊情緒時，能學著做出新的回應。

請注意，開始前我要再強調一次，如果你有以下狀況，請務必尋求專家的協助。比如說，你正陷入週期性的低潮、焦慮，或是童年時期的生理、心理創傷後遺症正困擾著你，其實你可藉由一些藥物、心理及生化療法來改善這些狀況，並不用花費太多的時間及金錢。此外，短期的互動心理療法、新的抗憂鬱藥物療法、參加支持性團體、個人成長研討班等，也讓過去的傳統心理療法煥然一新，能使真正需要幫助的人獲益匪淺。

跟著感覺走

如果在情緒鍵被觸發的當下，你知道自己會有什麼反應，這就是一個契機。也許你習慣取悅他人；或許你已知道所謂的「亞特拉斯症候群」，並覺得「那就是我的典型反應」；更或許你對憤怒避之唯恐不及。因此，在開始採取撥雲見日的行動之前，我要你們先檢視自己最敏感的因素。請就以下的各項要點快速檢視。

我會屈服在某人的壓力之下是因為：

一、我害怕他的責難。

二、我怕他生氣。

三、我怕他不再喜歡（或愛）我，甚至會離開我。

四、這是我欠他的。
五、他為我犧牲那麼多，我不能拒絕他的要求。
六、這是我的責任。
七、如果我不答應他，我會覺得十分內疚。
八、如果我不答應他，就是個自私／不可愛／貪心／吝嗇的人。
九、如果我不答應他，就不是個好人。

由以上的敘述可以發現，前三點是關於恐懼感，次三點關於責任感，而最後三點則與罪惡感有關。這些敘述當中，可能有大部分或甚至全部都被你視為理所當然，對伊芙來說也是如此。她怕如果自己嘗試離開艾略特，就會受人責難。因為艾略特提供她住處、日常花費，所以她有與艾略特共同生活的義務。對她來說，想要離開他是罪大惡極的想法。

對某些人來說，混雜上述三種感覺之外，情緒鍵更會連結到一個最具決定性的關鍵情緒。舉例來說，麗茲並沒有覺得因為麥克，自己得擔負起責任或因此有罪惡感，但她卻非常害怕他生氣。以上幾點可以幫助你找出哪一個情緒鍵最能引起你的反應，以及哪些因素則是你必須努力去尋求改變才能掌握的。

清除恐懼鏈

害怕是人類求得生存的基本技巧，它可以幫助我們遠離危險，同時也是一種經由危險學習而來的天賦。假如有兩位蒙面歹徒命令你交出身上財物，你應該會覺得害怕；假如你的太太或丈夫威脅一旦你離開，他們就要將孩子帶走，那你也會有恐懼感。

但是，我們在情緒勒索中所感受到的大部分恐懼情緒，卻是因為預期那些不一定存在的危險而來。情緒勒索者在我們周遭生活中扮演著主宰這些恐懼感的角色，甚至誇大了這些害怕，讓悲慘的畫面在我們腦中如滾雪球般不斷擴大，那種歷歷在目的感覺，甚至讓你以為這些事情真的會發生。所以你必須採取行動，避開這些預期即將到來的情緒打擊。我們要訓練自己在捲入害怕時，不往最壞的方向去想，進而做出正確的決定。雖然你曾被自我想像打敗過，但現在，你可以將它轉化為助力。

害怕不被贊同

雖然聽起來似乎不很嚴重，但相信我，對許多人而言，這種情緒相當令人苦惱。如果沒獲得贊同，比當個諂媚上司的應聲蟲還要讓人害怕，因為它混雜了我們的自我價值感。如果你是以別人的贊同或責難來評斷自我價值，那麼只要一遭到責難，你一定會怪罪自己，認為一切全是自己的錯。

每個人都喜歡得到別人的讚美和支持，有時這甚至是不可缺少的基本需求。許多年前，在我尚未回到學校成為治療師之前，我過著像是女演員般的生活，沉醉於人人對我的研究成果讚賞有加的喝采聲中；之後，掌聲不再時，讓我一下子跌入谷底。我以前總根據別人的回應來衡量自己究竟做得好不好，但年紀稍長之後，我才發現一件最棒的事：我一生冒險無數，最後竟還能在別人悶不吭聲的責備或刺耳批評之下，誠實地面對自己。

我知道，當身旁親朋好友都覺得你做錯時，要誠實面對自己更是難上加難，但這絕不是不可能的事。

經過莎拉的提醒之後，法蘭克才了解到自己總是利用一些小測試來肯定彼此的關係；溝通使他們之間的關係逐漸獲得改善。

我們之間的溝通雖然很有幫助，但除非他表示贊成，我才會對自己的決定放心。雖然我曾經試著告訴自己要克服難關、表現成熟些，卻都沒有用。我不想像我母親那樣過完一生——沒有父親的允許，她甚至連對街都不敢過去。

特殊勇氣

要讓自己不再恐懼責難，就得了解自身的價值，並有自我判斷的能力，而非全受外力影響決定。了解之後，便能產生與責難對抗的勇氣，並堅持自己的信念與渴求。

莎拉興奮地訴說她訓練自己重新獲得勇氣的經過：

你要我想想自己擁有的正面特質，我覺得自己最大的優點就是朝氣蓬勃以及樂於面對挑戰。我應該把這些特質發揮出來。我愛法蘭克，但他不是我的全部。所以我告訴他，如果他願意考慮讓我做自己感興趣的事，他會發現跟我相處起來是多麼有趣。他低聲抱怨了幾句，但我繼續好言相勸，讓他知道我心意已決，後來他也越來越能接受了。現在我覺得天天都像在過聖誕節一樣快樂！

伊芙的情況則和莎拉不同。莎拉有成功的事業與穩固的人際關係，伊芙則必須面對許多未知數——包括重建自己的生活——但她也開始學著克服別人表明不贊同時的那股恐懼感。

過去我一直聽到這樣的批評：你是冷酷的婊子、你是無情的人、你做的事真愚蠢等等。但現在我不會再擔心別人怎麼想，因為世界上每個人的想法都不盡相同——有些人甚至認為猶太人大屠殺是子虛烏有的事。

相對於不被贊同的恐懼，你其實可以自由想像並追求一種真正屬於自我的人生。這並不容易，但只要下定決心要像莎拉與伊芙那樣主掌自己的人生，你就在改造人生的路上邁進了一大步。不管別人怎麼想、怎麼說，你才了解並相信什麼是對自己最好的生活。當你這樣做，就會發現自己正逐漸改掉渴求得到別人贊同的積習。

害怕憤怒

麥可的確遵守諾言，將憤怒控制得很好，但是麗茲不久之後便發現不是只有麥可需要面對憤怒情緒。她說：

有天晚上麥可被小孩丟在地上的玩具絆倒，他便開始大聲咒罵。當時我雖然在另一個房間，他也沒有對著我大喊大叫，但光是聽到他的聲音，我的心裡就七上八下的。他很努力試著改善情況，而我也認為一旦他控制住脾氣之後，一切都會好轉，不過我還是十分敏感……我不想一輩子都活在只要別人一提高音量，我就開始恐慌的陰影裡。

麗茲並不擔心麥可會打她或傷害她，他只會對她採取言語暴力，而她也堅持麥克的行為僅止於此。然而，究竟是什麼原因讓她產生如此強烈的心理反應呢？

我問了她三個問題：

一、妳在害怕什麼？

二、最糟糕的情況會是怎麼樣？

三、妳覺得可能會發生什麼事？

我猜，我怕他會失去控制並棄我而去。理由很難解釋，但是從兩年前開始，我就一直有這種感覺。當他生氣時，我就像被捲入一團熱氣裡逐漸遭到吞噬……

麥可的大吼大叫讓麗茲回到過去的歲月，她不再是三十五歲的成年人，而成了一個被怒吼聲嚇壞的小女孩。這沒什麼好訝異的，因為麗茲成長於一個不安定的家庭，她的家人習慣用大吼大叫來逃避現實、粉飾太平。就像許多情緒勒索者的受害者一樣，她也傾向平息或避免憤怒的方式。於是，她便將過去的經驗與現實狀況混淆在一起了。我告訴麗茲，她可以找個適當的時機告訴家人自己從前有多害怕。但是現在，我們則要將重點放在麥可的「錯誤舉止」上。

沒有人教過我們該如何面對別人的憤怒，因此我們所知的反應方式相當有限。第一步，你可以在吼叫的人暫停時，讓他們注意聽我們說：「我不喜歡別人對我大吼大叫，下次你再這樣對我大聲咆哮，我就走出這個房間。」如此，你就站在強勢的地位，並化被動為主動，別人才會把你的話當真。

在你將自己從爭吵中拉開的同時，你可以堅定、清楚地說出以下任何一句話：「不要這樣！」「別鬧了！」或是我個人最愛用的：「住口！」麗茲訝異地看著我：「我真的可以這樣做嗎？」

「當然。」我告訴她，「我說可以就可以！」

我們會因為別人吼叫得越來越大聲，就開始想像他們可能會失去控制而訴諸暴力。（若你真的害怕別人會傷害你，就不適用於上述情況。）但大部分的人卻沒想到，如果更堅定自信心加以回應會怎樣？一旦你從恐懼的小女孩或小男孩的角色向外跨出一步，讓行為舉止更像符合你年齡的成年人時，你就能逐漸克服對憤怒的恐懼。

改寫歷史

我知道有個方法可以有效地幫助情緒勒索中的受制者，讓他們能更有自信地處理對方的憤怒，避免重演因為害怕而屈服的狀況。

閉上你的眼睛，在腦中重複一次他們說過的話，然後聽聽自己說了什麼——當時的不安、心臟加速、雙腿軟弱無力，還有災難般的影像——想像他們即將控制不住自己的憤怒，就要對你造成傷害。

現在再讓畫面重播一次，但這次在你看見對方的怒氣逐漸升高之際，請將畫面做些改變。堅定而清楚地說：「不！這次我不會讓步的。不要再給我壓力了！」重複這些話直到他們被說服為止——大部分的人一開始都不太有把握。聽聽這些話多有力，而且你會覺得自己很堅強。對，你**可以**這麼說，而且這些話會使你更有力量。

只要你喜歡，可以隨時把生活中許多情緒勒索的場景改寫成你想要的樣子。釋放你的想像力，去感受什麼狀況能使你更有力量。這種練習對你來說很重要，特別是曾經面對「施暴者」型的受害者，對方的可怕之處就在於他們總是以恐懼來操控你。

扮演情緒勒索者

麗茲說：「我會這麼害怕憤怒，是因為當我感受到這股情緒時，生氣的人就消失了——麥可不見了，只剩下喊叫聲與憤怒。」

我要她變成大吼大叫的麥可，讓我見識她最生氣的樣子。

她說：「你在開玩笑吧？我做不到。」

「其實，只要拋開自我意識，試著做做看，或許會發生一些有趣的事情也說不定。站在他們的立場去想事情，可以讓我們更清楚他們的思考模式。」我說。

麗茲猶豫了一會兒，經過一陣摸索，她逐漸接近麥可的情緒狀態。

如果妳敢離開我，就等著看會發生什麼事！妳不想讓這個家庭破碎吧！如果妳真的做了，我一定會讓妳後悔。妳不但拿不到半毛錢，而且也會失去小孩的監護權，聽清楚了嗎？

麗茲停下來後，靜默了一陣子。然後她說：

這真是太奇怪了！說這些話並不會讓我覺得更有力量；相反地，我只感覺到恐懼和無助，彷彿有人要奪走我最寶貝的東西，而大吼大叫是唯一能讓我不哭出來的方法。我覺得自己像個小孩在生氣，說不出想說的話，所以只好亂吼。

如果周遭的情緒勒索者用看似憂鬱的沉默來表示生氣，你可以試著抽離自己的情緒，檢視自己感覺到什麼。看看你是否能知道自己對憤怒有多害怕、是否感到自己多沒用。

無論你描述的憤怒是什麼，都會發現那些外表看來十分強勢的人，事實上心裡卻是軟弱的——那些喜歡欺凌他者的人也是一樣。擁有自信及安全感的人，是不用靠欺壓別人來遂其所願或證明自己有多強勢的，這個道理或許你也早就知道了。但是，唯有當你「變成」那些人時，你才能在身體及情緒上真正感受到這個事實。

我們都知道，不論你最後是否要繼續和這個人相處下去，學習適當地處理憤怒仍需要更多努力。那些大吼大叫、憤怒以及悶不吭聲鬧情緒的人，其實內心都像飽受驚嚇的小孩。雖然咆哮並不會讓他們的行為更容易為他人接受，卻得以讓他們心底的恐懼減少一些。

害怕改變

沒有人喜歡在生活上做重大改變。熟悉的事物讓我們感覺較為自在，即使這樣會使我們陷入悲慘的處境，但至少我們還能掌握生活的方向。

雖然瑪麗亞堅決決定要離開傑，但她也害怕未來未知的一切。

我很害怕，蘇珊。我怕我會再離婚，我害怕這種痛苦和不確定的感覺，一切又要重頭來過。當我和孩子們在一起時，我怕自己無法讓孩子有安全感，也擔心別人會認為這一切都是我的錯。這一切都讓我想和傑復合，回到那不快樂的家，因為至少我知道該做什麼。

瑪麗亞盡責地扮演著妻子與母親的角色，也知道在家庭中該表現出什麼樣子，那種安穩自在的感覺正是問題所在，因為她無法放棄這種感覺。當我們企圖在生活上做重大改變時，幾乎都會感受到相當程度的痛苦——就是這種感覺讓情緒勒索者得以達到目的。因此，許多人都會選擇維持舊有的行為模式，並依附著一段可能讓自己受到傷害的關係，以緩和焦慮和不安全感。

我告訴瑪麗亞，自己也曾經和她一樣害怕失去舊有的生活秩序，而讓一段早該結束的婚姻歹戲拖棚了好一陣子。

她說：「真高興聽到妳這樣說，讓我知道自己不是怪人。」

害怕改變的感覺是眾人皆有的，情緒勒索者也常利用這種恐懼說出以下這些話：

- 離開我，你就會非常孤單。
- 等到你後悔的時候，就來不及了。
- 單身女子在外面討生活是很不容易的事。

• 你怎能讓孩子經歷這種痛苦？
• 你只是沒有想清楚罷了！你根本不知道自己想要什麼。
• 看看那些離婚者的悲慘下場吧！

認清自己對這些問題的恐懼並沒有什麼不好，但即使你真的害怕，也要重申你要改變的決心。你可以這樣說：「或許你是對的，而且我知道那並不容易，但我還是堅持要離婚。」或者，你可以說：「感激你的關心。」但僅止於此。如果他人對你希冀的生活不斷投擲悲慘的煙霧彈，就以非防禦性的溝通方式告訴他：「我不想再談這件事了。」記住，**你有權力決定要不要談論這件事。**

當你決定離開生命中重要的人時，就會面臨情緒強烈震盪及不安定感的危機，但這股危機同時也是轉機。周全地處理困境，並始終保持著勇氣，自我才能成長，你也才能邁向更好的生活。

此時也是和一群有相同經驗的人一起討論的最佳時機。試著問問朋友或值得信賴的人，讓他們推薦一些對你有幫助的課程。例如，社區大學的成人教育課程或教會團體課程；YWCA、YWHA或一些婦女團體也有可供利用的資源；另外，你還可以向心理協會尋求諮商服務。你不需要獨自承擔這一切，但你必須確定求助的團體有實際的治療方法，而非只是問你：「是不是很難過？」之類的話。這些周遭的支持力量，能在你最低落的時候給你很棒的療癒力量，並幫助你重建自信心，讓人生的改變成為一種挑戰，而非一場對抗。

害怕被遺棄

害怕被遺棄可能是所有恐懼之源。有些專家認為這種情緒早已存在於基因之中，而且是其他恐懼的起源，其中還包括了害怕不被認同，以及對憤怒的恐懼。到底恐懼是來自於本能或是學習，還是兩者相互影響的結果，我認為都不重要，問題是我們對「恐懼」的感受。有些人可以處理得很好，有些人則不然。當被遺棄的恐懼使我們不斷屈服，我們就等於不斷說著：「我願意做任何事——只要你不離開我」。

傑夫答應下次不會在爭執後又離家不知去向，這讓琳恩覺得很安心。但她害怕被遺棄的恐懼已經跟隨她好幾年，並未隨著時間流逝而消失。

我完全被困住了。如果有人對我生氣，我就會懷疑他們要離開我，只好照著他們的要求去做。我知道這是懦夫的行徑，但我不在意。

從「你在對我生氣」到「你會永遠離開我」，是不太合乎邏輯的跳躍式思考。負面思考通常是不合邏輯的，而且很容易擴大成無謂的爭論，更是你踏進無底洞的第一步。

如果，你像琳恩一樣被捲入災難式想法的漩渦中，要逃離的最佳方法之一，就是主動縮減付出在這種想法的時間及注意力。

停止思考法

我要你們撥出一點時間，專注在有關「被遺棄」的這個負面想法上。打開末日機器，讓那些可怕的影像傾瀉而出，解放自己吧！但這裡有個小要訣，你必須留五分鐘來練習，只有這段時間你可以產出負面想法。

這樣的練習只需一天做一次。把這段時間當成你的「焦慮時間」，五分鐘一到，立刻趕走這些想法，就像趕走不速之客一樣。如果這些想法在同一天之內再度出現，就告訴他們：「喂，你們有自己專屬的時間，明天再見。」然後，每天逐日減少，到第五天就只剩下一分鐘而已。我知道這聽起來太簡單了，但請記得，不論感覺有多快速，都是由想法控制的，因為我們太過於專注地感受恐懼，它才得以像野草蔓生般逐日擴大增生。這個「停止思考法」可以從根本上中斷你連續的負面思考／感受／行為，讓你重新取得主導權。

黑洞

我們利用停止思考法協助琳恩遠離情緒漩渦的急流，但她仍沒有克服被自己稱為「黑洞」的恐懼。這個她深深陷入，而且從沒能逃出的「黑洞」：如果傑夫離開她的話，該怎麼辦？琳恩並不是第一個使用這個名詞的人；我曾好多次從許多害怕被遺棄的人們口中聽到這個詞，它似乎成了某些人想像中的地獄。

「黑洞」這個影像自琳恩有記憶以來就一直跟著她。她對「黑洞」周遭的一切感到恐懼，而且一點也不想跨過門檻進入這個「黑洞」，但我告訴她一定得試試看。

「我不知道我是否做得到。」她遲疑地說。

「今天不做，要等到什麼時候？」我問她，「我要妳握住我的手，跟我一起走進黑洞，在裡面你看到了什麼？」

「這裡又黑又冷，從來沒有人進來過，是個與世隔絕的地方，沒人可以跟我說話。我被完全阻隔於人世之外了，沒有人陪伴的日子真是漫長……四周的牆壁向我逼近……沒有人愛我、關心我，甚至沒有人知道我的存在。」

如果唯一剩下的選擇是要掉進琳恩描述的那個悲傷國度，有誰能不屈服呢？但如果你將情緒全繫在一個人身上，自然很容易會受傷。

「好了，」我對琳恩說，「是妳把我帶進來的，現在我要妳找一條路出去。」

「是啊，」琳恩說，「好像我只要揮揮魔棒，恐怖就會消失了。」

「妳可以離開這裡，妳知道的。」

「只有傑夫可以救我出去。」她回答道。

「不，妳得自己來，否則這一切就沒有意義了。我不是說傑夫對妳不重要，但他只是豐富妳生命的元素之一罷了。讓我們從這裡開始做些創造性的思考！對妳而言，『黑洞』的另一頭是什麼？」

琳恩閉上眼睛說：「我想起生命中我關心的那些人──我的親人、朋友、一些工作夥伴，還有一些我喜歡做的事。等等，我想起某個特別的一天。大概在我十二歲的時候，爸爸為我買了第一匹小馬，我幾乎不敢相信！牠是完全屬於我的！我記得那天的乾草味與陽光照在臉上的感覺……我想那是我此生最快樂的時刻。」

「現在只要妳隨時感到驚慌，都可以回到那個美好的地方，」我對她說，「妳可以選擇在任何時間找回所有感官上的愉悅及興奮。妳有丈夫和許多愛妳的人，還有一份好工作，並且可以更深刻地去感覺事物，這是多麼棒的禮物呀！妳瞧，妳自己找到離開『黑洞』的路了！」

像琳恩這種想像的方式，是每個人在感到害怕時都可以做的。坐下來閉上眼睛，深呼吸四、五次，想想你生命中最棒的一天。這一天可能是你不曾注意到的孩童時期，也可以是再次造訪讓你感覺充滿浪漫與美麗的地方。用這一天來充實你的心靈與身體，那景色、聲音與空氣中的感覺，有花朵的芬芳或剛除草的清新香味，讓自己完全沉浸在那一天，直到這些回憶讓你平靜下來。記得你隨時可以用這個方法，讓自己脫離「黑洞」，迎向光明。

從成人的角度來看，在愛情關係中害怕被遺棄的感覺，就像孩子感受到的一樣，以為自己一旦孑然一身將會無法生存。不幸的是，很多成年人仍然相信，如果他們依賴的那個人離開，自己將會形如槁木。然而，這個「黑洞」的存在其實只是「一種想像」，是覆蓋著真實外衣的謊言。

這些令人開心、珍視的朋友和體驗，在我們害怕時能滋潤心靈，讓我們不會感到失落。這些人、事、物存在於現實生活中，也能經由回憶與想像，隨時提取出來。如果恐懼像條黑暗的河流圍繞著你，你還是能在黑暗中創造出一個墊腳石，幫助自己跨出黑暗。

清除責任鏈

我多希望有人能像政府頒布稅法一樣，給我們一些有關責任、義務的制式規定。如果有一個公式能夠算出我們到底虧欠別人多少，我們就不用一天到晚思考這個問題，這樣生活不是更簡單？如果能清楚知道要給別人多少、給多少會有幫助、給多少又會有反效果，或是能清楚決定到底要對別人以及自己負多少責任，這不是很棒嗎？

責任感不是與生俱來的，而是從父母、學校、宗教、政治以及文化等學來的，並不斷補充新的判斷準則，讓責任感這個領域越趨完備。過去，提倡了犧牲自己和利他主義好多年；接著，「自我時代」來了，名言是：「我只做自己的事」；後來，一種同理心的行為模式又再度復甦。在不同行為模式的更迭下，連我們都有點頭昏眼花了。

要找出讓我們負有責任感的中心信仰其實不太容易，而且長期看來，這也沒有必要。重要的是，我們已經擁有這些認知，因而經常遭受情緒勒索的波及。如果你一直認為別人的需求絕對要擺在自身需求之前，或者你寧願把自己累死，即使在精神、情感，甚至財務上都消耗殆盡，也要先考量別人的需要，那麼你就該檢視——並改變——自己長久以來秉持的信念。

無論何時何地

要想改變那些讓你心情沮喪或壓力沉重的信念，最好的方法就是先把這些觀念一五一十寫下來，之後，你才有可能對這些觀念提出挑戰。

先列出一些別人對你的期望，以下是一些建議供你參考：

（寫下對方的名字）假定／希望／要求我能做到以下幾點：

- 不顧一切去幫助他們。
- 只要他們一有需要，我隨傳隨到。
- 在身體上、情緒上以及財務上照顧他們。
- 即使在假日及閒暇時間，我仍然會順從他們的需求。
- 無論自己感覺如何，都會花時間傾聽他們的問題。
- 總會想辦法為他們解決問題。
- 把自己的工作、興趣、朋友以及活動擺在最後。
- 即使他們讓我不太高興，也不會掉頭離開。

現在，請在以上的句子前加上「**無論何時何地**」這幾個字。請注意，加上字之後，整個句子將會讓人有截然不同的感受。「**無論何時何地**，我都無法好好享受自己的假期，因為我得一整天都陪著老公的家人。」與「老公希望我假日能陪他家人一起度過」相比之下，前者聽起來是不是會更讓你覺得別人的需求比較重要？有時你犧牲自己的假期去照顧一位吹毛求疵的老人家，但她根本可以自己照顧自己，這不是很奇怪嗎？這些看似不變的規則，可能讓你照顧自己還沒有照顧別人來得周到。然而它們並非定律，只有在你認為自己應該遵循某些行為準則的情況下，以上這種理念才會獲得你的認同。

解開自我束縛

凱倫一直深深自責：「我欠女兒太多了，她會這麼痛苦，全都是我的錯。」她需要在情感及理智兩方面，重新評量自我的責任感。

凱倫把自己囚禁在「責任監獄」裡，只為了一項她根本沒犯下的罪——一場奪走她先生性命的車禍。我要求她先看看「車禍」這兩個字在字典的定義。

「車禍指的是『無法預知、不可預期的，以及……』」她停了一下，我看到她眼中泛著淚光，「以及『非蓄意的！』」

「沒錯」，我說，「非蓄意的。」我要她複誦這個詞好幾次。凱倫並不想讓這件可怕的事發生，而且這件事也不是她計畫的，她跟這場車禍根本毫無關係。我告訴她，除了那些被判終生監禁、無法假釋的殺人犯之外，每個人都有出獄的機會，為什麼她還繼續把自己困在「監獄」裡？

我知道凱倫的精神生活十分豐富，她會定期參加一些研習會，進行靜修或上些瑜伽課程。但即使如此，凱倫仍無法跨過「自我原諒」的門檻，而讓無謂的責任感折磨著她。

我要凱倫想像出一位能幫她脫離責任監獄的人物。「嗯，我不認為自己能扮演上帝，但我相信周圍有一位守護天使在保護著我——我可以試著扮演她。」

「很好，」我說，「現在妳就是守護天使。請將凱倫放在妳面前的椅子上，永遠將她帶出那座令人不安的監獄。我想請妳先從『我原諒你』說起。」

凱倫一開始說話，眼眶就立刻充滿了淚水，沿著臉頰滑落：

我原諒妳，凱倫。妳不用為彼得的死負任何責任。那是個意外。妳是好媽媽，一直保護著、疼愛著兩個孩子。妳也是好女兒、很盡責的護士。妳一直很關心別人，但是現在該是關心自己的時候了。我原諒妳，甜心，我原諒妳，我原諒妳。

凱倫根本不可能對自己說出以上那段話，但藉著守護天使之口，她終於有了喘息的機會。我敦促你也試試這個練習。如果守護天使對你不管用，你可以試著扮演其他在你生命中占有重要地位的人。重要的是，你得把焦點放在讓你無法釋懷的事情上，並且讓自己得以脫身。

這次的諮商課程對凱倫來說是一個很重要的轉捩點。在一小時的諮詢課程即將結束時，她說：「前面所說的『無論何時何地』，就是我得在女兒需要一棟房子時，就算散盡家產也得替她買一棟？」

我告訴凱倫，如果她能力所及，願意在財務上提供梅蘭妮一些協助，並且是出於愛與慷慨，而非恐懼與責難，那當然很好。然而，她承認梅蘭妮需要的五千美元，對現階段的她來說負擔實在太重，但如果是一千五百元，她就願意幫忙。

「如果梅蘭妮抱怨怎麼辦？」我問她。

凱倫笑了笑，接著深深地吸了口氣：「嗯，她以前就抱怨過了，而且我相信以後她還是會喋喋不休。但我會對她說，我只能幫她這麼多，如果她想要怪誰，就怪蘇珊吧，是她讓我轉念的。」

人會隨著時間成長不斷進步，但他們以前秉持的信念有時候並不會有所改變。然而，就像凱倫，她有權可以像個成年人一樣選擇要不要接受這些信念，而不用像之前那樣無條件地照單全收。

你到底能付出多少

伊芙知道自己必須離開艾略特，但卻遲遲無法採取行動。

他很需要我。我願意為他做任何事，而且我真的欠他太多了。總之，我就是無法離開家門一步。

這位既可愛又聰慧的女性已經為艾略特犧牲很多了，然而她在情感上的付出並沒有為自己帶來心理上的一絲絲慰藉。她已經和朋友失聯很久了，平常也不會做一些有趣的活動，生活上更是完全依賴著艾略特——她的世界越來越狹窄了。

你擁有的資源越多，就能付出越多，道理就是這麼簡單。如果你的生活十分豐富，有你愛的人和愛你的人、情感和職業上的滿足感、朋友、樂趣、足夠的金錢，你就能在不損害自身的權益下，付出你的所有。相反地，如果你正面臨離婚、工作不順、寅吃卯糧的困境，要你付出一大堆時間和精力來滿足別人的需求，就太強人所難了。要學會付出的確不容易，但如果你都泥菩薩過江——自身難保了，又怎麼能期望你對別人伸出援手呢？

不再感到罪惡

因為我們很難分辨真正的罪惡感與欲加之罪，「罪惡感」才會具有非常大的影響力。我們深信，如果有罪惡感，全是因為我們做了壞事才會這樣。

艾倫平靜地和裘溝通之後，達成了獨自出差的協議，然而好心情只持續了五分鐘，他又立刻陷入一個兩難境地。在堅持這個自認為正確決定的同時，他卻對老婆得承受這麼大的改變而感到十分抱歉。

我知道裘願意留在家裡，而且她看起來也沒有不高興，但我就是覺得有股罪惡感。我可以想像她一個人在家的畫面——蜷曲在電視機前的沙發上一邊哭著，一邊猶如驚弓之鳥地留心聽著每一個聲響。這時，罪惡感沒來由地浮上我心頭，蘇珊，我絕不是個會讓老婆傷心難過的男人。

我告訴艾倫，回答下列幾個問題之後，他就會知道自己到底是不是多慮了。我問他：

- 你的所作所為是否出於惡意？
- 你的所作所為是否非常殘忍？
- 你的所作所為是否太過分了？
- 你的所作所為是否對人不敬或是吹毛求疵？
- 你的所作所為是否對對方造成實質傷害？

如果你有一個答案是「肯定」的，只要罪惡感讓你覺得悔恨卻不是自我厭惡的話，都還不算太過分。要尊重自我，你才會對自己的行為負責，也才能做些好的改變。

但如果你像艾倫一樣，所作所為對自己有利，也試著別傷害到別人，卻還產生罪惡感的話，那你就太過苛責自己了。勇敢面對這股罪惡感，將是刻不容緩的任務。除非我們能正視這股罪惡感，否則它就會像壁紙一樣，環繞在我們周遭。

針對以上問題，艾倫的答案全部都是否定的。但他為了去舊金山出差，把裘一個人丟在家裡，仍然讓他內心充滿了矛盾情緒。

第一晚是最難熬的。我害怕的事果然發生了，當我們那晚通電話時，她在另一端潸然淚下。我第一個就想到要幫忙找些她能做的事，所以我建議她去找朋友聊聊、出去走走，或是去看看家人。但是我知道唯一能幫助她的方法就是，讓她自己找出要做什麼。所以，我告訴她，我很想她、一切很順利，然後我明晚會再打電話給她。

第二天對我來說是個重要的轉捩點。當我打電話給裘的時候，她竟然不在家，這讓我好擔心，於是我留了話。過了一會兒，裘回電了，她說她和朋友一起去看電影。她聽起來心情不錯，也證明了我之前的擔心真是庸人自擾。那一個星期中，裘的心情雖然有些起起伏伏，但還是找到了點事做，過得也還算可以。這一切並不容易，但我們總算有了個開始。下一次再有類似的旅行，這段難熬的時光應該會容易應付些。

無論何時，只要你像艾倫那樣感到有點罪惡感，都可以用我之前提出的那五個問題捫心自問一番，也許會有幫助。任何擁有健全心志的人都會因為自己不好的行為而產生適度的罪惡感。如果你跟好友的老公發生外遇，就**應該**要有罪惡感；以上問題不是用來脫罪的。但如果你只是烤焦了土司，或是建議別人看了一部大爛片，就不用太過自責了。當你設法讓自己過得更好的同時，即使有人不見得喜歡，你也不用感到有罪惡感。

個人意見，與事實不符

我們周圍的情緒勒索者，根本分辨不出所謂的「罪惡感」。無論事情是大是小，都會說是我們對不起他們，而我們更是大開其門，讓罪惡感長驅直入。

琳恩已經告訴母親，老是被拿來與姪女相提並論，對她造成很大的傷害，她母親似乎也接受了這個意見。然而，江山易改，本性難移，只要琳恩的母親無法如願，就會對琳恩施加另一種形式的壓力。

母親要我在這個周末跟她一起去聖地牙哥拜訪我弟弟一家人。但是，我這個周末有個約會，還準備去看場戲，所以我沒辦法陪她去。於是我告訴母親，她已經不是小孩子了，應該可以自己去吧！或者——我知道這樣很不孝——我建議她可以找姪女卡洛琳一起去。這次，她倒沒有把我又跟卡洛琳比較一番，不過她換了個方法：「我猜妳太忙了沒時間陪我，妳只會過自己的生活，根本不關心別人。我真不敢相信妳竟然變成這樣！」我知道她想用苦肉計逼我讓步，但我還是覺得有罪惡感——雖然不比以前嚴重，我還是覺得很不安。我甚至想過要取消約會，而且把戲票也送給別人算了，不過我並沒有這麼做，我猜自己多少有點進步了。

這當然是一項進步。在龐大的壓力之下，琳恩還是堅持自己的決定，但像許多人一樣，她並不是很有自信，因為她的內在感受並沒有趕上改變的腳步。如果她想加速消除不當的罪惡感，就必須學會分辨欲加之罪與事實間的差別。

我請琳恩列出這些年來，當母親對她不太高興時，會使用的一些最嚴厲批評。

以下是琳恩列表的一部分：

- 不體貼。
- 自私。
- 粗心。

- 笨手笨腳。
- 豬頭。
- 吝嗇。
- 不講理。
- 粗魯。

棍棒或石頭這些堅硬的東西也許會傷害我們的身體，但如果從親密的人口中說出這些形容詞，對我們更是莫大的傷害。然而，這些形容詞根本**不是事實**，它們只是某人的個人意見而已。我們經常為情緒勒索者披上智慧的外衣，因此只要被他們安上了負面評語，這些對自我的不正確評斷都會被我們自己當成真有那麼一回事——特別是如果以前也有人這麼說的話，我們更會深信不疑。因此，我們把情緒勒索者的意見都當成了事實。「你真自私」被解讀為「**我很自私**」；同理，如果你說一個小孩「你很壞哦」，他就會把這個訊息內化成「**我是個壞小孩**」。

為了幫助琳恩分辨事實與假象，我請她把列表中的每一項都加上一行字：「此為個人意見，與事實不符！」因此，整張表就成了這樣：

- 不體貼：此為個人意見，與事實不符！
- 自私：此為個人意見，與事實不符！
- 粗心：此為個人意見，與事實不符！

我確定大家都知道這個想法，但重要的是，要徹底理解這個概念。

當然，有時候我們可能的確是不太體貼或太過粗心，但我們必須要檢視對方的指控是否屬實。前面我要艾倫回答的那些問題，有助各位釐清這方面的情況。很顯然地，大部分的指責都只是對方一面之詞的偏見而已。然而，如果情緒勒索者是自己的父母，情況將更形混沌。因為我們從小就把他們當成是自身行為的標準，根本沒想到他們可能也會有做錯事的時候。在你讀到這裡時，你會了解，情緒勒索者的行為都是出於恐懼與挫折，而他們控訴你的所有缺點，有一大部分在他們身上也找得到。於是，他們便把這些缺點投射在你身上，藉此擺脫一切。現在，就讓我們把原本就屬於情緒勒索者的，全數歸還吧！

退回寄件人

對心理層面中的無意識部分來說，一些象徵性儀式會有很大的影響力。我工作中最有趣的部分，就是得創造出多種全新、有趣的方法，來幫助病人勇敢地面對心中的惡魔。以下就是幫助你消除罪惡感的一種方法。

先找一個有蓋的小盒子，比如說鞋盒，把它當做是你的「罪惡盒」。在一周當中，每天記下所有對你施壓並讓你覺得有罪惡感的人或事，還有自己任人宰割的不公平待遇。把這些人或事分別寫在不同的紙上，然後放進這個盒子裡。

一星期過後，把這個盒子當做包裹裝好，寄件人的位置寫上那個讓你感到有罪惡感的始作俑者，收件人則寫上你自己。接著，在這個包裹的正面，以大大的紅字寫下：「退回寄件人」。然後，這個儀式的最後，你可以用自己最喜歡的方式丟掉這個包裹。你可以把它埋在院子裡、把它燒掉、把它丟進垃圾桶，或用車把它壓扁。重點是你不用再簽收不屬於自己的「包裹」，既然它不屬於你，就把它退回去。

弔詭的練習

雖然承受了很大的壓力，伊芙還是以一種很感性的方式離開了艾略特。她定了一個與艾略特分道揚鑣的日期，讓自己有足夠時間替艾略特找到一位助理，接手自己的工作。她還提醒艾略特的家人，他現在的心情已陷入谷底，要他們多注意他，並且為他找個專業的人員協助，而他們也答應了。

但是我知道伊芙仍然擺脫不了罪惡感，即使她已經有了很大的進步。之前，她曾暫時搬回老家，還出去找工作，事情似乎開始有了轉機。然而只要艾略特一打電話來，而且總是在電話中跟她大吵一架之後，她就會像被丟回迷霧陣般，再度陷入迷惘。

我將一把空椅子放在伊芙面前，要她想像艾略特正坐在對面。接著，我要她跪在艾略特面前說出以下這段話，「我知道你沒有我不行，我絕對不會離開你的。我回來了，不會再離開了。為了你，我會放棄所有的夢想、願望和我的生活。我別無所求，只要讓我永遠照顧你。」

伊芙瞪著我，好像我是瘋子一樣。「妳在開什麼玩笑？」她大叫，「那種話我說不出口！」

「遷就我一下嘛！」我說。

伊芙心不甘情不願地照做了，但是才說到一半，她就停了下來：「等一下，這太荒謬了。我知道自己心很軟，但我可不是個白痴。我不會回去的，我要過自己的生活，我不要再照艾略特的方式過活，為什麼我得遷就他？」

這個練習稱為「弔詭療法」。所謂的弔詭指的是一種矛盾的情況；從表面上看來，這個練習似乎有點荒謬，卻隱含了一些事實。弔詭療法十分有效，就像我們看到的，我說的那些聽來荒謬的言詞已經讓伊芙產生情緒反彈。即使她從未親口說出自己真正的感覺，但是她的行為已經透露了某些訊息。這種療法讓伊芙有了極度荒謬的罪惡感，讓她知道這種情緒根本是不必要的。一旦體認到這個事實，她就能夠「破繭而出」了。

幾個星期之後，伊芙告訴我，她已經在一家廣告代理商找到工作。跟五個月前我認識的那個陷於困境而且無助的年輕女人相比，現在的她可說是完全改頭換面。我問她記不記得曾經告訴過我，如果她離開艾略特，可能會「滿懷罪惡感死去」。

「嗯，我認識的人中，從來沒有人死於罪惡感，我也不想成為第一個。」她說，「我必須讓自己變得更堅強、經濟更獨立。我有足夠的能力可以養活自己，而現在的我只需要單人公寓和一輛會跑的車，有自來水可以喝，也有車可以代步。我覺得自己現在過得很好。」

她說的一點也沒錯。

以想像力對抗罪惡感

珍來找我時，她其實是很困惑的，因為她跟自己的姊姊說沒法借錢給她。

我知道這樣做沒錯，但我卻覺得自己好像做了一個很可怕的決定。一想到姊姊現在正身處困境，所有的陳腔爛調便全都浮上我心頭：家人是你最重要的資產，學著寬恕與遺忘吧！畢竟血濃於水，過去的就讓它過去吧！畢竟她是我姊姊，現在她有麻煩了，棄她於不顧讓我感覺很糟。

珍現在非常掙扎，她到底要考量現實狀況，還是要按照人之常情來行事？這就像她花了好幾年來面對卡蘿這位棘手的親人，卻仍然無法對內心那股罪惡感釋懷一樣。

當一個人不由自主地抗拒一些正面改變時，我發現，這時用比喻及說故事的方法，會比傳統的談話治療來得更有效。為了幫助珍釐清想法，我要她編一個以她和姊姊之間關係為內容的故事。「這個故事一定不太好聽。」她說，「我要怎麼開始？」

我要她寫下所有想寫的事情，但是她得運用寓言的體裁和想像力，並以第三人稱寫下這個故事。如果這個故事沒有快樂結局，至少要有一個具希望的結尾。

珍寫下的故事非常特別，我希望跟大家一起分享。

很久很久以前，有兩位小公主。其中一位公主非常受國王疼愛，衣櫃裡總是裝滿了美麗的衣裳和珠寶。她總是用金色的馬車代步，想要什麼就有什麼。另一位小公主則是皇后的心肝寶寶，她很聰明、勇敢，卻什麼也沒有，因為姊姊總是在國王面前對她惡意中傷，讓父親覺得這個小女兒實在壞得可以。所以，小公主穿的是姐姐不要的衣裳，想要些玩具或紅蘿蔔餵她的小馬時（她只有小馬而沒有馬車），換來的也只是父親的一句：「去跟城裡的商人學點技藝吧！」於是，這名可憐的小公主便開始替城裡的一位珠寶師傅工作，這位師傅不但教她如何做出漂亮的東西，還對她的天分和勤勞讚不絕口。

兩位公主長大成人之後，一直衣食無缺的公主嫁給了一名無賴。他不在乎公主到底會不會做飯或能不能工作，因為他看上的是她的錢，他想用公主的財產來投資房地產。沒多久，公主的珠寶全都被典當掉了，而他們夫妻倆也被迫上街乞討。對這位公主來說，這真是天大的恥辱。

同時，另一位小公主仍然在辛勤工作，並在事業上有了成功的發展。那位仁慈的珠寶師傅在年事已高後，將他的店轉讓給公主，之後公主就以「能做出全國最美麗皇冠和耳環」聞名。現在，她有了自己的珠寶連鎖店，對自己的成就也非常自豪。唯一令她難過的是，自己的父親和姊姊竟然曾經在小時候那樣殘忍地對待她。

因此，當那位自私的公主找上門來，要求小公主給她一點珠寶，以保住她的馬車和城堡，不要讓它們被拍賣、查封時，這位小公主面臨了一個難以抉擇的困境。「請你幫幫我吧！」這位自私的公主向妹妹乞求道，「我知道自己過去對妳不太好，但只要妳願意把辛苦工作的所得分我一些，我就會盡姊姊的責任，對妳很好很好。」

這位辛苦工作的小公主想要相信姊姊，也很希望能有一位姊姊來疼愛她。但是，姊姊從以前就一直對她百般刁難，她很擔心姊姊根本沒有變。由於心情煩悶，她決定去樹林裡走一走，走著走著，她看到了一片像水晶般清澈的池子，於是便在池邊坐下，看著自己的倒影問道：「我應該怎麼做？我到底應該怎麼做？我知道姊姊根本不會珍惜我給她的一切，但我就是渴望一份來自姊姊的愛。」說著說著，她的眼淚滴進池水裡，激起了一些小小的漣漪。等到池水恢復平靜後，她發現池中自己的倒影竟然變成了好朋友的臉孔。

「妳有姊姊，」她的好朋友說道，「但我比你有血緣關係的姊姊更愛妳，妳永遠不會失去我這個家人。」

勤勞工作的公主終於明白了這個道理。等到她回到家之後，便告訴姊姊：「妳不能從我的珠寶店裡拿走任何東西，而且我也不會幫助妳。我曾經希望我們能擁有很親密的情感，但事實卻正好相反，以後也不會有任何改變——就算我給妳這些珠寶，也改變不了這個事實。」

寫完這個故事之後，珍變得信心百倍。

我終於看清事實了！我姊姊從來沒有改變過，即使我給她一千元也不能改變任何事情。從小時候開始，卡蘿就占盡便宜，還講了我一堆壞話，讓爸媽對我有很大的誤解。我跟她從小關係就不好，以後可能也不會改變。在我發現自己終於能把姊妹之間真正的情感表達出來之後，感覺真的很好。我跟兩位好友的關係比家人還親密，甚至連親姊妹也比不上。現在我什麼東西都沒少——除了罪惡感的重擔消失殆盡之外。

用第三人稱來描述這個故事，能讓珍保持一些情感上的距離，也讓她更能看清與姊姊間的關係。同時，這個故事能讓想像力馳騁，將所有的創造力與幽默感全都用上——這兩樣可說是對抗罪惡感的最佳利器。想像力能輕易地解放罪惡感，即使是最陰暗的感受，都能在想像力的激發之下被釋放出來。

如果你對一段關係有罪惡感的話，我鼓勵你以這種寓言體裁寫下一段屬於自己的故事，讓自己對這段關係有更深入的了解。當你寫到家人時，這種方法尤其奏效，或者你也可以描寫朋友、情人（很久很久以前，有一對國王和王后。國王只要稍有不如意，就會走進森林裡發頓悶氣……）。你將會對故事透露出的涵義感到驚喜，能對自己被罪惡感蒙蔽的情況，有更確切的了解。

在這一章中，我教了很多知識與技巧，有的可能激起一些強烈的情緒反應；你可能因為自己在一段親密關係中失去安全感而傷心，或對情緒勒索者的苦苦相逼感到憤怒，也可能氣自己一直都只能採取退讓的方法。此外，以上這些技巧更可能喚起你們童年時未完成的一些願望。

所以，對自己好一點，注意傾聽自己內心真正的感受。一旦感到困惑，不妨尋求諮商協助，或是向親密的家人、好友尋求支持。記住，你不必在未來的二十四小時內完成這一切；只要用自己的步調前進，並選擇適合自己的方法。我可以向你保證，所有努力都將是值得的。

尾聲

「行為改變」很難直接達成，更不是一蹴可幾的。當你學習讓生命更完整的一些技巧時，你會發現無法事事盡如人意。

你會猶豫、會害怕，你必須不斷嘗試，但有時候也得嘗嘗失敗的苦果——沒有一人能例外。然而，就是從這些成功與錯誤的經驗中，才能不斷學習到新的東西。

你要謹記一點，你現在做的就像在攀爬一座山頭，只不過從來沒有人能攻頂。在壓力與威脅之下，沒有人總是能口齒清晰、自在地表達出自己的立場。所以，對自己好一點，別太苛責自己！

當你在攀登這座「改變」的山頭時，你可能會看著前方，想著：「天啊，前面還有那麼遠的路要走！」但是，別忘了回頭看看你的起點，你已經走了好長一段路了。

改變的神奇力量

只要你不再坐等別人的改變，轉而從自我行為改變著手，你會發現，奇蹟是真的會發生的。只要你使用前面學到的任何一項技巧，都會讓雙方的關係產生改變。讓我們看看麗茲和麥可。

「妳知道麥可改變有多大嗎？」麗茲有一天問我，「我原本無法想像會有這樣的改變。」

「是誰先開始的？」我問麗茲。

「我猜是我吧！」她說，「一開始妳不斷地說妳的方法會多有效時，我滿懷疑的。但現在我了解了，要是我沒有做任何改變的話，情況根本不會有任何突破。」

當麗茲打開皮包，拿出一疊折起來的信紙時，她笑得很開心：「這是麥可在接受諮商治療時寫的，他要我也拿來給妳看一看。」

這真是一封令人印象深刻的信件！

謹誌我心中的那位情緒勒索者，

嗨，我有些話想跟你聊聊，希望你能專心聽聽這件對我來說非常重要的事。

有很長一段時間，你無疑是造成我許多麻煩的根源。一直到麗茲與我的治療師約翰點破了我，我才如大夢初醒般地了解到這究竟是怎麼一回事。現在我搞清楚了，你跟我也該開誠布公地好好談一談了。

因為你，我造成了許多緊張和不愉快的狀況，更讓自己受到了很大的傷害。因為我竟然笨到去相信，只要我逼著老婆凡事順從我——一旦她稍有不從，我就祭出懲罰的手段——我就是個集千萬權力於一身的人了。這幾乎讓我失去了自己所愛的一切，也讓我對你非常不爽。

我很驚訝自己竟然這麼遲鈍。想想看我曾經怎麼看待自己的老婆，曾經有多嚴苛、多殘酷地對待她。只要一想起以前我對她的傷害，以及過去那段逝去的時光、逝去的愛情、錯誤的情緒表達和對她自尊及個人的不尊重，我就覺得十分抱歉與傷心。情緒勒索先生，我要你了解，現在你在我心裡已經沒有立足之地了。我絕不會讓步的，我不會再容忍你的存在了。

我知道這並不容易，因為我還有很多事要學、很多習慣要改、很多使自己軟弱的恐懼要克服。但是，以前我不也完成過比這更艱難的挑戰？因此，我會努力完成這項任務的。我想說的是，你的好日子過完了，從今以後，就是一個全新的開始了。

再見。

——麥可

就像許多情緒勒索的受害者一樣，麗茲也曾相信只要她買麥可的帳，一切就能平安無事。然而她並不知道，這樣只會把她和麥可之間的距離越拉越遠！不過，只要麗茲改變回應方式，將會讓她和麥可之間的關係更親密。

「如果能讓麥可回到我身邊，那我就相信奇蹟真的存在。」麗茲說，「最棒的是麥可不但回來了，我也找回最真實的自我。」

我不敢保證只要你照著做，就能獲得對方意想不到的回饋。然而，即使你周遭的人只改變了一點點，你的生活就會因此有所不同，你的世界也將會完全改觀。你將會了解，只有在你屈服之下才得以維持的親密關係，對人生根本毫無益處。

回家吧

當你能衝破迷霧，並拒絕情緒迫害時，那種生活恢復正常的美好感覺就又回來了。從前占據你心中的困窘與自責，也將被一種自信與自尊的全新感受取而代之。

在你學習及利用一些技巧以抵禦情緒勒索者的威脅時，你就是在儲備自己的能量，以及重塑一個完整的自我。這個珍貴的完整性其實從未消失，只是被掩蓋住了！

它，一直在等著你。

Eurasian Publishing Group
圓神出版事業機構
用心與你對話．視野無限寬廣
究竟出版社
Athena Press

www.booklife.com.tw　　reader@mail.eurasian.com.tw

心理 035

情緒勒索〔全球暢銷20年經典〕：
遇到利用恐懼、責任與罪惡感控制你的人，該怎麼辦？

作　　者／蘇珊．佛沃、唐娜．費瑟
譯　　者／杜玉蓉
發 行 人／簡志忠
出 版 者／究竟出版社股份有限公司
地　　址／臺北市南京東路四段50號6樓之1
電　　話／（02）2579-6600．2579-8800．2570-3939
傳　　真／（02）2579-0338．2577-3220．2570-3636
總 編 輯／陳秋月
主　　編／王妙玉
責任編輯／蔡緯蓉
校　　對／王妙玉．蔡緯蓉
美術編輯／林雅錚
行銷企畫／陳姵蒨．詹怡慧
印務統籌／劉鳳剛．高榮祥
監　　印／高榮祥
排　　版／杜易蓉
經 銷 商／叩應股份有限公司
郵撥帳號／ 18707239
法律顧問／圓神出版事業機構法律顧問　蕭雄淋律師
印　　刷／祥峯印刷廠
2017年9月　初版
2023年12月　72刷

EMOTIONAL BLACKMAIL: When the People in Your Life Use Fear, Obligation, and Guilt to Manipulate You by Susan Forward, Ph.D. with Donna Frazier

定價 400 元　　ISBN 978-986-137-240-2

人際關係中，一方想要凡事都依自己的方式，卻因此犧牲掉另一方的利益，這種行爲就是一種「情緒勒索」。

一段親密關係中有情緒勒索存在，並不代表這段關係已經被判定爲失敗，而是表示我們需要更誠實地面對，改正這種造成自身痛苦的行爲模式，讓所有的親密關係都能回歸到更穩固的基礎上。

——《情緒勒索〔全球暢銷20年經典〕》

國家圖書館出版品預行編目資料

情緒勒索〔全球暢銷20年經典〕：遇到利用恐懼、責任與罪惡感控制你的人，該怎麼辦？／蘇珊．佛沃（Susan Forward）、唐娜．費瑟（Donna Frazier）著；杜玉蓉 譯. -- 初版 -- 臺北市：究竟，2017.09

400面；14.8×20.8公分 --（心理；35）

譯自：Emotional blackmail : when the people in your life use fear, obligation, and guilt to manipulate you

ISBN 978-986-137-240-2（平裝）

1. 情緒管理 2. 生活指導

176.52 106010989